# ERP沙盘模拟教程

宋洪安　主编　李志强　陈晓龙　副主编
王翠玉　主审

電子工業出版社
Publishing House of Electronics Industry
北京·BEIJING

## 内容简介

本书以ERP沙盘基础版为依据，模拟生产制造型企业的生产经营活动全过程。由学生组建多个模拟企业，根据其职能分为营销与规划中心、生产中心、物流中心和财务中心等职能部门，按照集体参与、沙盘载体、模拟经营、对抗演练、个人感悟等一系列环节进行5～7年的仿真经营实践演练，使学生切实体验生产经营流程及管理规律，增强团队意识，全面提升职业素养。

本书可作为中等职业学校工商管理、会计电算化、市场营销、物流管理等专业的业务综合实训教材，也可作为企业相关人员的培训参考用书。



**图书在版编目（CIP）数据**

ERP沙盘模拟教程 / 宋洪安主编. —北京：电子工业出版社，2012.11（2025.7重印）

ISBN 978-7-121-18788-9

Ⅰ. ①E… Ⅱ. ①宋… Ⅲ. ①企业管理－计算机管理系统－中等专业学校－教材 Ⅳ. ①F270.7

中国版本图书馆CIP数据核字（2012）第250441号

策划编辑：杨宏利
责任编辑：杨宏利　　特约编辑：王　纲
印　　刷：北京盛通数码印刷有限公司
装　　订：北京盛通数码印刷有限公司
出版发行：电子工业出版社
　　　　　北京市海淀区万寿路173信箱　邮编　100036
开　　本：787×1 092　1/16　印张：14.75　字数：377.6千字
版　　次：2012年11月第1版
印　　次：2025年7月第19次印刷
定　　价：29.50元

凡所购买电子工业出版社图书有缺损问题，请向购买书店调换。若书店售缺，请与本社发行部联系，联系及邮购电话：（010）88254888，88258888。

质量投诉请发邮件至zlts@phei.com.cn，盗版侵权举报请发邮件至dbqq@phei.com.cn。

本书咨询联系方式：（010）88254592，bain@phei.com.cn。

# 编写委员会

顾　问：于家臻　于美玲　陆泽贵

主　任：王文达

副主任：王翠玉　王　鹏

成　员：李志强　宋洪安　许　良　刘纪文　于继国

# 前　言

为适应职业教育教学改革和课程建设的需要，使学生能够仿真实训演练，体验生产经营活动全过程，感悟经营活动的魅力，夯实所学专业知识和技能的基础，进一步增强团队意识，全面提升职业素养，我们以 ERP 沙盘“挑战者”基础版为依据编写了本书。

本书设置了认知企业、创建企业、掌握规则、学习操作、实践操作、学会经营、经营中成长、自主经营、战略与技巧、ERP 电子沙盘、终极对抗等专题内容，并在附录中提供了市场订单、广告投放单等表格，以方便教学使用。本书内容紧密结合中职学生实际，注重实训活动的开展和职业技能的培养，以利于学生在实践中提高，在学习中成长。

根据中职学生的心理发展特征，本书在编写中力求先易后难、循序渐进，以便教与学得以顺利实施，提高学习效率。本书的编写，一是以“学习、实践、实践中学习、分析评价、总结提高”为主线，突出实用性；二是内容简单明了，重点突出，有利于起点较低、相关经济知识比较欠缺的中职学生使用；三是按照实训进程配套相关资料，适应了教学的实际需要。

本课程建议采用 72 课时。可采用连续两周集中授课的方式；也可以每周连排 4 节，一次完成 1～2 年的模拟经营活动，16～18 周完成整个教学任务。课时分配建议如下。

<table>
<tr><th>活动单元</th><th>课　时</th><th>备　注</th></tr>
<tr><td>第一单元</td><td>2</td><td></td></tr>
<tr><td>第二单元</td><td>2</td><td rowspan="4">第一轮物理沙盘的学习和模拟经营，可集中在 3 天内进行</td></tr>
<tr><td>第三单元</td><td>4</td></tr>
<tr><td>第四单元</td><td>4</td></tr>
<tr><td>第五单元</td><td>18</td></tr>
<tr><td>第六单元</td><td>18</td><td>第二轮模拟经营，可在 2 天内完成</td></tr>
<tr><td>第七单元</td><td>4</td><td></td></tr>
<tr><td>第八单元</td><td>4</td><td></td></tr>
<tr><td>第九单元</td><td>16</td><td>电子沙盘模拟经营，可在 2 天内完成</td></tr>
<tr><td>合　计</td><td>72</td><td></td></tr>
</table>

本书由宋洪安主编，由王翠玉主审，李志强、陈晓龙任副主编，叶小濛、刘纪文、宋加瑞、陈彤、都淑莲、许良、王鹏、隆晶晶等参与编写工作。在编写过程中，得到了用友新道科技有限责任公司山东分公司的大力支持，还引用了其他著作的部分观点，在此一并表示感谢。

本书可作为中等职业学校工商管理、会计电算化、市场营销、物流管理等专业的业务综合实训教材，也可作为企业相关人员的培训参考用书。

由于编者水平有限，书中难免存在不足之处，恳请读者提出宝贵意见，以便今后进一步修改完善，使本书更加适应中职教学的实际需要。

编　者

2012 年 10 月

# 目　　录

# 第一单元　了解企业，认知沙盘

## 学习目标

① 了解企业的作用、ERP沙盘和各职位的管理职能，以及ERP沙盘模拟课程的特点。
② 掌握企业、ERP、企业经营的概念与ERP沙盘的模型。
③ 明确学习ERP沙盘的意义，掌握学习ERP沙盘的方法。

徐工集团徐州重型机械有限公司（简称徐重）始建于1943年，是目前国内最大的研制、生产、销售工程起重机、混凝土机械、特种消防车的专业化制造企业，是徐工集团的核心企业之一。主导产品达到国内领先水平，国内市场占有率已达50%以上，产品出口至世界70多个国家和地区。

2002年，企业发展提速，竞争优势初步显现，经营班子“居危思进”，提出了实施“二次创业”，“创名牌产品，做国际知名企业”的战略目标。为跟上企业发展的步伐，建立了信息化企业管理系统。徐重在2002年引进ERP管理系统，2004年6月正式上线运行，ERP从此在徐重生根、发芽、茁壮成长。目前徐重ERP已成功运用于制造模块、采购模块、库存模块、成本模块，并已向CRM系统（客户服务系统）延伸，促进了企业管理水平的提高，收到了良好的经济效益。

徐重生产制造部按照企业信息化建设的要求，以ERP为平台，积极推进企业信息化建设，建立起一套技术先进、实用可靠、功能强大的ERP计划应用系统。目前，这一先进系统的应用取得了突出的成效：截至3月31日，各类产品入库达718台，完成月度成品计划的107%，同比增长了38%，创历史之最；在已入库产品中，16吨以上中大吨位起重机产品入库584台，已占到月度起重机产品总入库量的84.5%，同比增长了3个百分点；80吨以上大吨位产品入库10台，是2005年同期的两倍；20吨以上汽车起重机入库422台，已占到59%以上，比去年同期增长了39个百分点；泵车、消防车入库共17台，均比去年同期有较大幅度的增长。

近两年来，徐重始终把推进ERP计划管理作为生产管理的主线，通过两年来的生产实践，逐渐形成了徐重特色的ERP计划管理模式。这一全新生产运作模式的确立，为徐重的持续、快速、健康发展提供了坚实保障。目前，生产制造系统编制计划的时间已由原来的7天减少到1～2天，提高了生产计划运行的准确性，减少了人为因素的影响，杜绝了蛮干、苦干造成的加班、延点现象；各生产单元生产准备周期大大压缩，计划任务日期明确，生产过程衔接有序，过程在制品减少，物流顺畅，所有生产任务的领料均凭ERP任务领料单，生产过程中超定额领料现象得到全面杜绝；产品生产周期已由2005年初平均35天缩短到目前25天，缩短了28.5%，提高了生产运营的质量。

ERP沙盘模拟集理论与实践于一体，是一门认识、体验企业经营管理活动的综合性实训课程。该课程主要使用ERP沙盘模拟生产制造型企业生产经营全过程，通过进行周期性（以5～7年为一个周期）模拟经营，实现对企业经营管理全过程的认知和把握。

## 1.1 企业简介

### 1.1.1 企业的概念

企业是从事生产、流通、服务等经济活动，以生产（产品）或者服务满足社会需要，依法设立，实行自主经营、独立核算的一种营利性经济组织。

**小思考：** 你最熟知的中国企业是哪一家？其生产经营范围如何？

### 1.1.2 企业的作用

**1. 企业是市场经济活动的主要参加者**

企业是市场经济活动的主体，其生产经营活动直接关系着整个市场经济的发展。市场经济活动的顺利进行离不开企业的直接参与（生产和销售）。否则，市场经济就成了无源之水、无本之木。

**2. 企业是社会生产和流通的直接承担者**

社会经济活动的主要过程即生产和流通，都是由企业来承担和完成的。没有企业的积极参与，社会经济活动就无法顺利进行。企业的生产状况和经济效益直接决定着一定时期国家经济社会的发展水平，影响着人民群众日益增长的物质文化需求的满足程度。

**3. 企业是社会经济技术进步的主要力量**

在经济活动中，企业通过生产与经营活动创造现实的社会财富。千千万万个企业的生产和经营活动，决定着国家社会经济活动的生机和活力。由于市场竞争的需要，企业也是先进技术和先进工具的积极采用者和制造者，企业自身的发展也将推动整个社会经济技术的进步。

### 1.1.3 企业理念

企业理念是企业在持续经营和长期发展过程中，适应时代要求，继承优良传统，由企业家倡导、全体员工实践所形成的体现企业追求的团队精神和行为规范。良好的企业理念能够激发企业的活力，推动企业生产经营的进步与发展。

常见的企业理念有：

① 企业核心理念，如企业使命、自我规划、远景目标等。

② 企业精神，如创新、求实等。

③ 企业市场观，如质量第一、合作共赢等。

④ 企业人才观，如以人为本、唯才是举等。

⑤ 企业发展观，如持续发展、科学发展等。

**小思考：** 如果你创立一家企业会倡导什么企业理念？

### 1.1.4 企业经营

企业经营是一种以企业（或经济组织）为载体的物质资料经营活动。具体说来，它是指企业经营者为了获得最大的物质利益，运用经济资源，用最少的物质消耗，创造出尽可能多的能够满足人们各种需要的产品的经济活动。

### 1.1.5 企业经营管理

#### 1. 企业经营管理的概念

企业经营管理是对企业的生产经营活动进行计划、组织、指挥、监督、调节，并对企业成员进行激励，以实现其任务和目标等一系列工作的总称。

#### 2. 企业经营管理的内容

企业经营管理主要涉及以下管理内容。

（1）企业总体战略管理

企业总体战略又称经营战略，是为实现企业总体目标，对企业未来发展方向作出的长期性和总体性战略规划。它是全局性指导纲领，是企业最高管理层指导和控制企业的一切行为的最高行动纲领。

企业要成功，必须有具体明确的总体战略目标。 企业管理团队要站在企业总体战略的高度看待企业的经营和业务，保证业务活动与企业总体战略的一致性，才能获得战略性的成功。

（2）财务管理

财务管理是在企业总体战略下，对资产的购置、资本的融通（筹资）、经营中营运资金以及利润分配的管理。财务管理是企业管理的一个重要组成部分，它是根据财经法规制度，组织企业财务活动，处理财务关系的一项经济管理工作。

（3）营销管理

市场营销就是企业用产品价值不断来满足客户需求的过程。市场营销管理是为了实现企业目标，创造、建立和保持与目标市场之间的互利交换关系，对营销方案进行的分析、计划、执行和控制。实际的市场需求水平可能与预期的市场需求水平并不一致，市场营销管理的本质就是需求管理，力求通过有效的控制使企业的产品和服务切实满足社会需要。

（4）采购与供应管理

采购管理是指为了达成生产或销售计划，从适当的供应商那里，在确保质量的前提下，在适当的时间、以适当的价格购入适当数量的原料所采取的一系列管理活动。供应管理是指为了保质、保量、经济、及时地供应生产经营所需要的各种物品，对采购、储存、供给物料等一系列供应过程进行计划、组织、协调和控制，以保证企业经营目标的实现。采购与供应管理在企业发展中具有巨大作用，是企业经营活动的重要组成部分。

（5）生产管理

生产管理是对企业生产系统的设置和运行的各项管理工作的总称，又称生产控制，主要进行生产组织、生产计划、生产控制等管理工作。

（6）人力资源管理

人力资源管理是指根据企业发展战略的要求，有计划地对人力资源进行合理配置，通过对企业中员工的招聘、培训、使用、考核、激励、调整等一系列过程，调动员工的积极性，发挥员工的潜能，为企业创造价值，确保企业战略目标的实现。

**小思考：**你想承担模拟企业哪个岗位的工作？为什么？

# 1.2 ERP 沙盘概述

## 1.2.1 ERP

ERP 是 Enterprise Resource Planning（企业资源规划）的简称。

ERP 是针对企业物资资源管理、人力资源管理、财务资源管理、信息资源管理集成一体化的企业管理软件。

ERP 不仅仅是一种软件，更重要的是一种管理思想。软件只是载体，其核心管理思想就是对整个供应链的有效管理。

## 1.2.2 ERP 沙盘模拟

### 1. 沙盘

沙盘一词，起源于战争模拟推演，它采用各种模型来模拟战场的地形及武器装备的部署情况，通过模拟推演敌我双方在战场上的对抗与较量，发现对方战略战术上的弱点，从而制定有效的作战方案。

目前，沙盘推演已经得到普遍推广，ERP 沙盘就是其中之一。本书基于用友新道科技有限责任公司的 ERP 沙盘“挑战者”基础版。

**小思考：**你见过什么沙盘？其有何作用？

### 2. ERP 沙盘模拟

ERP 沙盘模拟生产制造型企业生产经营实际，其沙盘教具主要为 8 张沙盘盘面，代表 8 个相互竞争的模拟企业。按照制造企业的职能部门划分了职能中心，包括营销与规划中心、生产中心、物流中心和财务中心。

ERP 沙盘模拟中的企业主要生产加工有社会需求的产品，通常用 P1,P2,…表示不同产品。

**小思考：** 如果你创立一家企业，你会选择生产什么产品？

ERP 沙盘把企业经营的内外环境抽象为模拟经营的规则，由学生组成 8 个相互竞争的模拟企业，模拟企业 5～7 年的经营，对企业资源的管理过程仿真体验。企业经营的过程为：年度订货→购买原料→组织生产→产成品交付客户→收回货款→财务报告。通过以上经营活动获取利润，使企业的所有者权益最大化。

在后续的学习中，有学生参与、沙盘载体、模拟经营、对抗演练、学生感悟等一系列的实践环节。在分析市场、战略制定、营销策划、组织生产、财务管理等一系列活动中，感悟科学的管理规律，培养团队精神，全面提升管理能力。

因为 ERP 沙盘变通有关规则并简化了现实企业的经营环节，模拟的是高度概括的企业经营过程，与现实社会中的企业经营并不完全一样，所以不能将模拟企业等同于现实企业。

## 1.2.3 ERP 沙盘模拟的特点

### 1. 以简代繁

用直观的、简单的模型体现企业经营的复杂环节，以简代繁。

### 2. 以小见大

以小的经营团队模拟现实企业的组织结构及具体经营过程，从整体上全面认识企业经营管理活动。

### 3. 决策决定成败

任何企业都有其企业战略和决策，决策不同，战略会有差别，具体经营活动就会产生差异，导致经营结果的优劣，最终决定企业经营的成败。

### 4. 用数据说话

模拟企业经营的实践，即具体模拟经营活动及结果是用数据来说明的。战略妥当与否、策略的优劣、计划的合理程度、措施的成败、经营成果的好坏、对抗竞争的胜负，一切都由数据来证明和检验。

## 1.2.4 学习沙盘模拟的意义

ERP 沙盘课程是一门集理论与实践于一体的实训型课程。在实训过程中，可以清晰地看到模拟企业的信息流、物资流及资金流的变化过程，体验企业的经营管理。在模拟经营过程中，无论胜负都会给人留下深刻的印象。胜利者会有成功的喜悦；失败者虽然有遗憾，但也会领悟到很多的经营本质，达到积累企业经营管理经验的目的。即使经营失败，也不会对企业和个人造成任何损害，完成现实中不能实现的全方位实践活动。

ERP 是对企业经营管理的全方位展示，综合了制造业企业营运活动的各个方面，使学习者可以在多个方面受益。

### 1．拓展知识体系

（1）全面认知企业

了解企业的组织机构设置，认知企业组织机构的职责和职能，了解企业管理体系以及各个体系之间的协作过程，可以对未来职业方向建立基本的认知。

（2）建立信息管理的思维方式

企业的决策源于数据，数据来源于信息系统。学习者可以体验企业信息化实施过程，感受关键点，体会企业信息管理的重要性。

（3）开阔视野

ERP 沙盘模拟综合会计、营销、计算机、物流、管理等相关知识，能够开阔学习者的视野。

### 2．培养管理能力

企业经营管理涉及企业总体战略管理、营销管理、供应管理、生产管理、财务管理以及人力资源管理等内容。借助 ERP 沙盘模拟，可以强化管理知识，训练管理技能，全面提高管理能力。

### 3．提高专业技能

ERP 沙盘模拟融合了会计、营销、物流、管理等方面的知识，可以激发学习者学习专业知识的兴趣，实践和应用所学的专业知识，提高自身专业技能水平。

### 4．全面提高职业素养

ERP 沙盘模拟包含综合素质训练，使学习者在以下方面获益。

（1）个性与职业定位

每个个体拥有不同的个性，这种个性在 ERP 沙盘模拟对抗中会显露无遗。例如，在分组对抗中，有的小组急于求胜，有的小组稳扎稳打，还有的小组不知所措，体现出个性特点与胜任角色有一定的关联度。其实在现实生活中，很多人并不是因为“爱一行”才“干一行”的，更多的情况是需要大家“干一行”就“爱一行”，所以要充分考虑自己的个性与职业定位的适应情况。

（2）团结合作

通过 ERP 沙盘模拟对抗课程的实训，学习者可以深刻体会到团队协作的重要性。在企业经营这样一艘大船上，总经理是舵手，财务主管保驾护航，营销主管冲锋陷阵……在这里，每一个角色都以企业整体利益为出发点，各司其责，相互协作，才能赢得胜利，实现目标。

（3）竞争与共赢

市场竞争是激烈的，也是不可避免的，但竞争并不意味着你死我活。寻求与合作伙伴之间的双赢、共赢才是企业发展的长久之道。企业要在市场分析、竞争对手分析上下足工夫，知己知彼，在竞争中寻求合作，企业才会有无限的发展机遇。

（4）保持诚信

诚信是企业的生命，是企业的立足之本、生存之本、发展之本。诚信也是人们立足社会、发展自我的基本素质。诚信原则在 ERP 沙模模拟实训中体现为对“游戏规则”的遵守。

（5）感悟人生

在市场的残酷竞争与企业经营风险面前，是“轻言放弃”还是“愈挫愈勇”，这不仅是一个企业可能面临的问题，也是个人人生中需要作出抉择的问题，经营自己的人生与经营一个企业具有一定的相通性。参与企业经营过程的模拟活动可以使学习者对人生有更多的感悟。

（6）实践出真知

在模拟经营过程中，可以完成现实中不能实现的全方位实践活动，团队及个人的战略、战术等的优劣将在模拟实践中得到验证。

### 1.2.5 沙盘模拟的学习方法

ERP 沙盘模拟作为一种体验式学习方式，是继传统学习方式及案例学习方式之后的一种创新。沙盘模拟学习融理论与实践于一体，集角色扮演与岗位体验于一身，可以使学习者在参与、体验中完成从知识到技能的转化。

为此，在学习过程中应当注意以下几点。

#### 1. 亲力亲为

要全程参与企业的模拟经营，获得经营企业的切身体验。在经营活动中不能做旁观者，不作为者不受欢迎。

#### 2. 团结合作，携手共进

团结合作是 ERP 沙盘模拟课程的一大特点，要学会沟通，善于交流，团结协作，共同努力才能将企业做好。

#### 3. 思路开阔，换位思考

ERP 沙盘模拟要求思维有方，善于创新，意会理念，参悟本质。企业经营中既有定量分析，又有许多“只可意会，不能言传”的定性知识，如果能参悟到深层次的内容，在将来的生活、工作、创业中将会受益无穷。

在经营过程中，可以进行角色转换，从而体验不同的角色。转换角色后相关问题的认识和解决方法会发生许多变化，换位思考才能得到更多的体验。

#### 4. 知错能进

“失败是成功之母”，模拟经营活动中谁犯的“错误”越多，谁的收获就越大；谁犯的“错误”越严重，谁的收获就越深刻。

### 5. 实践出真知

在相同的规则下，对一个具体问题会有不同认识，进而产生不同的解决方法及途径，但只有落实于行动才能检验是否正确。要说服他人赞成你的方案，就要用实践和数据加以证明。

### 6. 感悟最重要

无论是参透企业经营的本质还是思考人生，都要注重反思、感悟，让自己在反思探究中不断成长，在总结评价中得到提高。

**小思考：**你准备如何参与 ERP 沙盘模拟的学习和实践活动？

## 1.2.6 ERP 沙盘模拟企业资源

### 1. 企业界面

ERP 沙盘基础版的企业界面（又称盘面），如图 1-1 所示。

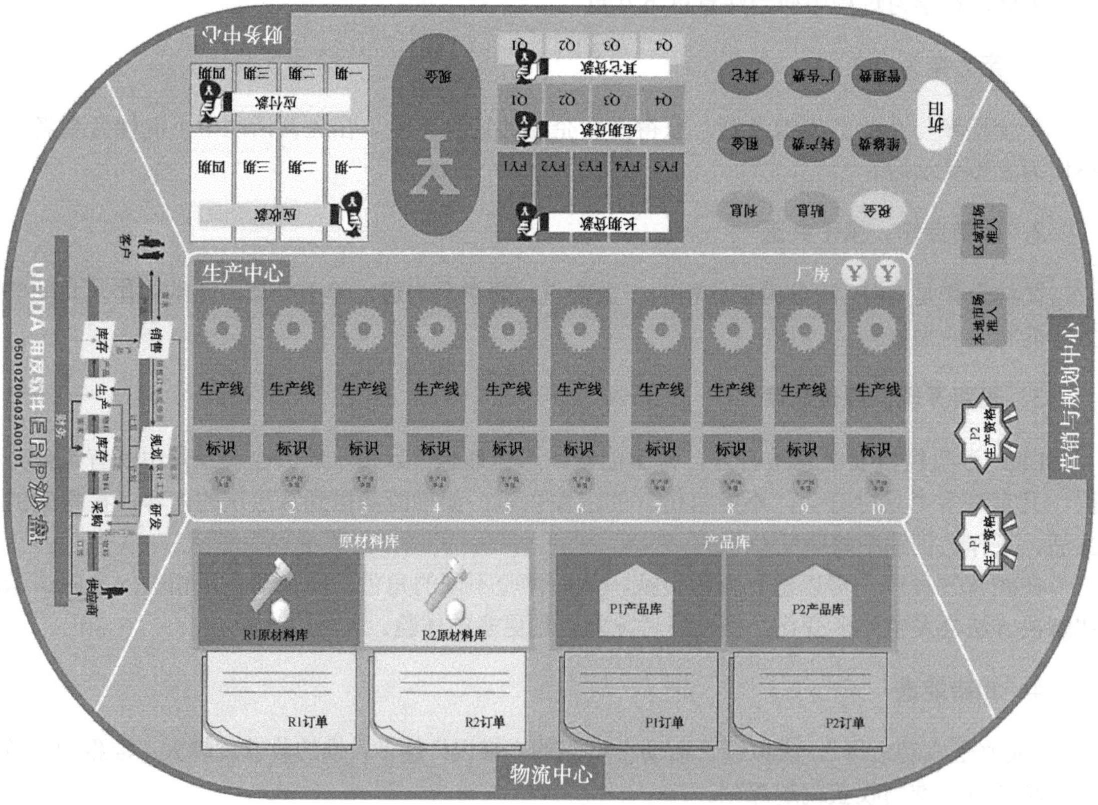


图 1-1 ERP 沙盘基础版的企业界面

## 2．ERP 沙盘模拟企业资源模型

ERP 沙盘模拟把企业经营的内、外环境抽象为模拟经营的规则，将制造业企业的实物抽象为模型。企业资源沙盘模型如图 1-2 和图 1-3 所示，具体内容见表 1-1。

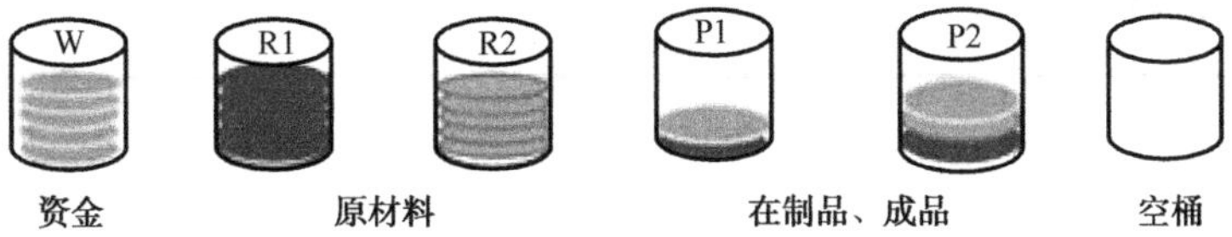


图 1-2 企业资源沙盘模型一

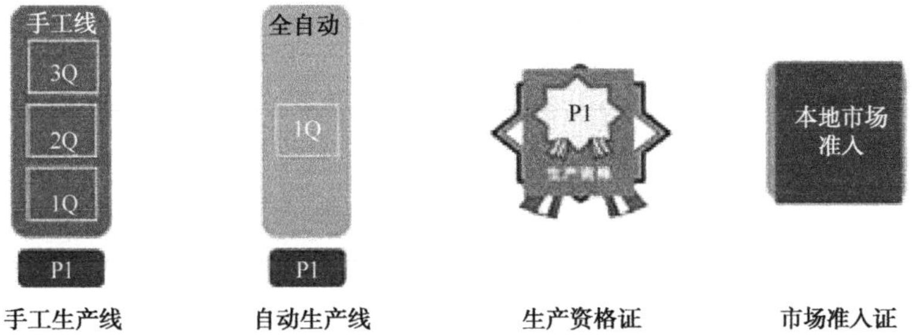


图 1-3 企业资源沙盘模型二

**表 1-1 企业资源沙盘模型**

| 名 称 | 模 型 | 表 示 内 容 |
|---|---|---|
| 生产线 | 彩色纸板模型 | 生产线（手工线、自动线） |
| 生产标识 | 彩色纸板模型 | 生产线生产的产品类型 |
| 订单 | 图片、表格形式 | 企业从市场获得的订单（销售的依据） |
| 灰币 | 硬币型灰色塑料币 | 资金，1 个灰币表示 1W（可视为万元） |
| 彩币 | 硬币型红、绿色塑料币 | 原材料 R1、R2，均为价值 1W |
| 空桶 | 圆柱型塑料桶 | 原料订单、贷款 |
| 生产资格证 | 彩色纸板模型 | 拥有资格证方可生产 |
| 市场准入证 | 彩色纸板模型 | 拥有准入证方可进入该市场选取订单 |

## 3．其他说明

① 厂房为模拟沙盘的企业界面的生产中心。

② 经营时间单位为季度，用 Q 表示，一年分成 4 个季度。

③ 一轮模拟经营为 5～7 年，在模拟经营前明确。

④ 在订货会选取订单过程中，一个市场与产品的组合称为一个回合，如“挑战者”基础版中有本地 P1、本地 P2、区域 P1、区域 P2 等回合。

⑤ 一个空桶可以装入20个币，设置有刻度，以方便计量。

⑥ 企业资源领取处一般位于教室前方，由企业领取，自主购买。

⑦ ERP沙盘模拟中一个年度经营活动的结束，以正确完成财务报表并上交教师的时间为准。

## 思考与探究

| | |
|---|---|
| 你想通过ERP沙盘模拟收获什么？ | |
| 你准备如何参与ERP沙盘模拟实训活动？ | |
| ERP沙盘模拟中的企业资源有哪些？ | |
| “利润最大化是企业的唯一目标”，你认同这种观点吗？为什么？ | |

## 课外阅读

**【丁磊的成功】**

丁磊曾经是福布斯中国富豪榜的前三十位之一。在1999年初，当时网易刚向门户网站迈进，但与新浪、搜狐相比，还只是一个刚刚崭露头角的小网站。据说，今日资本集团总裁徐新当时之所以选择投资网易，正是因为创始人丁磊的自信。丁磊毕业于电子科技大学，毕业后被分配进宁波市电信局，但丁磊无法接受那里的工作模式和评价标准，自信的他很轻松地就从电信局辞职。他说：“这是我第一次开除自己。有没有勇气迈出这一步，将是人生成败的一个分水岭。”

因为自信，丁磊在两年内三次跳槽，最终在1997年决定自立门户。后来，丁磊和徐新在广州一家狭小的办公室里见面。徐新主动问他一些问题：“网易在行业内的情况怎么样？”“我们会是第一。”丁磊第一句话就毫不犹豫地这么回答。徐新当然知道网易并不是门户网站的第一，但她就是觉得：“他很有上进心，而不是吹牛，是有实质的自信。我觉得企业家有这种精神是很重要的，你有这样一个理想跟雄心去做行业排头兵。我投的就是他这个自信。”

一个开放自信的人，就像被“充电”了一样，不但自身激扬奋发，能立刻产生解决困难的渴望，而且会感染身边的人。一个人只有拥有自信，才能使自己的情绪稳定乐观，不容易受外界的影响。

**【机遇垂青有激情的人】**

小孟是山东一所中职学校会计专业2002届毕业生。小孟刚毕业就到一家外贸公司打工，负责给服装厂采购服装辅料。一次在采购过程中，小孟发现许多衣服的领边、袖口和口袋都用鸡、鸭的羽毛来装饰。小孟来自山村，那里家家都养鸡、鸭、鹅，羽毛资源非常丰富，小孟就想好好利用一下这些条件。有一天，小孟认识了一个日本商人，他拿着一件用羽毛制成的绒条样品，正要寻找生产厂家订货。小孟看了看样品，发现生产这样的绒条，在技术上并不复杂，于是果断地接下了订单。随后，他放弃了稳定的工作，回到家乡开始生产这种产品。3个月后，小孟赚了20万元。此后，他连续接了这个日本商人的多个订单，赢利上百万元。小孟在机会到来时，没有犹豫，他以最短的时间，利用廉价的资源，挖掘到了自己人生的第一桶金，实现了财富梦想。

他用自己的成功经验向人们证明，世界上的资源有限，命运之神并不特别眷顾谁，世界上之所以有穷富之分，并不是因为富人遇到的赚钱机会比较多，而是因为他们能够抓住机会，能够抓住时间和资源。财富就在不远处，它们并不注定属于谁。先到先得，这就是获取财富的规律。

# 第二单元　组建团队，创立企业

**学习目标**

① 掌握企业的组织结构，组建企业经营团队，建立协调沟通机制。
② 明确企业成立的条件，完成企业创建。
③ 理解各个职位的职能、工作任务并掌握初始年的操作。

创建一个生产制造型企业，需要一定的条件。维持一个企业的正常运营，需要多部门的共同合作。模拟企业的经营，需要一个分工明确、团结上进的和谐团队。

## 2.1　企业的组织结构

### 2.1.1　企业组织结构

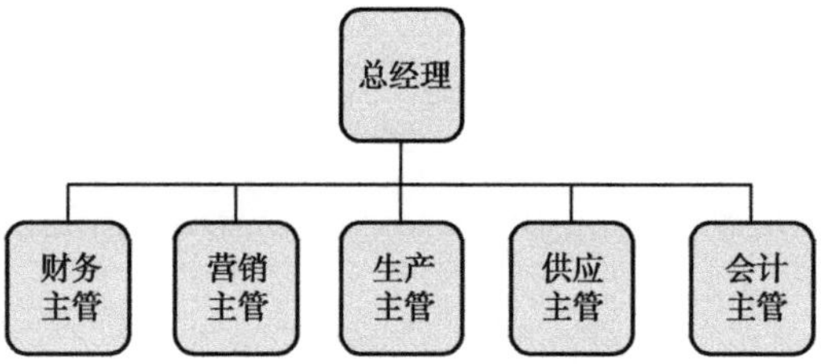


图 2-1　模拟企业组织结构

在企业的经营管理中，各项职能由不同的业务部门履行。各部门在管理工作中的分工协作，在职能、职责、权利、义务方面形成的结构体系就是企业组织结构。

任何企业都有与之相匹配的组织结构，企业组织结构是保证企业正常经营运转的基本条件。

在 ERP 沙盘模拟中，我们经营的是一个生产制造型企业，其组织结构如图 2-1 所示。

**小思考：**你认为一个商业企业的组织结构是怎样的？

### 2.1.2　模拟企业管理岗位职能

ERP 沙盘模拟中企业主要有如下管理岗位。

**1．总经理**

总经理是企业的总负责人，是整个团队的领导者和带头人。总经理负责制定和实施公司的总体战略和年度经营计划，建立、健全公司的管理体系和组织机构，主持公司的日常经营管理，带领经营团队进行公司的模拟经营活动，实现公司的经营管理目标和发展目标。企业的战略目标和规划等重要决策，由总经理带领团队全体成员共同决定，如果出现意见不一致，由总经理最终决定。总经理还要从机构、流程、人员、评价、激励等方面优化管理，并组织团队成员进行团队内部评议，对每一位公司职员做出合理、恰当、公平、公正的评价。

2. 财务主管

如果说资金是企业的"血液"，那么财务部门就是企业的"心脏"。财务主管参与企业重大决策、方案的讨论与制定，要做好企业的资金预算并对企业的资金进行预测、筹集、调度、使用、监控。其主要任务是管理好现金流，确保现金不断流，规避企业破产；按照需求支付各项经营费用，核算成本；进行现金预算，采用经济合理的方式筹集资金；做好财务分析，控制成本费用，进行每一笔资金进出的具体操作，管好、用好资金。

3. 营销主管

扩大销售并及时收回货款才能使企业实现利润，赢得生存和发展的机会。实现销售收入是企业生存和发展的关键。营销主管要进行市场开发，获取市场准入；进行需求分析、市场预测，确定部门的营销目标；制定销售计划和预算；开展销售业绩分析与评估。营销主管要结合市场预测和客户需求制定市场竞争策略、销售计划，有选择地、合理地进行广告的投放，取得符合企业生产能力的订单，配合生产管理，按时交货，及时收回货款。

4. 生产主管

生产主管通过计划、组织、控制实现企业资源的最优化配置，为企业创造最大的经济效益。生产主管主要负责产品研发，制定产品及生产策略、生产计划；研究降低成本的方案，组织落实生产任务，同时进行成品库的管理；合理配置生产资源，保证及时交货，维护生产设备，必要时进行生产设备的变更，确保正常生产。

5. 供应主管

原料是生产的保证。供应主管负责各种原料的及时采购与安全保管，保证原料供给，确保企业生产的顺利进行；编制采购计划，适时进行采购，确保及时采购到合适的原料；做好原料管理、库存统计、库存消化方案制定等库存管理工作，保障企业生产的顺利进行。

6. 会计主管

会计主管的基本职能是对企业经营活动进行核算和监督。会计主管负责日常现金收支的记录；检查企业经营状况，核算企业的经营成果；做好成本分析，控制成本费用；定期清查现金，盘点存货，保证账实相符；具体编制产品核算统计表、综合费用明细表、利润表、资产负债表等，按时报送财务报表。

**小思考：**你适合做什么岗位的工作？为什么？

## 2.2 组建团队

### 2.2.1 团队的组建

同一个工作台的同学组成一个团队，共同经营一个制造型（业）模拟企业。通过接触有了初步的相互了解后，首先要推选出企业的总经理。总经理是一个企业的领头人，要有一定的领导能力，富有主见，善于团结，对团队工作全面负责，能够公平、公正地对待团队的每一个成员。

总经理人选确定后，要发表就职演说，阐述领导思想，展望企业前景，明确管理方法。然后在总经理的带领下，根据每一个人的特点，确定其他职位的合理人选。

财务主管和会计主管要认真仔细，肯吃苦，工作有条理，积极负责。

营销主管、市场主管要头脑灵活，反应机敏，善于观察，判断力强。

生产主管要态度认真，勤于动手，善于思考。

供应主管要态度积极，认真细致，做事有条理，责任心要强。

企业经营团队组建见表2-1。

**表2-1 企业经营团队组建表**

| | | | |
|---|---|---|---|
| 企业名称 | | 组　别 | |
| 企业理念 | | | |
| 人员分工 | | | |
| 总 经 理 | | 财务主管 | |
| 营销主管 | | 生产主管 | |
| 供应主管 | | 会计主管 | |

如果团队人员较少，可不设置会计主管岗位，相关工作由财务主管兼职完成；生产主管与供应主管由同一人担任。如果团队人员较多，可在总经理下增设首席运营官，在营销主管下增设市场主管或销售主管，在生产主管下增设产品研发主管（技术主管）等。

组建企业管理团队，是团队成员的第一次密切接触。总经理要了解成员特点，有针对性地进行协调，促进各职位的合作交流，与同事们凝聚成一个团结上进的集体，形成和谐团队。

经过一轮的模拟经营操作之后，团队成员之间有了更深刻的了解，可以根据成员特点调整岗位，力求每一个人都能各展所长，人尽其才。也可以轮换岗位，体验不同的工作，有利于每个人对不同岗位的认知，进行个人职业定位。对于所学专业对应岗位，可以采取年度轮换制，以便更多的同学体验本专业工作，实践专业理论。

### 2.2.2 企业角色定位

为方便模拟操作，规定了各职位的位置。企业经营团队组建完成后，相关人员分别按相应位置就座于企业盘面的周边。模拟企业角色定位图，如图 2-2 和图 2-3 所示。

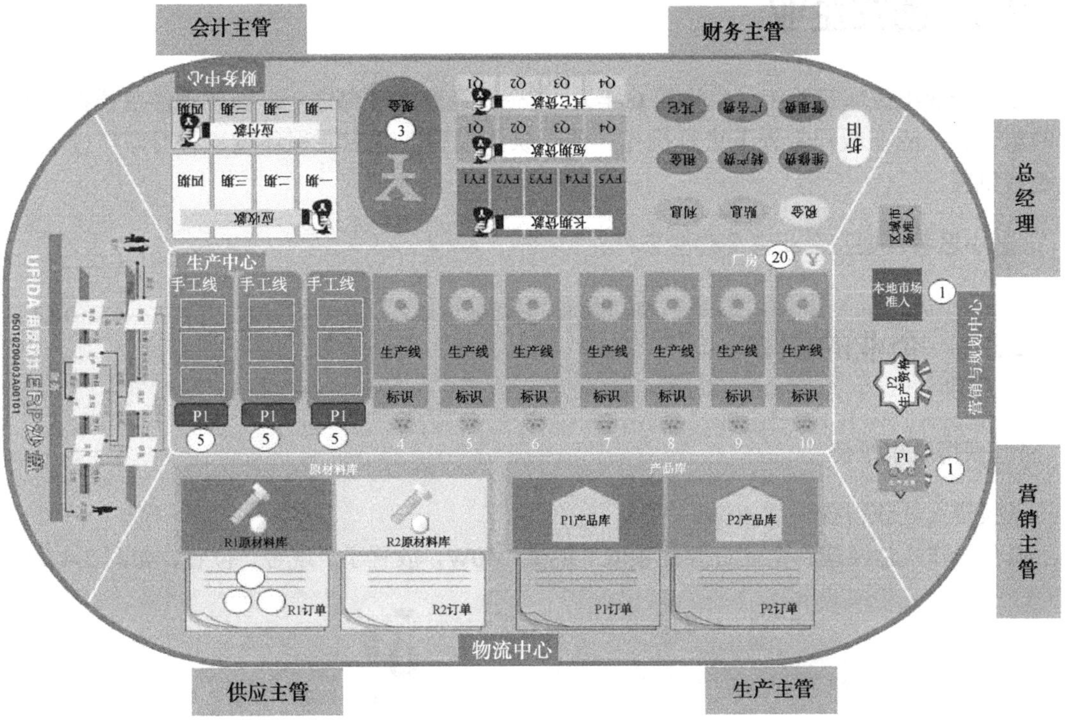


图 2-2　模拟企业角色定位图一

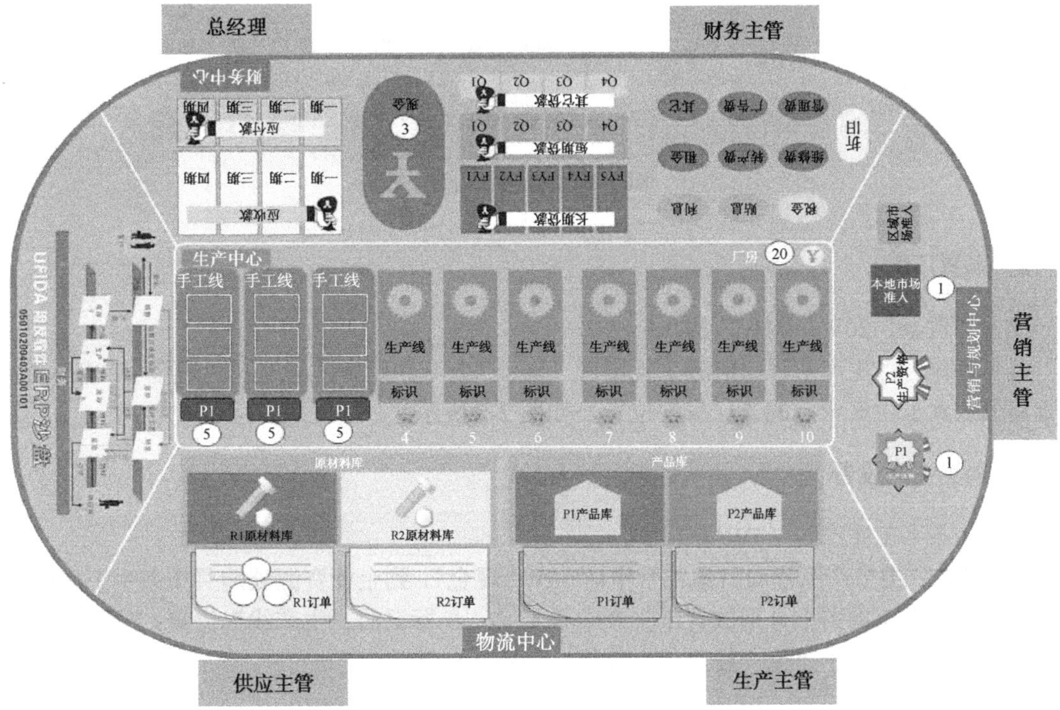


图 2-3　模拟企业角色定位图二

# 2.3 创立企业

创建企业年份即初始年（也称第 0 年），是企业经营的开局之年。在物理沙盘模拟企业经营的第一轮，应在教师带领下进行操作，便于认识模型，适应课程环境，学习操作过程，感受经营氛围。

**小思考**：创立企业需要哪些条件？

## 2.3.1 企业的创立

### 1. 获得股东投资

从投资人处获得投资款 40W。

具体操作：总经理到企业资源处领取“现金”40W，放置于“现金”位置，如图 2-4 所示。

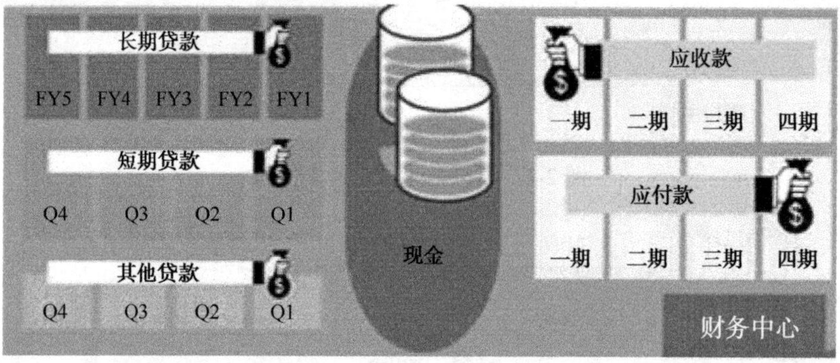


图 2-4 获得股东投资

### 2. 购置厂房

支出“现金”20W，购置厂房。

具体操作：由生产主管向财务主管申请“现金”20W，财务主管交付“现金”20W，生产主管将其放置于生产中心的“厂房”位置，如图 2-5 所示。

### 3. 购买生产设备

购买 3 条手工生产线（5W/条）。

具体操作：由生产主管向财务主管申请 15W“现金”，到企业资源处购买 3 条手工生产线。手工生产线模板正面向上分别放置于生产中心 1、2、3 标记的“生产线”位置；“现金”分置于三个空桶中，放置于“生产线净值”位置，如图 2-6 所示。

**小思考**：为什么购买生产线？

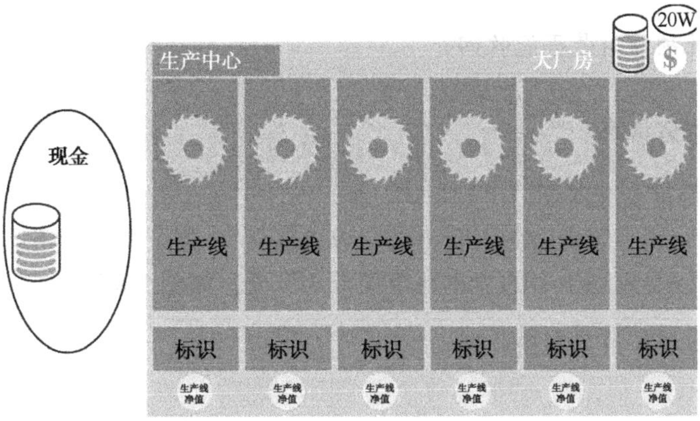


图 2-5　购置厂房

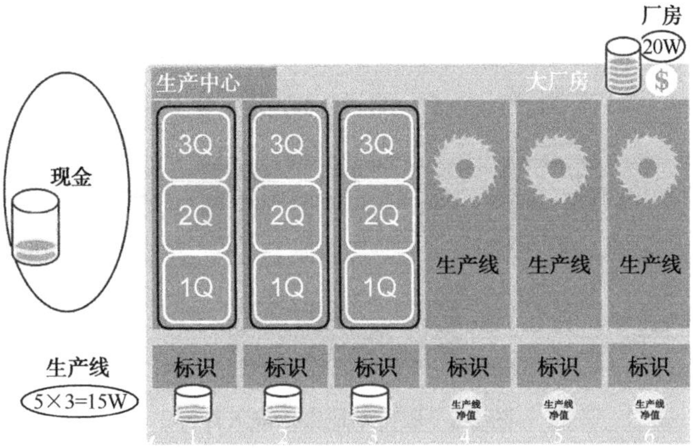


图 2-6　购买手工生产线

## 4. 获得产品的生产许可证

投资 1W，获取 P1 产品的生产许可证。

具体操作：由生产主管向财务主管申请“现金”1W，到企业资源处申请并领取 P1 产品的生产资格，放置于营销与规划中心的“P1 生产资格”处，如图 2-7 所示。

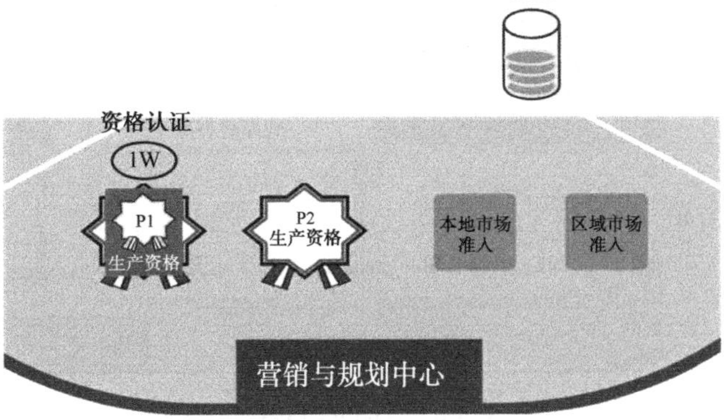


图 2-7　获得 P1 产品的生产许可证

**小思考**：此项费用是否能收回？

### 5. 取得市场准入许可

投资 1W，取得市场准入证。

具体操作：由营销主管向财务主管申请 1W“现金”，到企业资源处申请并领取本地市场准入证，放置于营销与规划中心的“本地市场准入”处，如图 2-8 所示。

**小思考**：此项费用是否能收回？

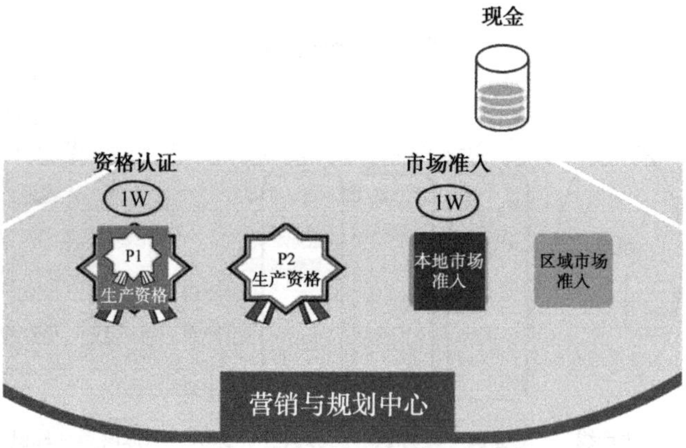


图 2-8 取得本地市场准入许可

### 6. 订购原材料

与供应商建立联系，同时签订 3 个 R1 原料订单，下年第一季度购进。

具体操作：由供应主管到企业资源处领取空桶 3 个，放置于“R1 订单”处（空桶为原材料订单，一个空桶表示一个原材料的订单），如图 2-9 所示。

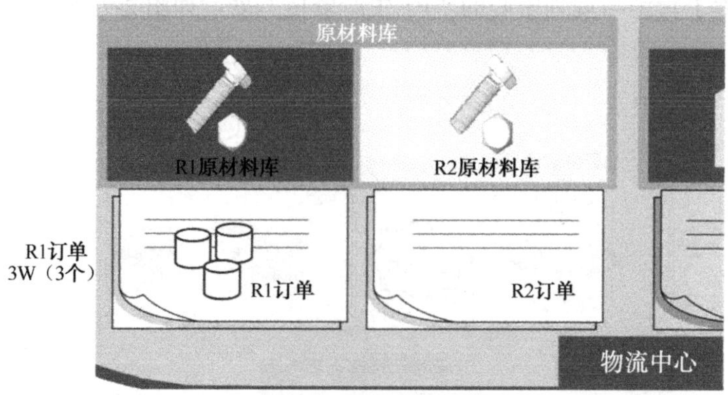


图 2-9 订购 R1 原材料

## 2.3.2 企业财务状况报告

根据实际情况（企业界面上的企业资源情况）填写企业财务状况报告，由会计主管（财务主管）主笔完成。

### 1. 综合费用明细表（表2-2）

表2-2 初始年综合费用明细表 单位：W

| 项 目 | 运算符号 | 金 额 | 备 注 |
|---|---|---|---|
| 管理费 | | | |
| 广告费 | + | | |
| 维修费 | + | | |
| 市场准入开拓 | + | 1 | |
| 产品研发 | + | 1 | 包括购买资格证书的费用 |
| 其 他 | + | | |
| 合 计 | = | 2 | |

### 2. 利润表（表2-3）

表2-3 初始年利润表 单位：W

| 项 目 | 运算符号 | 本年数 |
|---|---|---|
| 销售收入 | | |
| 直接成本 | − | |
| 毛 利 | = | |
| 综合费用 | − | 2 |
| 折旧前利润 | = | −2 |
| 折 旧 | − | |
| 支付利息前利润 | = | −2 |
| 财务收入/支出 | +/− | |
| 其他收入/支出 | +/− | |
| 税前利润 | = | −2 |
| 所得税 | − | |
| 净利润 | = | −2 |

实际填表时，将初始年利润表的数据填写在第一年利润表的“上年数”位置。

### 3. 资产负债表

初始年资产负债表的数据来源见表 2-4。

**表 2-4 初始年资产负债表的数据来源**

| 资　产 | 数据的取得 | 负债和所有者权益 | 数据的取得 |
| --- | --- | --- | --- |
| 流动资产： | | 负债： | |
| 现金 | 盘点现金库中的现金 | 短期借款 | |
| 应收账款 | | | |
| 在制品 | | 应交税金 | |
| 成品 | | | |
| 原料 | | | |
| 流动资产合计 | 以上之和 | 负债合计 | 以上之和 |
| 固定资产： | | 所有者权益： | |
| 土地与建筑 | 厂房价值（20W） | 股东资本 | 股东资本（40W） |
| 机器与设备 | 生产设备价值 | 利润留存 | |
| 在建工程 | 在建生产设备的价值 | 年度净利 | 利润表中的净利润 |
| 固定资产合计 | 以上三项之和 | 所有者权益合计 | 以上之和 |
| 资产总计 | 流动资产+固定资产 | 负债和所有者权益总计 | 负债+所有者权益 |

表 2-4 中：

资产（资产总计）＝流动资产+固定资产

流动资产＝现金＋应收账款＋在制品（价值）＋成品（价值）＋原料（价值）

固定资产＝土地与建筑（厂房价值）＋机器与设备（生产线净值）＋在建工程（在建生产设备的价值）

负债和所有者权益（总计）＝负债＋所有者权益

负债＝短期借款+应交税金（应缴纳的企业所得税税额）

所有者权益＝股东资本（40W）＋利润留存＋年度净利

（期末）利润留存＝期初（上年期末）利润留存＋期初（上年期末）年度净利

会计恒等式：资产＝负债＋所有者权益

在表 2-4 中，资产总计等于负债和所有者权益总计。

将运算符号填写在表中，以方便计算。填写完成的初始年资产负债表见表 2-5。

实际填表时，我们将初始年资产负债表的内容填写在第一年资产负债表的期初数位置，即本会计年度期末数同时也是下一会计年度期初数。

表 2-5　初始年资产负债表　　单位：W

| 资　　产 | 运算符号 | 期末数 | 负债和所有者权益 | 运算符号 | 期末数 |
|---|---|---|---|---|---|
| 流动资产： | | | 负债： | | |
| 现金 | | 3 | 银行贷（借）款 | | |
| 应收账款 | + | | | | |
| 在制品 | + | | 应交税金 | + | |
| 成品 | + | | | | |
| 原料 | + | | | | |
| 流动资产合计 | = | 3 | 负债合计 | = | 0 |
| 固定资产： | | | 所有者权益： | | |
| 土地与建筑 | | 20 | 股东资本 | | 40 |
| 机器与设备 | + | 15 | 利润留存 | + | |
| 在建工程 | + | | 年度净利 | + | −2 |
| 固定资产合计 | = | 35 | 所有者权益合计 | = | 38 |
| 资产总计 | | 38 | 负债和所有者权益总计 | | 38 |

## 思考与探究

| | |
|---|---|
| 创立模拟企业的条件 | |
| 你的岗位工作完成情况 | |
| 团队如何沟通、协调 | |
| 有人认为：如果现金为零，企业就会破产。你有什么看法 | |

## 课外阅读

**【团结得生存，合作得发展】**

生活在海边的人常常会看到这样一种有趣的现象：几只螃蟹从海里游到岸边，只见其中一只努力地往堤岸上爬，可无论它怎样执著、坚毅，却始终爬不到岸上去。因为就在它要爬上堤岸的时候，别的螃蟹争相拖住它的后腿，把它重新拖回到海里。最终，没有一只螃蟹能够上岸。

而在非洲大草原上，却演绎着另外一幕：酷热干燥的草原，常常会发生自燃，带来草原大火，无数蚂蚁被熊熊大火逼得节节后退，火的包围圈越来越小，渐渐地蚂蚁似乎无路可走。就在这时出人意料的事发生了：蚂蚁们迅速聚拢起来，紧紧地抱成一团，很快就滚成一个黑乎乎的大蚁球，蚁球滚动着冲向火海。蚁球很快就被烧成了火球，在噼噼啪啪的响声中，一些居于火球外围的蚂蚁被烧死了，但更多的蚂蚁却绝处逢生。

这两个故事其实从正反两个方面反映了团队协作的重要性。我们每个人都只是团队中的一分子，只有把自己跟团队融合在一起，把个人的利益和团队的利益放在一起，才能最终实现个人的价值和利益。

**【择人任势，合作成功】**

曹操很善于辨才用人。曹操手下谋士云集，战将林立。每一次作战，无论夺关还是守寨，他都能择人任势，调度得当，争取主动，夺得胜利。其中，张辽、李典、乐进三员大将镇守合肥，就是曹操知人善任的典型例子。

建安二十五年（公元215年），曹操西征张鲁，东吴孙权见有机可乘，就率兵攻打合肥。镇守合肥的三员大将是张辽、李典、乐进，他们资历、能力、职务、地位不相上下，各不服气，意见不一。局势异常紧张，合肥危在旦夕。

紧急关头，曹操派遣护军从汉中送来一个木匣，里面是曹操对合肥的防御作战的具体安排："若孙权至，张、李二将出战，乐将军守城。"

曹操对三位将军了解深刻：张辽有胆有识，能顾全大局；李典不爱争功，但难以独当一面；乐进是猛将，但脾气暴躁。基于深刻的了解，做出正确的安排。果然，在张辽的带领下，三人各负其责，协调一致，大破孙权。

**【沟通】**

某著名高校知名教授即将在一次规格极高的学术会议上演讲。全家人都为教授的这次露脸而激动，为此妻子专门为他选购了一套名牌西装。

晚饭时，妻子问西装合不合身。教授说："上身很好，裤腿长了两公分，倒是能穿！"晚上教授早早就睡了。可是教授的母亲却没有睡，她想这么重要的演讲，西裤长了怎么行，就翻身下床，把西装的裤腿剪掉两公分，缝好烫平，然后安心地入睡了。早上，妻子醒来，想起丈夫西裤的事，看到时间还来得及，便拿来西裤又剪掉两公分，缝好烫平，惬意地去做早餐了。不久，女儿起床了，看妈妈的早餐还没有做好，就想起爸爸西裤的事情，寻思自己也能为父亲做点事情了，便拿来西裤，再剪短两公分，结果……

# 第三单元　学习规则，学会操作

**学习目标**

① 掌握经营规则的具体内容，能正确解读各项规则。
② 掌握相应职位规则的内容，理解其具体操作方法。
③ 了解其他职位规则的内容、操作方法。

“无规矩不成方圆”，企业要严格遵守国家和地方的相关法律法规，在政策的规定范围内合法经营。生产经营活动也要在一定的规则下进行，否则就将受到法律的严惩。企业要制定经营规章及操作规程，员工按照规则活动，依据规程工作，使企业有条不紊地经营发展。

ERP 沙盘模拟也要在一定的规则之下进行模拟经营，各模拟企业要严格按照规则进行操作，诚信经营。我们要学习和掌握规则，运用规则来进行企业经营的具体操作。规则的学习是枯燥的，但也是必要的。

下面介绍 ERP 物理沙盘基础版的具体规则，其中具体操作可在第一年模拟经营过程中巩固落实。

## 3.1　运营规则

### 3.1.1　厂房使用规则

**1．规则内容**

厂房需要购买，在组建企业当年完成购置，价值为 20W。

**2．规则解读**

在使用期间不提折旧，不允许卖出。厂房内最多可安装 10 条生产线。

**3．具体操作**

在初始年由生产主管向财务主管申请“现金”20W，放置于生产中心的“厂房”位置。

## 3.1.2 机器设备规则

### 1. 规则内容

生产设备规则见表 3-1。

**表 3-1 生产设备规则**

| 生 产 线 | 购 置 费 | 安 装 周 期 | 生 产 周 期 | 维 修 费 | 残 值 |
|---|---|---|---|---|---|
| 手工线 | 5W | 无 | 3Q | 1W/年 | 2W |
| 自动线 | 12W | 1Q | 1Q | 1W/年 | 4W |

生产设备折旧规则见表 3-2。

**表 3-2 生产设备折旧规则**

| 生产线 | 购置费 | 残值 | 建成第一年 | 建成第二年 | 建成第三年 | 建成第四年 | 建成第五年 |
|---|---|---|---|---|---|---|---|
| 手工线 | 5W | 2W | 1W | 1W | 1W | 0 | 0 |
| 自动线 | 12W | 4W | 2W | 2W | 2W | 2W | 0 |

### 2. 规则解读

① 生产线只能购买，不能公司间转让。

② 购买生产线必须一次支付所有费用，手工生产线购买到位就可以开始使用；自动生产线支付设备款后，设备购买到位进行 1Q 安装，下一季生产线安装完成，方可开始加工产品。

③ 生产线上的格子代表生产周期，每条生产线上最多只能有一个在制品。

④ 生产线的折旧从建成的当年开始提取，即每年年底只要生产线的净值处有超过残值的灰币，就必须提取折旧。当生产线净值处的价值等于残值时，该生产线不提折旧。已经折旧完成的生产线，仍然可以使用，但要交纳维修费。

⑤ 生产线可以卖给设备供应商，售价按照残值计算，即从“生产线净值”处取出残值，放入“现金”。超出残值的其余的价值部分，作为损失，计入综合费用的其他费用。

⑥ 生产线可以生产任何获得生产资格证的产品。

### 3. 具体操作

（1）手工生产线

购置安装：在计划购买手工生产线的×年×季度的“新建生产线”环节，由生产主管向财务主管申请“现金”5W，到企业资源处领取手工生产线模板，放置于生产中心的“生产线”位置，并将“现金”放置于“生产线净值”处，无须安装，即可用于生产。购买的生产线由1到10依次放置。

生产加工：手工生产线模板上有3个正方形，表示加工产品的周期为3个季度。在“开始下一批生产”环节，首先将原料库中放有原料的桶置于标记3的正方形内，再投放1W加工费，表示在制品开始进行加工；在下一季度此环节，推进在制品到标记2的正方形即可，依此类推；当在制品放置于标记1的正方形内时，“更新生产”推进在制品已经没有方格可放，表示已加工3个季度，产品加工完成，将加工完成的产成品放入产品库待售。每条生产线上最多只能有一个在制品，不允许在手工生产线模板上的3个方格内加工（放置）3个在制品。

计提折旧：在每年年末“计提折旧”环节，从“生产线净值”处取净值1W，放入财务中心内的“折旧”位置。当生产线净值只有2W时，不再折旧，但仍可继续使用。

维修维护：在每年年末“支付维修费”环节，从企业“现金”处取“现金”1W，放入费用项目的“维修费”位置。

出售：生产线可以卖给设备供应商，售价按照残值计算，即从“生产线净值”处取出残值，放入“现金”，其余的价值作为损失放入其他费用。

转产：如果生产线由原来的加工P1转产P2，在“开始下一批生产”环节，将“产品标识”由“P1产品”更换为“P2产品”即可生产P2产品，不需要费用，反之亦然。

（2）自动生产线

购置安装：在计划购买自动生产线的×年×季度的“新建生产线”环节，由生产主管向财务主管申请“现金”12W，购买自动生产线。到企业资源处领取自动生产线模板，将模板反放（反面向上）于生产中心的“生产线”位置，并将“现金”放置于生产线模板之上，开始安装生产线；下一季度将模板翻转（正面在上）放置于生产中心的“生产线”位置，并将“现金”移动放置到“生产线净值”处，表示生产线安装完成，可开始加工产品。购买的生产线由1到10依次放置。

生产加工：自动生产线模板上只有1个正方形，在“开始下一批生产”环节，首先将放有原料的桶置于方格内，再放入1W加工费，表示在制品在进行加工。在下一季度此环节，推进在制品已经没有方格可放，表示加工完成，将加工完成的产成品放入相应的产品库待售。

计提折旧：在每年年末“计提折旧”环节，从“生产线净值”处取净值2W，放入费用项目的“折旧”位置。当生产线净值只有4W时，不再折旧，但仍可继续使用。

维修维护：在每年年末“支付维修费”环节，从企业“现金”处取“现金”1W，放入费用项目的“维修费”位置。

出售：生产线可以卖给设备供应商，售价按照残值计算，即从“生产线净值”处取出残值，放入“现金”，其余的价值作为损失放入综合费用的“其他”位置。

转产：如果生产线由原来的加工 P1 转产 P2，在“开始下一批生产”环节，将“产品标识”由“P1 产品”更换为“P2 产品”即可生产 P2 产品，反之亦然。

**小思考：手工生产线和自动生产线哪一种具有生产优势？有什么优势？**

## 3.1.3 产品研发规则

### 1．规则内容

P1 产品是各公司本身拥有的，其他产品需要进行研发。产品研发规则见表 3-3。

表 3-3 产品研发规则

| 产 品 | 研发时间 | 研发投资 | 研发费用 | 资格证费用 |
|---|---|---|---|---|
| P2 | 2 季度 | 2W/季度 | 4W | 1W |

### 2．规则解读

① 开发投入分期进行，每季度进行一次，投入 2W。

② 开发中可以随时中断和延续，不允许超前或集中投入。

③ 该项基用投资不能回收。

④ 开发完成之后，必须另外缴纳 1W，用于申请生产资格证。只有获得资格证后，才允许开工（上线）生产。

⑤ 产品资格证不允许转让。

### 3．具体操作

在计划开始研发 P2 的×年×季度“产品研发投资”环节，由营销主管向财务主管申请“现金”2W，放置于营销与规划中心的对应位置，再一季度（可以是下一季度，也可以是以后的任一季度）投资 2W 放置于对应位置。当“产品研发投资”完成（对应位置有 4W）时，由营销主管再向财务主管申请“现金”1W，持 5W 灰币到企业资源处换取“P2 生产许可证”，并放置于营销与规划中心的对应位置。

## 3.1.4 产品生产规则

### 1．规则内容

产品生产规则见表 3-4。

表 3-4 产品生产规则

| 产　品 | 原 材 料 | 加 工 费 | 单位产品直接成本 |
| --- | --- | --- | --- |
| P1 | R1 | 1W | 2W |
| P2 | R1+R2 | 1W | 3W |

2．规则解读

P1 由 R1 加工而成，P2 由 R1 和 R2 两种原材料加工而成。

3．具体操作

将原料库中库存的原料置于空的生产线上（只有空的生产线才可以进行加工生产），投入 1W 加工费，开始加工，称为在制品，加工完成即为产成品（简称成品、产品）。

## 3.1.5 原材料采购

1．规则内容

原材料采购需要提前一个季度向原材料供应商下订单。购买原则是严格按照订单数量购买。

2．规则解读

当季分 R1、R2 分别下订单，下一季度按订单数量购买（R1、R2 均为 1W）所订购原材料，放置于原材料仓库，方可用于生产。严格按订单数量采购，不可多买，也不可少买。

**小思考：**如果目前原材料无库存，下一季度开始生产 3 个 P1、4 个 P2，应如何下原料订单？

3．具体操作

在“原材料订单”位置放置空桶，空桶数量表示订购原材料的数量。在“原材料入库”环节，供应主管向财务主管申请与订购数量相等的现金，到企业资源处购买原材料。将订单空桶移至原材料仓库，购买的原材料放置于原材料订单的桶内，作为生产原料备用。一个空桶放置一个原材料，准备生产时使用。

## 3.1.6 融资规则

1．规则内容

贷款规则见表 3-5。

表 3-5 贷款规则

| 贷款类型 | 贷款时间 | 贷款额度 | 年利率 | 还款方式 |
|---|---|---|---|---|
| 短期贷款 | 每季度初 | 所有短贷之和不能超过 120W | 5% | 到期一次还本付息，每次贷款为 20W 的倍数 |

2. 规则解读

① 每季度初可以进行贷款，每次贷款上限为 40W。
② 所有贷款不能超过 120W（整个盘面上的贷款不能超过 6 桶，每桶 20W）。
③ 贷款周期为 4 季度（Q），到期还本付息。
④ 贷款年利率为 5%。

**小思考：**贷款对企业有利吗？企业创立阶段可以贷款吗？

3. 具体操作

如果需要贷款，在季度初期“申请贷款”环节可申请 20W（或 40W）贷款，将贷款金额放置于盘面“现金”处，空桶 1 个（或 2 个）倒置于盘面“短期贷款”的 4Q 处，表示还有 4 个季度需要还本付息。下一季度“更新贷款/还款付息”环节，将空桶推进一个季度到 3Q 处，依此类推。当贷款空桶推出 1Q 处时，“更新贷款/还款付息”环节即需要还本付息 21W（或 42W），本钱还到企业资源处，利息放置于“利息”位置。

## 3.1.7 费用规则

1. 规则内容

① 综合管理费：每季度支付 1W。
② 广告费（市场营销费）：企业为获取订单而做的广告投放。
③ 生产设备在每年年底，都需要交纳维修维护费 1W/条。

2. 规则解读

① 企业创建完成无论生产与否，均需要交纳管理费。
② 广告费用的多少，由企业自己根据需要决定。
③ 设备维修费，只要设备安装完成，不论是否生产均需要交纳。

**小思考：**第四季度购买的自动生产线，本年度是否需要交纳设备维护费？

3. 具体操作

综合管理费：每季度在“支付管理费”环节，由财务主管从“现金”处取 1W“现金”放置于“管理费”位置。

广告费：在每年初“广告投放”环节，由营销主管向财务主管申请足额广告费，放置于“广告费”位置。

设备维修费：在每年年末“支付设备维修费”环节，由生产主管向财务主管申请足额生产设备维修维护费用，放置于“设备维修费”位置。

### 3.1.8 纳税规则

#### 1. 规则内容

企业经营有了盈利，需要缴纳所得税。所得税税率为 25%。每年的所得税计入资产负债表的负债项目中的“应交税金”位置，下一年年初缴纳。

#### 2. 规则解读

所得税缴纳税额是以弥补以前亏损后的余额为基数计算的。当所有者权益高于 40 时，应按所得税规定缴纳税款。

当上年权益＜43 时，应纳所得税税额＝（上年权益＋本年税前利润－40）×25%（向下取整）。

当上年权益＝43 时，若上年未缴纳所得税，则按照上式计算。

当上年权益＝43 时，若上年已缴纳所得税，则按照下式计算。

当上年权益＞43 时，应纳所得税税额＝本年税前利润×25%（向下取整）。

**小思考**：财务中心“税金”位置的所得税税额是否记入当年的利润表？

#### 3. 具体操作

将计算完成的所得税额填入利润表、资产负债表的所得税位置，下一年年初的“缴纳税金”环节，由财务主管从“现金”中足额支取所得税，放置于“税金”位置。

## 3.2 销售规则

### 3.2.1 市场开发规则

#### 1. 规则内容

市场开发规则见表 3-6。

表 3-6 市场开发规则

| 市 场 | 开发费用 | 开发规则 | 持续时间 |
|---|---|---|---|
| 本地 | 1W（开办企业时支付） | 无 | 无 |
| 区域 | 1W | 1W/年 | 1年 |

**小思考**：企业还有哪些更大的市场？

2．规则解读

每个市场每年最多投资 1W，开发完成领取市场准入证，下一年开始可以进行该市场的订单争取。

3．具体操作

在计划开拓区域市场的该年年末“新市场开拓”环节投资 1W 开拓区域市场，由营销主管向财务主管申请“现金”1W，持“现金”到企业资源处换取“区域市场准入证”，并放置于营销与规划中心的对应位置。

## 3.2.2 广告投放与选取订单规则

1．订货会选单回合

在订货会选取订单过程中，一个市场与产品的组合称为一个回合，如 ERP 沙盘基础版中订货会有本地 P1、本地 P2、区域 P1、区域 P2 四个选单回合。

2．广告费用与获得订单的机会

广告分组合投放。企业通过投放广告取得订单，投放 1W 的广告，有 1 次选单机会；投放 2W 可能有 2 次选单机会，依此类推。

将广告费填写在每个市场的相应产品栏中，广告投放单见附录 B。

3．订单发放与选取

按回合（市场、产品组合）依次发放所有订单，企业根据自身产能选取订单。

4．选单顺序

根据市场广告投入、产品广告投入的多少决定各个回合的选单顺序，企业依次轮流选单。

选单顺序根据如下原则排定：

① 按该市场某个产品广告投放的多少安排该产品的选单顺序。

② 如果两个或两个以上公司在同一产品投入的广告一样，则按该市场的广告投入总量进行排名。

③ 如果市场广告总投入量也一样，则按上一年市场销售额排序。

④ 如果上一年市场销售额还是相同，则按投放广告的时间先后排序。

### 5. 选单流程

某回合选单开始，按选单先后顺序进行第一轮选单，各公司只能选取 1 张订单，全部公司选单完成后，再开始下一轮依次选单。企业一旦弃权，该回合就不能再选取订单，但不影响后续回合的订单选取。

### 6. 订单种类

无交货期限制，一年之内的任何时间均可交货。

### 7. 交货规则

企业取得的订单，必须按照订单要求的数量，在本年度完成交货。

### 8. 违约处罚规则

所有订单必须当年完成。如果订单没有完成交货，即为违约订单，应在当年扣除违约订单销售额的 25%（违约金向下取整），直接计入成本，并收回订单。

**小思考：**违约的订单是否计入销售收入？

### 9. 本年度订货会结束后，发放下一年的市场订单信息

下面结合具体实例说明订货会选取订单规则。

某轮次模拟经营，E 组和 G 组第三年销售额相同，并高于其他 6 家企业（假设这 6 家企业销售额也相同），第四年本地 P1 共有 16 张订单。第四年各企业广告投放情况见表 3-7。

**表 3-7 第四年各企业广告投放情况**

| 组别 | 产品 | 本地 | 区域 | 时间 | 组别 | 产品 | 本地 | 区域 | 时间 |
|---|---|---|---|---|---|---|---|---|---|
| A | P1 | 1 | 1 | 8:20 | B | P1 | 2 | 1 | 8:23 |
| | P2 | 2 | 2 | | | P2 | 2 | 1 | |
| | 合计 | 3 | 3 | | | 合计 | 4 | 2 | |
| 组别 | 产品 | 本地 | 区域 | 时间 | 组别 | 产品 | 本地 | 区域 | 时间 |
| C | P1 | 3 | 1 | 8:21 | D | P1 | 3 | 1 | 8:26 |
| | P2 | 5 | 2 | | | P2 | 2 | 1 | |
| | 合计 | 8 | 3 | | | 合计 | 5 | 2 | |
| 组别 | 产品 | 本地 | 区域 | 时间 | 组别 | 产品 | 本地 | 区域 | 时间 |
| E | P1 | 3 | 2 | 8:25 | F | P1 | 1 | 1 | 8:30 |
| | P2 | 3 | 1 | | | P2 | 1 | 2 | |
| | 合计 | 6 | 3 | | | 合计 | 2 | 3 | |

续表

| 组别 | 产品 | 本地 | 区域 | 时间 | 组别 | 产品 | 本地 | 区域 | 时间 |
|---|---|---|---|---|---|---|---|---|---|
| G | P1 | 3 | 2 | 8:22 | H | P1 | 3 | 1 | 8:28 |
| | P2 | 3 | 1 | | | P2 | 1 | 3 | |
| | 合计 | 6 | 3 | | | 合计 | 4 | 4 | |

在上述情况下，本地市场 P1 产品选单过程如下。

① 首先看本地市场 P1 的广告额，广告额多的先行选单。本例中 C、D、E、G、H 五个组均为 3W，排在 A、B、F 组之前选单。

② 其次看本地市场广告总额，C 组为 8W，第一个选单。E、G 两组同为 6W，并列第二位，排在 D、H 组之前选单。

③ 再看 E、G 两组的上年销售额，销售额多的组先选，本例中两组的上年销售额相同。最后看广告投放时间，E 组广告投放在后，G 组广告投放在前，所以 G 组第二个选单，E 组第三个选单。

④ D 组第四个选单（本地市场广告额多于 H 组），H 组第五个选单。

⑤ B 组（广告投放多）第六个选单，A 组（广告投放时间早）第七个选单，F 组第八个选单。第一轮选单结束，共选走 8 张订单。

⑥ 第二轮选单，C 组第一个选单，选取 1 张订单；G 组第二个选单，选走 1 张订单；E 组第三个选单，选走 1 张订单；D 组第四个、H 组第五个、B 组第六个选单，各自选取 1 张订单。但 A 组、F 组只投放 1W 广告，无权参加第二轮选取。第二轮共选走 6 张订单，剩余的 2 张订单，进入第三轮选单。

⑦ 第三轮选单开始，C 组放弃选单权利，G 组第一个选单，选走 1 张订单；E 组第二个选单，选走最后一张订单。

本地市场 P1 选单结束。

**小思考：**区域市场 P2 产品回合的选单如何排序？

# 3.3 其他规则

## 3.3.1 企业的破产

在 ERP 沙盘模拟中出现以下两种情况之一，企业即告破产。

① 资不抵债：收入不足以弥补支出，最终导致所有者权益为负，企业破产。

② 现金断流：企业所持有的现金不足以支付必须要支付的款项，造成现金断流，则企业破产。

企业破产后的处置由教师安排。

### 3.3.2 经营成果（对抗比赛结果）评比

经营结束时，按照最后一年模拟企业所有者权益的高低，排出名次。
破产企业不参与排名。

## 3.4 规则与岗位工作要求

企业经营过程中，每位成员都有明确的职位职责和具体的工作任务。企业成员应当熟练掌握个人职位所对应的经营规则，积极、高效地完成个人工作，发挥职位管理职能。总经理负责人员评价、激励等方面的优化管理，细化岗位工作要求，安排和督促企业员工积极完成本职工作，形成和谐团队，保证企业的高效运营。

企业各个岗位的工作任务、标准要求以及应当重点掌握的规则，见表 3-8。要想提高沙盘模拟的水平，必须尽快掌握所有规则要求。

表 3-8 企业岗位工作要求与规则

| 职 位 | 工作任务 | 标准要求 | 重点掌握规则 |
|---|---|---|---|
| | 经营记录 | 台账正确、全面、及时 | 市场开发规则 |
| | 市场预测分析 | 分析正确，判断准确 | 市场细分规则 |
| 营销主管 | 营销策略及广告投放 | 策略恰当，费用合理 | 订货会选单规则 |
| | 参加订货会选取订单 | 选单合理，达成目标 | 广告投放规则 |
| | 按订单交货、应收款管理 | 按时交货，及时回款 | 产品生产规则 |
| | 经营记录 | 台账正确、全面、及时 | 厂房规则 |
| | 生产计划与执行 | 计划完成，保证交货 | 生产设备规则 |
| 生产主管 | 产能计算 | 计算准确无误 | 产品研发规则 |
| | 设备投资与新产品研发 | 把握时机、数量、种类 | 产品生产规则 |
| | 营运费用计算 | 核算正确 | 费用规则 |
| | 经营记录 | 台账正确、全面、及时 | |
| | 采购计划 | 适配生产计划 | 原材料订购规则 |
| 供应主管 | 采购计划的执行 | 及时、准确下订单 | 生产设备规则 |
| | 保证供应 | 保障生产 | 产品生产规则 |
| | 库存管理 | 库存合理，消化及时 | |
| | 经营记录 | 台账正确、全面、及时 | 融资规则 |
| | 资金预算与执行 | 计划合理，资金不断流 | 费用规则 |
| 财务主管 | 融资管理 | 合理、适当、科学 | 纳税规则 |
| | 财务报告 | 正确、及时 | 取整规则 |
| | 费用计算 | 及时、准确 | 生产设备规则<br>产品生产规则 |

续表

| 职　位 | 工 作 任 务 | 标 准 要 求 | 重点掌握规则 |
|---|---|---|---|
| 总经理 | 经营记录 | 台账正确、全面、及时 | 全部规则 |
| | 企业规划的制定 | 目标妥当，团队达成一致 | |
| | 规划管理 | 措施得当，调整稳妥 | |
| | 经营流程控制 | 流畅、合理、时效性高 | |
| | 团队管理 | 团结、和谐、高效 | |

## 思考与探究

| | |
|---|---|
| 你掌握了哪些规则 | |
| 你的职位需要应用哪些规则 | |
| 企业如何研发P2产品？需要多少投资 | |
| 企业有无资金缺口？如有，如何解决 | |
| 为什么短期贷款以20W的倍数为限制进行贷款 | |
| P1成品由什么组成？单位成本是多少 | |
| P2成品由什么组成？单位成本是多少 | |
| 你认为哪种生产线生产效率高 | |
| 你认为哪一季度购买自动生产线更合理？为什么 | |

## 课外阅读

**【小胜在智，大胜在德】**

陈刚是一家私营脱水蔬菜厂的老板，公司80%以上的产品出口。这天，他接到市食品工业协会会长紧急电话，说有一个大外商准备在全市的私营脱水蔬菜厂中选择一家讲诚信的厂重点投资，这几天就来考察。另外，会长告诉他近期国际市场对脱水蔬菜需求量大，叫他加大生产量。

陈刚马上召开中层以上管理人员会议："这几天质量方面不能出纰漏，一定要争取到外商的投资。"可会后不到一个小时，包装车间主任就风风火火跑进来了，说一个叫朱凤的女员工发现别在护袖上的一枚大头针不见了，可能掉进了半成品或成品的蔬菜中。陈刚慌了，赶紧跑到包装车间。那个叫朱凤的女员工被车间主任训斥后正在不停地哭泣，见陈刚来了忙赔不是："老板，这完全是我的错，可以扣我的工资，但千万不要开除我。我一家老小还等着我的工资呢！"

陈刚问："你确定那枚大头针掉在成品中？"

朱凤点点头。

"不开除你？想得倒美，赶快收拾东西，准备走人！"一旁的车间主任嚷起来。

陈刚望了一下朱凤："那枚大头针掉进成品中别人知道吗？"

朱凤摇摇头。

陈刚又问："那你为什么不立即报告呢？"

朱凤哭哭啼啼地说："我想，不能误了外商投资的大事啊！"

陈刚一挥手，立即通知全线停机，从正在运行的半成品和上千件成品中寻找那枚大头针。车间主任连忙摆手："老板，这至少要一天时间啊。我们的损失得多大啊，不就是一枚大头针吗？"谁知陈刚大吼一声，指着车间主任骂道："你胡说！我宣布，从现在开始你被解聘了，赶快到人力资源部办理退工手续。"

他对哭泣的朱凤说："从现在起，你担任车间主任一职，另外奖你5000元。"什么？朱凤将大头针掉进成品中不仅没受到任何处罚，还升官得奖金？一时全厂议论纷纷，但绝大多数员工站在陈刚的一边。可经过一天的寻找，就是不见那枚大头针的影子。尽管如此，陈刚还是封存了那些半成品和成品，组织人员继续寻找。

第二天，会长领着一个老太太来到陈刚的办公室，一进门，会长就笑眯眯地告诉陈刚，外商已经选择了他们作为合作伙伴。陈刚一愣——人家外商还没来考察呢？会长哈哈大笑起来："已经考察过了，就是昨天发生的那起大头针事件。"他一指那个老太太："这就是外商萨莎女士。"萨莎女士从挎包里拿出一张纸，递到陈刚的手里，竖起大拇指用熟练的汉语说道："你是我们最信任的合作伙伴。"陈刚接过那张纸一看，原来是昨天开除那个车间主任、提拔和奖励朱凤后张贴在公告栏上的那张公告。

原来，萨莎女士一到陈刚的脱水蔬菜厂，就听到员工议论纷纷，继而看到那张公告，明白了事情的原委。最终，陈刚凭借他的诚信通过了测试，赢得了一笔长期的大订单。至于那枚大头针，两天后最终在一件成品中被找到，被封存的所有半成品和成品也顺利"解冻"。

# 第四单元　掌握操作，学习经营

**学习目标**

① 理解企业年度规划的意义、内容，掌握各个经营环节的具体操作。

② 完成第一年模拟经营，能正确填写财务报表。

③ 掌握利润的影响因素。

企业的创建工作已经在初始年完成，可以将初始年的工作概括为认知企业、掌握模型、组建团队、创建企业。现在已经组织了一个团结进取的经营团队，成功设立了一个有资金、有设备的制造业企业。

下面学习并进行第一年的模拟经营。将第一年模拟经营概括为应用规则、学会经营、学习规划、认识利润。在第一年里，由教师引导大家从事企业经营流程中各项任务的实际操作，带领各团队一起来模拟企业经营实践。在经营中要按照角色和流程，学习记录经营过程中各个生产要素变化的情况。

## 4.1　新年度规划

新的年度开始之际，企业要召开新年度规划会议。由总经理召集企业全体员工，在认识企业的自身条件、分析竞争对手的情况下，研究市场需求，制定企业战略规划以及各个职位的职能策略，制定出适应本年度企业经营的各项业务计划。本节主要介绍如何进行新年度规则。

### 4.1.1　预则立，不预则废

美国著名的成功学大师安东尼·罗宾斯曾经提出过一个成功的万能公式：

成功＝明确目标＋详细计划＋马上行动＋检查修正＋坚持到底

从这个公式我们可以看出，要想取得成功，首先要明确我们的目标，然后根据目标制定详细的计划。

一年之计在于春，没有春天的播种（新年度规划），就没有秋天的收获（年度利润的获得、所有者权益的增加）。无论是在生活中还是在工作中，处处需要计划。有计划，可以让事情做得更好；无计划，则容易失去方向。企业经营更是如此，如果在经营过程中随意处置、无序操作，就会出现经营困难，最终导致企业破产。

### 4.1.2 企业年度规划的内容

一个完整的企业年度规划包括以下内容：

① 企业内部条件认识，包括企业自身的特点、优势与劣势。

② 企业外部环境分析，指其他企业的情况、市场需求情况等。

③ 年度经营目标，指根据企业战略规划目标的要求和经营环境的变化所制定的本年度经营目标，要具体可行且具有指导性。

④ 经营策略、计划，包括根据经营目标确立的营销策略、市场开拓计划、广告投放策略、选单计划、财务预算、资金计划、生产策略、生产设备购置计划、产品研发计划、产品生产计划、原料供应计划等。

⑤ 实施步骤，指落实各种策略、计划的具体步骤。

### 4.1.3 规划会议的进行

新的年度开始之际要召开企业的年度规划会议。以第一年为例，其召开过程如下。

① 自身条件分析："现金"为3W，生产设备有3条手工生产线，市场方面开拓了本地市场，拥有P1的生产许可等。

② 其他企业情况：与本企业相同（分析略）。

③ 市场需求分析：第一年市场订单见附录B，市场需求共8张订单，根据市场选单规则，8个企业每一个企业得到一张订单，企业可能的销售数量为5个P1。具体营销方案为投1W广告，获取一张订单，卖出5个P1产品。

④ 年度经营目标：完成本年度市场需求的P1产品的生产，销售产成品P1。

⑤ 生产能力分析：目前企业有3条手工生产线，第一年可以生产3个P1产品；如果在第一季度新上一条自动生产线，第一年可以生产2个P1。按此生产方案进行，即可以完成订单需求。设备投资方案为在第一季度新购买一条自动生产线。供应主管制定出对应的原料采购方案。

⑥ 资金预算：目前企业持有3W"现金"，不足以支付购买生产线的费用和其他支出，需要贷款。融资方案为第一、三季度各贷短期贷款20W。

⑦ 产品订单：订货会后，企业订单已经确定，应根据订单情况加以推演预算。

⑧ 计划调整：订货会后可以看到下一年的市场订单，企业应根据下一年的市场需求情况，调整年度规划及计划，使本年度的经营活动更好地适应企业发展的需要。

⑨ 实施步骤（略）。

## 4.2 掌握操作，学会经营

### 4.2.1 年初工作

#### 1. 新年度规划会议

新年度规划会议已经在前面完成，总经理在经营记录表（1）对应位置打“√”。

#### 2. 广告投放

营销主管填写广告投放单（表 4-1），上交教师；向财务主管申请 1W“现金”，放置于“广告费”位置。

表 4-1 第一年广告投放单

| 企 业 | 产 品 | 本地市场 | 区域市场 | 投放时间 |
|---|---|---|---|---|
| * | P1 | 1 | | |
| | P2 | | | |
| | 合计 | 1 | | |

“现金”支出 1W，财务主管在经营记录表（3）对应位置记录“－1”（记录表中数据单位为 W，记录时略去不写，下同）；操作完成，总经理在经营记录表（1）相应位置打“√”。

#### 3. 参加订货会选取订单/登记订单

营销主管参加订货会选取订单，并将订单信息登记到订单登记表中（表 4-2 中斜体部分）。登记完成，总经理在经营记录表（1）对应位置打“√”。

表 4-2 第一年订单登记表

| 订单号 | LP1-** | | | 合计 |
|---|---|---|---|---|
| 市场 | 本地 | | | |
| 产品 | P1 | | | |
| 数量 | 5 | | | |
| 账期 | | | | |
| 总价 | 25 | | | |
| 成本 | | | | |
| 毛利 | | | | |
| 未售 | | | | |

**4．支付税金**

尚未盈利，无须缴纳所得税。无操作，总经理在经营记录表（1）对应位置打“√”。

## 4.2.2 第一季度经营

**1．季初现金盘点（请填余额）**

目前“现金”余额为 2W，财务主管在经营记录表（3）对应位置记录“2”；记录完成，总经理在经营记录表（1）对应位置打“√”。

**2．更新贷款/还本付息**

上年度没有贷款，无此环节的操作。总经理在经营记录表（1）对应位置打“√”。

**3．申请贷款**

申请 20W 的短期贷款。由财务主管到企业资源处申请短期贷款 20W，将贷款放置于“现金”位置，并将一个空桶倒置于“短期贷款”的 4Q 处，表示目前的贷款为 20W，需要 4 个季度之后还本付息。“现金”增加 20W，财务主管在经营记录表（3）对应位置记录“20”。操作完成，总经理在经营记录表（1）对应位置打“√”。

**小思考：**为什么要贷款？短期贷款 20W，到期需要支付多少利息？

**4．购买原材料并入库**

“R1 原材料订单”处有 3 个空桶，表示有 3 个 R1 的订单。供应主管向财务主管申请 3W“现金”，持“现金”到企业资源处购买 3 个 R1 原材料，将 3 个空桶移入“R1 材料仓库”中，并将购买的原材料放入空桶中，表示原材料入库。企业支出“现金”3W，财务主管在经营记录表（3）对应位置记录“－3”；有 3 个 R1 原材料入库，供应主管在经营记录表（5）对应位置记录“3”。操作完成，总经理在经营记录表（1）对应位置打“√”。

**5．下原料订单**

本季度计划购买一条自动生产线，需要下一个 R1 的订单。取一个空桶放置于“R1 原材料订单”处。供应主管在经营记录表（5）对应位置记录“(1)”[（1）表示未付现金，括号中的数据不影响企业现金流，下同]。操作完成，总经理在经营记录表（1）对应位置打“√”。

**小思考：**为什么买自动生产线的当季，就下该生产线的原材料订单？

**6．更新生产/完工入库**

目前没有此项活动，总经理在经营记录表（1）对应位置打“√”。

#### 7. 购买新生产线/生产线到位

按计划购买一条自动生产线。生产主管向财务主管申请 12W“现金”，持“现金”到企业资源处购买一条自动生产线，将自动生产线模板反放于厂房中“生产线 4”的位置，并将 12W“现金”放置于模板上方，将“P1 产品”标识放置于生产线外侧产品标识位置。“现金”支出 12W，财务主管在经营记录表（3）对应位置记录“－12”。操作完成，总经理在经营记录表（1）对应位置打“√”。

**小思考：** 如果购买生产线，你选择自动线还是手工线？为什么？

#### 8. 开始下一批生产

开始加工生产有 4 个条件：生产许可证、可用生产线（正面向上且无在制品）、相应的原材料、足够的加工费。目前具备 P1 的生产资格，有 3 条手工生产线、3 个 R1 原材料和 7W“现金”，条件充足，可以生产 P1 产品。

**小思考：** 企业现在可以生产 P2 产品吗？

由生产主管将原料库中放置原料 R1 的桶分别放置于 3 条手工生产线的 3 期位置上，向财务主管申请 3W“现金”，作为加工费分别投放到 3 个桶内，开始加工 3 个 P1 产品。“现金”支出 3W，财务主管在经营记录表（3）对应位置记录“－3”；生产中心增加 3 个在制品，生产主管在经营记录表（2）对应位置记录“3”；R1 原料库减少 3 个 R1 原料，供应主管在经营记录表（5）对应位置记录“－3”。操作完成，总经理在经营记录表（1）对应位置打“√”。

**小思考：** 为什么生产主管记录“+3”，供应主管要记录“－3”？

#### 9. 更新应收款/应收款收现

目前没有此项活动，总经理在经营记录表（1）对应位置打“√”。

#### 10. 按订单交货

目前没有此项活动，总经理在经营记录表（1）对应位置打“√”。

#### 11. 产品研发投资

目前没有此项活动，总经理在经营记录表（1）对应位置打“√”。

#### 12. 付行政管理费

每一季度均要支付 1W 的行政管理费。财务主管支取 1W“现金”，放置于“行政管理费”位置。“现金”支出 1W，财务主管在经营记录表（3）对应位置记录“－1”。操作完成，总经理在经营记录表（1）对应位置打“√”。

**13．其他现金收支情况登记**

目前没有此项活动，总经理在经营记录表（1）对应位置打“√”。

**14．现金收入合计**

本季度“现金”收入为短期贷款 20W。财务主管在经营记录表（3）对应位置记录“20”，总经理在经营记录表（1）对应位置打“√”。

**15．现金支出合计**

本季度共支出“现金”19W，财务主管在经营记录表（3）对应位置记录“19”；记录完成，总经理在经营记录表（1）对应位置打“√”。

**16．期末现金对账（请填余额）**

期末“现金”余额计算方法为：期末余额＝季初余额＋现金收入合计－现金支出合计。本季度计算得出“现金”余额为 3W。财务主管在经营记录表（3）对应位置记录“3”；对账完成，总经理在经营记录表（1）对应位置打“√”。

**小思考：**季末“现金”为 3W，下一季度需要贷款吗？

财务主管清点“现金”位置的“现金”数量为 3W，与记录对比，表实相符，本季度经营活动结束。以后每一季度均要进行以上 16 个环节的经营活动。

### 4.2.3 第二季度经营

重复进行 16 个环节的经营活动。

**1．季初现金盘点（请填余额）**

目前“现金”余额为 3W，财务主管在经营记录表（3）对应位置记录“3”，总经理在经营记录表（1）对应位置打“√”。

**2．更新贷款/还本付息**

财务主管将放置于“短期贷款”的 4Q 处的一个空桶，推进至 3Q 处，表示该项贷款再过 3 个季度需要还本付息。操作完成，总经理在经营记录表（1）对应位置打“√”。

**3．申请贷款**

**4．购买订购的原材料并入库**

“R1 原材料订单”处有 1 个空桶，表示有 1 个 R1 的订单。供应主管向财务主管申请 1W“现金”，持“现金”到企业资源处购买 1 个 R1 原材料，放入原材料订单的空桶中，放置于“R1 材料仓库”

中。支出“现金”1W，财务主管在经营记录表（3）对应位置记录“－1”；原材料R1入库1个，供应主管在经营记录表（5）对应位置记录1。操作完成，总经理在经营记录表（1）对应位置打“√”。

**5. 下原料订单**

本季度要下一个R1的订单。取一个空桶放置于“R1原材料订单”处。供应主管在经营记录表（5）对应位置记录“(1)”，总经理在经营记录表（1）对应位置打“√”。

**6. 更新生产/完工入库**

将手工生产线上的在制品向前推进一格，总经理在经营记录表（1）对应位置打“√”。

**7. 购买新生产线/生产线到位**

第一季度购买的自动生产线安装完成，将自动生产线模板上的款项移至“生产线净值”处，并将生产线模板正面向上摆放。操作完成，总经理在经营记录表（1）对应位置打“√”。

**8. 开始下一批生产**

由生产主管将放置原材料R1的桶分别放置于1条自动生产线上，向财务主管申请1W“现金”，作为加工费分别投放到1个桶内。“现金”减少1W，财务主管在经营记录表（3）对应位置记录“－1”；生产中心在制品增加1个，生产主管在经营记录表（2）对应位置记录“1”；R1原料库减少1个R1原料，供应主管在经营记录表（5）对应位置记录“－1”。操作完成，总经理在经营记录表（1）对应位置打“√”。

**9. 更新应收款/应收款收现**

**10. 按订单交货**

**11. 产品研发投资**

**12. 支付行政管理费**

**13. 其他现金收支情况登记**

**14. 现金收入合计**

本季度无现金收入，财务主管在经营记录表（3）对应位置记录“0”，总经理在经营记录表（1）对应位置打“√”。

**15. 现金支出合计**

将支出合计。本季度共支出3W。财务主管在经营记录表（3）对应位置记录“3”，总经理在经营记录表（1）对应位置打“√”。

**16. 期末现金对账（请填余额）**

期末“现金”余额计算方法为：期末余额＝季初余额＋现金收入合计－现金支出合计。本季度计算得出“现金”余额为0W。 财务主管在经营记录表（3）对应位置记录“0”，总经理在经营记录表（1）对应位置打“√”。

财务主管清点“现金”，“现金”数量也为0W，与记录对比，表实相符，本季度经营活动结束。

## 4.2.4 第三季度经营

重复进行 16 个环节的经营活动。

**1. 季初现金盘点（请填余额）**

目前“现金”余额为 0W。

**2. 更新贷款/还本付息**

将放置于“短期贷款”的 3Q 处的一个空桶，推进至 2Q 处，表示还有 2 个季度企业需要对此项贷款还本付息。总经理在经营记录表（1）对应位置打“√”。

**小思考：** 如何操作和记录此项活动？

**3. 申请贷款**

申请 20W 短期贷款。

**小思考：** 如何操作和记录此项活动？

**4. 购买订购的原材料并入库**

购进上一季度订购的原材料。

**5. 下原料订单**

订购 5 个 R1 原材料。

**小思考：** 下一季度需要几个原材料？订购 5 个 R1 合理吗？如何操作和记录？

**6. 更新生产/完工入库**

自动生产线上加工生产的 P1 加工完成，将其移至“P1 产品库”待售。生产线上减少 1 个在制品，生产主管在经营记录表（2）对应位置记录“－1”；“P1 产品库”增加 1 个产成品，销售主管在经营记录表（4）对应位置记录“1”；操作完成，总经理在经营记录表（1）对应位置打“√”。

**7. 购买生产线/生产线到位**

**8. 开始下一批生产**

自动生产线加工一个 P1。

**小思考：** 该环节如何操作？怎样记录？

9. 更新应收款/应收款收视

10. 按订单交货

11. 产品研发投资

12. 支付行政管理费

小思考：该环节如何操作？怎样记录？

13. 其他现金收支情况登记

14. 现金收入合计

本季度“现金”增加 20W，财务主管在经营记录表（3）对应位置填写“20”，总经理在经营记录表（1）对应位置打“√”。

15. 现金支出合计

本季度“现金”减少 3W，财务主管在经营记录表（3）对应位置填写“3”，总经理在经营记录表（1）对应位置打“√”。

16. 期末现金对账（请填余额）

期末“现金”余额计算方法为：期末余额＝季初余额＋现金收入合计－现金支出合计。本季度计算得出“现金”余额为 17W。财务主管在经营记录表（3）对应位置记录“17”。操作完成，总经理在经营记录表（1）对应位置打“√”。

财务主管清点“现金”，“现金”位置的“现金”数量也为 17W，与记录对比，表实相符，本季度经营活动结束。

### 4.2.5 第四季度经营

重复进行 16 个环节的经营活动。

1. 季初现金盘点（请填余额）

目前“现金”余额为 17W。

2. 更新贷款/还本付息

将放置于“短期贷款”的 2Q 处的一个空桶，推进至 1Q 处，表示还有 1 个季度（即第二年第一季度）企业需要对此项贷款还本付息；将放置于“短期贷款”的 4Q 处的一个空桶，推进至 3Q 处。操作完成，总经理在经营记录表（1）对应位置打“√”。

3. 申请贷款

小思考：为什么本季度不贷款？

### 4. 购买订购的原材料并入库

### 5. 下原料订单

本季度下一个 R1 的订单。

**小思考：**有人认为本季度不需要下原料订单，你同意吗？

### 6. 更新生产/完工入库

手工生产线也加工完成，将产成品 P1 入库待售。

### 7. 购买新生产线/生产线到位

### 8. 开始下一批生产

自动生产线加工一个 P1。

### 9. 更新应收款/应收款收现

### 10. 按订单交货

产品库中有 5 个 P1 产品，可以交货了。营销主管将 5 个 P1 送交企业资源处，按订单卖出产品，得到 25W 销售收入，带回交财务主管，放置于“现金”处。填写订单登记表中的“销售额”、“成本”、“毛利”，并在“未售”位置填写“(4)”（表 4-3 中加下画线部分），表示该订单于 4Q 交货。“现金”增加 25W，财务主管在经营记录表（3）对应位置记录“25”；P1 产成品减少 5 个，营销主管在经营记录表（4）对应位置记录“－5”。操作完成，总经理在经营记录表（1）对应位置打“√”。

**表 4-3　第一年订单登记表**

| 订单号 | LP1-** | | | 合计 |
|---|---|---|---|---|
| 市场 | 本地 | | | |
| 产品 | P1 | | | |
| 数量 | 5 | | | |
| 账期 | | | | |
| 销售额 | 25 | | | 25 |
| 成本 | 10 | | | 10 |
| 毛利 | 15 | | | 15 |
| 未售 | (4) | | | |

每一年度第四季度该环节操作完成后，本年度按订单交货的操作已经结束，营销主管将所有已经交货的订单合计出数据，填写于订单登记表中（表 4-3 中黑体部分）。

**小思考：**违约订单计算在合计中吗？为什么？

11．产品研发投资

12．支付行政管理费

13．其他现金收支情况登记

14．现金收入合计

本季度“现金”收入为 25W。财务主管在经营记录表（3）对应位置记录“25”；记录完成，总经理在经营记录表（1）对应位置打“√”。

15．现金支出合计

将支出合计。本季度共支出 10W。财务主管在经营记录表（3）对应位置记录“10”；记录完成，总经理在经营记录表（1）对应位置打“√”。

16．期末现金对账（请填余额）

期末“现金”余额计算方法为：期末余额＝季初余额＋现金收入合计－现金支出合计。本季度计算得出“现金”余额为 32W。财务主管在经营记录表（3）对应位置记录“32”；记录完成，总经理在经营记录表（1）对应位置打“√”。

财务主管清点“现金”，“现金”数量也为 32W，与记录对比，表实相符，本季度经营活动结束。

### 4.2.6 年末经营活动

1．缴纳违约订单罚款（25%）

订单已经交付，无违约行为，无须操作。总经理在经营记录表（1）对应位置打“√”。

**小思考：**如有未交付的订单（即违约订单）如何处理？

2．支付设备维护费

按规则要求，生产设备需要支付 4W 维护费。生产主管向财务主管申请 4W“现金”，放置于“设备维护费”位置。“现金”支出 4W，财务主管在经营记录表（3）对应位置记录“－4”；操作完成，总经理在经营记录表（1）对应位置打“√”。

3．计提折旧

按规则手工生产线要折旧 1W，自动生产线要折旧 2W。生产主管从每一条手工生产线的“生产线净值”中取出 1W，从每一条自动生产线的“生产线净值”中取出 2W，合计 4W 放置于“折旧”位置。财务主管在经营记录表（3）对应位置记录“(4)”，总经理在经营记录表（1）对应位置打“√”。

**小思考：**折旧为什么填写“(4)”而不是“-4”？

**4. 新市场开拓**

目前不进行此项活动，总经理在经营记录表（1）对应位置打“√”。

**5. 结账**

年末“现金”余额为 32－4＝28W。财务主管清点“现金”位置的“现金”数量也为 28W，与记录对比，表实相符，第一年经营活动结束，总经理在经营记录表（1）对应位置打“√”。

## 4.2.7 经营活动要点汇总

第一年模拟经营活动结束，将相关操作汇总于表 4-4 中。

**表 4-4 物理沙盘操作汇总**

| 序号 | 经营项目 | 操作要点 | 财务处理 |
|---|---|---|---|
| 年初 | 新年度规划会议 | 总经理召集团队召开年度规划会议 | |
| | 参加订货会，支付广告费 | 填写并上交广告投放单，支付广告费用 | 计入综合费用 |
| | 参加订货会选取订单<br>/登记销售订单 | 参加订货会，选取订单/将所选取的订单登记在“订单登记表”中 | |
| | 支付所得税（25%） | 现金支付上年所得税税额 | |
| 1 | 季初现金盘点（请填余额） | 盘点季度初期现金数量 | |
| 2 | 更新贷款/还本付息 | 推进贷款空桶，更新短期贷款的还款时间<br>/贷款到期还本于资源处，利息放置于利息处 | 利息计入财务费用 |
| 3 | 申请贷款 | 申请贷款，取得现金，放置空桶表示贷款 | 计入负债中的贷款 |
| 4 | 购买订购的原材料并入库 | 支付现金，购买上一季度订购的原材料 | |
| 5 | 下原料订单 | 订购下一季度生产需要的原材料，空桶表示所订购的原料的数量、种类 | |
| 6 | 更新生产/完工入库 | 推进在制品，更新生产时间/完工置入产品库待售 | |
| 7 | 购买新生产线/变卖生产线<br>/生产线到位 | 领取购买的生产线，放置于生产中心，资金带回按规则放置/上交生产线，残值放入现金 | 残值计入现金，如有损失计入其他 |
| 8 | 开始下一批生产 | 原料上生产线，投放加工费，开始新的加工 | |
| 9 | 更新应收款<br>/应收款收现 | 推进应收款项，更新账期<br>/收回应收款款项 | 计入收入 |
| 10 | 按订单交货 | 按订单要求将成品库中的产成品交付客户，无账期收现；有账期则货款置入应收款位置 | 计入销售收入/计入应收款 |
| 11 | 产品研发投资 | 支付现金，置入产品研发位置 | 计入综合费用 |
| 12 | 支付行政管理费 | 支付现金，置入管理费位置 | 计入综合费用 |
| 13 | 其他现金收支情况登记 | 无（在模拟经营活动中一般为 0） | |

续表

| 序号 | 经营项目 | 操作要点 | 财务处理 |
|---|---|---|---|
| 14 | 现金收入合计 | 结算本季度收入 | |
| 15 | 现金支出合计 | 结算本季度支出 | |
| 16 | 期末现金对账（请填余额） | 结算本季度账表，盘点现金，表实对账（账实核对） | |
| 年末 | 缴纳违约订单罚款（25%） | 支付现金，置入其他费用 | 计入综合费用的其他费用 |
| | 支付设备维护费 | 支付现金于维修费处 | 计入综合费用 |
| | 计提折旧 | 从生产线净值处取出折旧数额，置入折旧处 | |
| | 新市场开拓 | 支付现金，置于市场开拓位置 | 计入综合费用 |
| | 结账 | 结算账表，盘点现金，表（账）实相符 | |

### 4.2.8 第一年企业经营活动记录

#### 1. 总经理经营记录（表4-5）

表4-5 第一年经营记录表（1）

| 序号 | 请按顺序执行下列各项操作。每执行完一项操作，总经理在相应的方格内打勾 | | | | |
|---|---|---|---|---|---|
| 年初 | 新年度规划会议 | √ | | | |
| | 参加订货会，支付广告费 | √ | | | |
| | 参加订货会选取订单/登记销售订单 | √ | | | |
| | 支付所得税（25%） | √ | | | |
| 1 | 季初现金盘点（请填余额） | √ | √ | √ | √ |
| 2 | 更新贷款/还本付息 | √ | √ | √ | √ |
| 3 | 申请贷款 | √ | √ | √ | √ |
| 4 | 购买订购的原材料并入库 | √ | √ | √ | √ |
| 5 | 下原料订单 | √ | √ | √ | √ |
| 6 | 更新生产/完工入库 | √ | √ | √ | √ |
| 7 | 购买新生产线/生产线到位 | √ | √ | √ | √ |
| 8 | 开始下一批生产 | √ | √ | √ | √ |
| 9 | 更新应收款/应收款收现 | √ | √ | √ | √ |
| 10 | 按订单交货 | √ | √ | √ | √ |
| 11 | 产品研发投资 | √ | √ | √ | √ |
| 12 | 支付行政管理费 | √ | √ | √ | √ |
| 13 | 其他现金收支情况登记 | √ | √ | √ | √ |
| 14 | 现金收入合计 | √ | √ | √ | √ |

续表

| 序号 | 请按顺序执行下列各项操作。每执行完一项操作，总经理在相应的方格内打勾 | | | | |
|---|---|---|---|---|---|
| 15 | 现金支出合计 | √ | √ | √ | √ |
| 16 | 期末现金对账（请填余额） | √ | √ | √ | √ |
| 年末 | 缴纳违约订单罚款（25%） | | | | √ |
| | 支付设备维护费 | | | | √ |
| | 计提折旧 | | | | √ |
| | 新市场开拓 | | | | √ |
| | 结账 | | | | √ |

### 2. 生产主管经营记录（表 4-6）

生产主管关注生产线，开始加工新产品，在经营记录表（2）相应位置记录正值；产品加工完成下线入库，在经营记录表（2）相应位置记录负值。

表 4-6　第一年经营记录表（2）

| 操作顺序 | 本表格用于运行过程中记录各生产要素数量变化的台账。生产主管记录生产线上在制品数量（P1/P2）的增减 | | | | | | | | |
|---|---|---|---|---|---|---|---|---|---|
| | 生产要素 / 任务清单 | 一季度 | | 二季度 | | 三季度 | | 四季度 | |
| | | P1 | P2 | P1 | P2 | P1 | P2 | P1 | P2 |
| 1 | 季初在制品盘点数量 | 0 | 0 | 3 | 0 | 4 | 0 | 4 | 0 |
| 2 | 更新贷款/还本付息 | | | | | | | | |
| 3 | 申请贷款 | | | | | | | | |
| 4 | 购买订购的原材料并入库 | | | | | | | | |
| 5 | 下原料订单 | | | | | | | | |
| 6 | 更新生产/完工入库 | 0 | 0 | 0 | 0 | −1 | | −4 | 0 |
| 7 | 购买生产线/ 生产线到位 | | | | | | | | |
| 8 | 开始下一批生产 | 3 | 0 | 1 | 0 | 1 | 0 | 4 | 0 |
| 9 | 更新应收款/应收款收现 | | | | | | | | |
| 10 | 按订单交货 | | | | | | | | |
| 11 | 产品研发投资 | | | | | | | | |
| 12 | 支付行政管理费 | | | | | | | | |
| 13 | 其他现金收支情况登记 | | | | | | | | |
| 14 | 本季在制品上线合计 | 3 | 0 | 1 | 0 | 1 | 0 | 4 | 0 |
| 15 | 本季成品下线合计 | 0 | 0 | 0 | 0 | 1 | 0 | 4 | 0 |
| 16 | 季末在制品数量 | 3 | 0 | 4 | 0 | 4 | 0 | 4 | 0 |

### 3. 财务主管经营记录（表 4-7）

财务主管注意“现金”位置，收入（“现金”增加）在经营记录表（3）相应位置记录正值，支出（“现金”减少）在经营记录表（3）相应位置记录负值。

**表4-7 第一年经营记录表（3）**

| 序号 | 按顺序执行下列每一项操作，财务主管在方格中填写现金收支情况 | | | | |
|---|---|---|---|---|---|
| 年初 | 新年度规划会议 | | | | |
| | 参加订货会，支付广告费 | −1 | | | |
| | 参加订货会选取订单/登记销售订单 | | | | |
| | 支付所得税（25%） | | | | |
| 1 | 季初现金盘点（请填余额） | 2 | 3 | 0 | 17 |
| 2 | 更新贷款/还本付息 | 0 | 0 | 0 | 0 |
| 3 | 申请贷款 | 20 | 0 | 20 | 0 |
| 4 | 购买订购的原材料并入库 | −3 | −1 | −1 | −5 |
| 5 | 下原料订单 | | | | |
| 6 | 更新生产/完工入库 | | | | |
| 7 | 购买新生产线/生产线到位 | −12 | 0 | 0 | 0 |
| 8 | 开始下一批生产 | −3 | −1 | −1 | −4 |
| 9 | 更新应收款/应收款收现 | | | | |
| 10 | 按订单交货 | 0 | 0 | 0 | 25 |
| 11 | 产品研发投资 | | | | |
| 12 | 支付行政管理费 | −1 | −1 | −1 | −1 |
| 13 | 其他现金收支情况登记 | | | | |
| 14 | 现金收入合计 | 20 | 0 | 20 | 25 |
| 15 | 现金支出合计 | 19 | 3 | 3 | 10 |
| 16 | 期末现金对账（请填余额） | 3 | 0 | 17 | 32 |
| 年末 | 缴纳违约订单罚款（25%） | | | | |
| | 支付设备维护费 | | | | −4 |
| | 计提折旧 | | | | (4) |
| | 新市场开拓 | | | | |
| | 结账 | | | | 28 |

### 4. 营销主管经营记录（表4-8）

营销主管关注成品仓库，产成品入库，在经营记录表（4）对应位置记录正值；产成品出库，在经营记录表（4）对应位置记录负值。

表 4-8 第一年经营记录表（4）

| 操作顺序 | 本表格用于运行过程中记录各生产要素数量变化的台账。营销主管记录产品库存数量（P1/P2）的增减 | | | | | | | | |
|---|---|---|---|---|---|---|---|---|---|
| | 生产要素 / 任务清单 | 一季度 | | 二季度 | | 三季度 | | 四季度 | |
| | | P1 | P2 | P1 | P2 | P1 | P2 | P1 | P2 |
| 1 | 季初成品库存盘点数量 | 0 | | 0 | | 0 | | 1 | |
| 2 | 更新贷款/还本付息 | | | | | | | | |
| 3 | 申请贷款 | | | | | | | | |
| 4 | 购买订购的原材料并入库 | | | | | | | | |
| 5 | 下原料订单 | | | | | | | | |
| 6 | 更新生产/完工入库 | | | | | 1 | | 4 | |
| 7 | 购买生产线/ 生产线到位 | | | | | | | | |
| 8 | 开始下一批生产 | | | | | | | | |
| 9 | 更新应收款/应收款收现 | | | | | | | | |
| 10 | 按订单交货 | | | | | | | −5 | |
| 11 | 产品研发投资 | | | | | | | | |
| 12 | 支付行政管理费 | | | | | | | | |
| 13 | 其他现金收支情况登记 | | | | | | | | |
| 14 | 本季成品入库合计 | | | | | 1 | | 4 | |
| 15 | 本季成品出库合计 | | | | | 0 | | 5 | |
| 16 | 季末成品库存数量 | 0 | | 0 | | 1 | | 0 | |

## 5. 供应主管经营记录（表 4-9）

供应主管观察原材料仓库，原料入库，在经营记录表（5）对应位置记录正值；原料出库，在经营记录表（5）对应位置记录负值。

表 4-9 第一年经营记录表（5）

| 操作顺序 | 本表格用于运行过程中记录各生产要素数量变化的台账。 供应主管记录原料库存数量（R1/R2）的增减 | | | | | | | | |
|---|---|---|---|---|---|---|---|---|---|
| | 生产要素 / 任务清单 | 一季度 | | 二季度 | | 三季度 | | 四季度 | |
| | | R1 | R2 | R1 | R2 | R1 | R2 | R1 | R2 |
| 1 | 季初原材料盘点数量 | 0 | | 0 | | 0 | | 0 | |
| 2 | 更新贷款/还本付息 | | | | | | | | |
| 3 | 申请贷款 | | | | | | | | |
| 4 | 购买订购的原材料并入库 | 3 | | 1 | | 1 | | 5 | |
| 5 | 下原料订单 | (1) | | (1) | | (5) | | (1) | |
| 6 | 更新生产/完工入库 | | | | | | | | |
| 7 | 购买生产线/ 生产线到位 | | | | | | | | |

续表

| 操作顺序 | 本表格用于运行过程中记录各生产要素数量变化的台账。 供应主管记录原料库存数量（R1/R2）的增减 | | | | | | | | |
|---|---|---|---|---|---|---|---|---|---|
| | 生产要素 / 任务清单 | 一季度 | | 二季度 | | 三季度 | | 四季度 | |
| | | R1 | R2 | R1 | R2 | R1 | R2 | R1 | R2 |
| 8 | 开始下一批生产 | −3 | | −1 | | −1 | | −4 | |
| 9 | 更新应收款/应收款收现 | | | | | | | | |
| 10 | 按订单交货 | | | | | | | | |
| 11 | 产品研发投资 | | | | | | | | |
| 12 | 支付行政管理费 | | | | | | | | |
| 13 | 其他现金收支情况登记 | | | | | | | | |
| 14 | 本季原材料入库合计 | 3 | | 1 | | 1 | | 5 | |
| 15 | 本季原材料出库合计 | 3 | | 1 | | 1 | | 4 | |
| 16 | 季末原材料库存数量 | 0 | | 0 | | 0 | | 1 | |

## 4.3 年终财务报表

### 4.3.1 产品核算表

产品核算表的资料来源于订单登记表，由会计主管（财务主管）将其中已经交货的相同产品的订单项目合计填入产品核算表中，并合计本年度全部产品销售数据。第一年产品核算表见表4-10。

表4-10 第一年产品核算表

| 项目 | P1 | P2 | | 合计 |
|---|---|---|---|---|
| 数量 | 5 | | | 5 |
| 销售额 | 25 | | | 25 |
| 成本 | 10 | | | 10 |
| 毛利 | 15 | | | 15 |

### 4.3.2 综合费用明细表

综合费用包括管理费、广告费用、维修维护费、市场开拓费用、产品研发和产品生产许可证费用以及其他费用。其他费用在“挑战者”基础版本中主要是变卖生产线时产生的损失，即变卖生产线时生产线价值高于残值的部分。 各项费用的具体数据来源于盘面上对应位置的模型数量。第一年综合费用明细表见表4-11。

表 4-11　第一年综合费用明细表　　单位：W

| 项　目 | 运算符号 | 金　额 | 备　注 |
|---|---|---|---|
| 管理费 | | 4 | |
| 广告费 | + | 1 | |
| 维修费 | + | 4 | |
| 市场准入开拓 | + | 0 | |
| 产品研发 | + | 0 | 包括购买资格证书的费用 |
| 其　他 | + | 0 | |
| 合　计 | = | 9 | |

## 4.3.3 利润表

年末要编制展示企业经营成果的利润表。首先学习利润表的编制方法。

利润表的编制及数据来源见表 4-12。在物理沙盘基础版中，“财务收入/支出”项目主要为贷款利息支出，“其他收入/支出”项目无，“所得税”按纳税规则计算、处理。

表 4-12　利润表的编制及数据来源

| 序　号 | 项　目 | 运算符号 | 数据来源 | 第一年数据 |
|---|---|---|---|---|
| 1 | 销售收入 | | 产品核算表中的合计销售额 | 25 |
| 2 | 直接成本 | − | 产品核算表中的合计产品成本 | 10 |
| 3 | 毛利 | = | (3) = (1) − (2) | 15 |
| 4 | 综合费用 | − | 综合费用明细表中的费用合计 | 9 |
| 5 | 折旧前利润 | = | (5) = (3) − (4) | 6 |
| 6 | 折旧 | − | 按生产线规则处理，由盘面模型得到 | 5 |
| 7 | 支付利息前利润 | = | (7) = (5) − (6) | 1 |
| 8 | 财务收入/支出 | −/+ | 利息支出，由盘面模型得到 | 0 |
| 9 | 其他收入/支出 | −/+ | 除特别提示外，处理为零 | 0 |
| 10 | 税前利润 | = | (10) = (7) − (8) − (9) | 1 |
| 11 | 所得税 | − | 根据所得税规则计算得到 | 0 |
| 12 | 净利润 | = | (12) = (10) − (11) | 1 |

所得税税额计入资产负债表中的负债项目中的应交税金，不支付现金，在下一年度年初“支付所得税”环节，缴纳所得税。在资金预算时，要预留足够的所得税税金。

## 4.3.4 资产负债表

年末要编制反映企业财务状况的资产负债表。其数据来源见表 4-13。

表 4-13　资产负债表的数据来源

| 资　产 | 数据的取得 | 负债和所有者权益 | 数据的取得 |
|---|---|---|---|
| 流动资产： | | 负债： | |
| 现金 | 盘点现金库中的现金 | 短期借款 | 盘点短期贷款 |
| 应收账款 | 盘点应收账款 | | |
| 在制品 | 盘点生产线上的在制品 | 应交税金 | 利润表中的所得税 |
| 成品 | 盘点成品库中的成品 | | |
| 原料 | 盘点原料库中的原料 | | |
| 流动资产合计 | 以上 5 项之和 | 负债合计 | 以上 2 项之和 |
| 固定资产： | | 所有者权益： | |
| 土地与建筑 | 厂房价值＝20W | 股东资本 | 股东资本＝40W |
| 机器与设备 | 设备价值 | 利润留存 | 上年利润留存＋上年利润 |
| 在建工程 | 在建设备的价值 | 年度净利 | 利润表中的净利润 |
| 固定资产合计 | 以上 3 项之和 | 所有者权益合计 | 以上 3 项之和 |
| 资产总计 | 流动资产＋固定资产 | 负债和所有者权益总计 | 负债＋所有者权益 |

填写完成后的第一年资产负债表见表 4-14。

表 4-14　第一年资产负债表　　单位：W

| 资　产 | 期 初 数 | 期 末 数 | 负债和所有者权益 | 期 初 数 | 期 末 数 |
|---|---|---|---|---|---|
| 流动资产： | | | 负债： | | |
| 现金 | 3 | 28 | 短期借款 | | 40 |
| 应收账款 | | | | | |
| 在制品 | | 8 | 应交税金 | | |
| 成品 | | | | | |
| 原料 | | 1 | | | |
| 流动资产合计 | 3 | 37 | 负债合计 | | 40 |
| 固定资产： | | | 所有者权益： | | |
| 土地与建筑 | 20 | 20 | 股东资本 | 40 | 40 |
| 机器与设备 | 15 | 22 | 利润留存 | | −2 |
| 在建工程 | | | 年度净利 | −2 | 1 |
| 固定资产合计 | 35 | 42 | 所有者权益合计 | 38 | 39 |
| 资产总计 | 38 | 79 | 负债和所有者权益总计 | 38 | 79 |

## 4.4　年度经营总结

一年的辛勤工作结束，我们取得了一定的经营成果，学会了经营操作。要顺利完成 5～7 年的经营活动，还需要学习一些经营管理知识。

## 4.4.1 认识利润

经营成果（比赛结果）评比规则：经营结束时，按照最后一年模拟企业所有者权益的高低，评出名次。企业就是要追求利润最大化，其目的是股东权益的最大化，这正是 ERP 沙盘基础版规则中判断企业经营成果优劣的标准，也是一切企业经营活动的行动指南。

### 1．所有者权益

由利润表可知：

所有者权益＝股东资本＋利润留存＋年度净利

ERP 沙盘基础版中股东资本是不会发生变化的，利润留存是企业过去年度净利润的累计，提高年度净利润就成了提高所有者权益的唯一途径。

### 2．利润

由利润表可知：

利润＝销售收入－费用

销售产品取得收入，带来利润。成本、费用、折旧、财务费用、税金等会使利润减少，其中折旧是不影响企业现金流的费用支出。

净利润＝销售额－成本－综合费用－折旧－财务费用－所得税

提高企业利润必然要开源节流，开源即增加销售收入，节流即减少费用成本支出。

### 3．提高销售收入

销售收入由销售数量和产品单价两个因素决定。提高销售收入，应从以下两个方面着手：

（1）提高销售量

① 扩张现有市场，开拓新市场。

② 研发新产品。

③ 扩建生产设备或改造生产设备，提高生产能力。

④ 加大广告投放力度，宣传企业品牌。

（2）提高产品单价

① 选择单价较高的产品进行生产。

② 加大广告投放力度，获取单价较高的产品订单。

### 4．控制成本费用

① 由利润表可知：

毛利＝销售额－直接成本

式中的直接成本无法变动。

折旧前利润＝毛利－综合费用

其中：综合费用＝管理费＋广告费＋维修费＋市场开拓费＋产品研发费，管理费无法变动，维修费、市场开拓费、产品研发费难以压缩，只有广告费具有一定的变动空间。

② 同样由利润表可知：

支付利息前利润＝折旧前利润－折旧

式中折旧是扩大企业生产能力而必须发生的，难以变动。

税前利润＝支付利息前利润＋/－财务收入/支出＋/－其他收入/支出

在“挑战者”基础版中，财务收入、其他收支不存在，财务支出为贷款利息。

利息是由企业融资策略引起的变动。

净利润＝税前利润－所得税

式中所得税由税则规定，无法更改。

③ 综合得出：

净利润＝销售额－成本－综合费用－折旧－财务费用－所得税

广告费和财务支出（利息）是企业可以控制的。适度减少广告开支和严格控制贷款减少财务支出，是控制和减少成本费用的有效途径。

**小思考：**亏损产品企业是否要生产？

## 4.4.2 年度总结

第一年经营总结书见表4-15。

**表4-15 第一年经营总结书**

| 姓名 | | 职务 | | 组别 | |
|---|---|---|---|---|---|
| 序号 | 岗位业务工作 | 与何部门配合完成 | | 效果如何 | |
| 1 | | | | | |
| 2 | | | | | |
| 3 | | | | | |
| 4 | | | | | |
| 5 | | | | | |
| 6 | | | | | |
| 职位职能 | | | | | |
| 工作任务 | | | | | |
| 操作的环节 | | | | | |
| 应用的规则 | | | | | |
| 改进设想 | | | | | |

## 课外阅读

**【时势造英雄】**

詹姆斯先生本来在波士顿一家公司当打字员，工作辛苦，薪水却不多，仅够糊上一家 8 口的嘴。但不幸的是，詹姆斯却意外地卷入到一桩官司之中，失业了。此后，他们一家的生活只有靠他妻子替人家洗衣服来维持了。

有一天，他在教两个大孩子认字，忽然来了一阵风，把桌上的纸吹走了，掉得满地都是。他气恼万分，蹲下身去把纸张逐一捡起来，叠成一叠。结果，他无意中想到：假如用一个小夹子把这些纸夹起来，不就不会被风吹走了吗？这样的夹子不是没有，可是市面上卖的夹子体积很大，用起来不方便。如果有人能想出一种轻便的夹子把纸张夹住，那该是多好的事啊！

有一天晚上，他刚刚用铁丝替他太太编好一个篮子，剩下一些零碎、长短不齐的铁丝丢在桌子上。他随手拿起一条，无目的地扭弄着，时而扭向东，时而扭向西。

这时，他岳母在给孩子们讲一个民间故事，最后附上的几句格言深深地打动了他的心：

太阳下的每一次灾祸，
必有法子补救，
或者没有法子补救。
若有，去寻求补救。
若无，不要有内疚。

他重复着这段话，想到自己的失业、孩子们的失学、太太的操劳、岳母的忧愁，也想到那个夹纸张的夹子。

忽然，他灵机一动，把那根小铁丝扭成一个回形夹子，把它夹在一叠纸上，拿起来一看，居然把纸夹得牢牢的。

他一兴奋，又扭起了第二个，希望扭得更美观些。

再扭第三个，当然更进了一步。这不由得令他想到：如何能够把这种铁丝夹子扭得更快、更好？

想了好几天，扭了几十次，他终于想出了制造夹子的方法。

他和妻子商量了好一会儿，希望她能想办法向朋友借来 2000 元钱，试着制造这种夹子出售。妻子勉为其难地答应了他的要求，几番奔波，终于借来了 2000 元钱。他就用这 2000 元钱制成了一架小型的手摇机器，买进了几十磅铁丝，开始制造夹子。

制好以后，他又亲自拿着夹子到各文具店推销。因为是新产品，不知道销路如何，所以大多数文具店不肯代销，只有少数商店勉强答应代销。真没想到，这种新产品用起来确实很方便，用的人还真不少。订购夹子的文具店越来越多，有不少店主还亲自跑到贫民区去找詹姆斯要货。

8 年后，詹姆斯成为拥有 8 家大工厂的夹子大王，并成为世界少数的亿万富翁之一。

# 第五单元　实践经营，锻炼成长

**学习目标**

① 理解市场分析、团结合作、沟通协调、产能计算、换位思考、预算、间谍、细节等方法。

② 掌握企业年度规划、业务计划、年度总结的实施方法。

③ 完成第二年至第六年的经营，会运用数据，熟练掌握经营操作，理解相关理论以及团结的重要性，能应用适当的方法解决经营中遇到的问题。

现在我们已经熟悉了经营规则，掌握了企业经营各个环节的具体操作规范，接下来边学习边操作，进行第二年至第六年的企业经营。在经营过程中进一步熟悉操作，提高技能。

## 5.1　读懂市场，开拓进取——第二年模拟经营

### 5.1.1　新年度规划会议

新年度规划会议的重要议题之一是制定营销策略和确定销售计划， 下面结合第二年的年度规划会议进行解读。

#### 1．销售是企业生存和发展的关键

销售收入能给企业带来利润，销售取得成功是企业生存和发展的关键。订单是企业产成品销售的依据。ERP 沙盘模拟中客户（市场）需求以订单形式出现，企业需要分市场、分产品投放广告，投放 1W 广告费有一次选单机会（如投放 4W 可能有 4 次选单机会，能否拿到 4 张订单则取决于市场需求、竞争状况），在不同的回合（一个市场和产品组合在订货会上称为一个回合）分别按照选单排名顺序依次选取订单。

#### 2．制定营销计划的程序

① 企业内部条件：分析企业财务状况、产能、广告费用许可范围等。

② 外部环境分析：重点分析市场需求以及其他企业产能、营销策略、广告投放等。

③ 市场细分与市场定位：通过市场分析，确定重点市场及重点市场产品组合。

④ 确定销售目标：希望实现的销售数量、毛利等。

⑤ 确定销售策略：制定合理的营销策略、广告投放计划、订货会选单计划等。

⑥ 实施市场营销活动：具体实施相关策略、计划。

⑦ 控制营销活动：合理控制，实现销售目标。

### 3. 市场分析

实现销售目标，首先要读懂市场。模拟经营开始时，我们会拿到市场订单，首先将其转化为易于读懂的市场分析表。

（1）订单数量分析

通过每个回合的订单数量分析，可以预测能拿到的订单数量、得到订单的难易程度。例如，表 5-1 中斜体表示的市场产品组合的订单数量不是 8 的倍数，每个企业拿到的订单数量会不同。

**表 5-1 市场订单数量分析**

| 年　份 | 市　场 | 产　品 | | 总　计 | 平均每队 |
|---|---|---|---|---|---|
| | | P1 | P2 | | |
| 1 | 本地 | 8 | | 8 | **1** |
| 2 | 本地 | 16 | | 16 | **2** |
| 3 | 本地 | *18* | 16 | 34 | |
| | 区域 | 16 | | 16 | |
| | 合计 | **34** | **16** | **50** | **6.3** |
| 4 | 本地 | 16 | 18 | 34 | |
| | 区域 | *12* | 16 | 28 | |
| | 合计 | **28** | **34** | **62** | **7.8** |
| 5 | 本地 | 16 | 16 | 32 | |
| | 区域 | *15* | *15* | 30 | |
| | 合计 | **31** | **31** | **62** | **7.8** |
| 6 | 本地 | 16 | 16 | 32 | |
| | 区域 | *15* | *15* | 30 | |
| | 合计 | **31** | **31** | **62** | **7.8** |

（2）市场需求分析

营销主管应当根据市场需求分析，细分市场并进行合理定位，制定各个市场产品组合的销售计划，有目标地投放广告，选取适合企业产能的订单。例如，在表 5-2 中斜体表示的市场需求（同一产品）大于另一市场，可能会销售较多的产品等。

需要特别注意的是表 5-2 中第三年市场需求突然放大，应当提前做好生产准备；第五、六年市场需求放大缓慢，竞争将异常激烈，应当做好营销策略，争取市场主动权。

**表 5-2　市场需求分析**

| 年　份 | 市　场 | 产　品 | | 总　计 | 平均每队 |
|---|---|---|---|---|---|
| | | P1 | P2 | | |
| 1 | 本地 | 40 | 0 | 40 | **5** |
| 2 | 本地 | 80 | 0 | 80 | **10** |
| 3 | 本地 | *79* | 57 | 136 | |
| | 区域 | 59 | 0 | 59 | |
| | 合计 | **138** | **57** | **195** | **24.4** |
| 4 | 本地 | *64* | *74* | 138 | |
| | 区域 | 43 | 58 | 101 | |
| | 合计 | **107** | **132** | **239** | **29.9** |
| 5 | 本地 | *65* | *67* | 132 | |
| | 区域 | 55 | 54 | 109 | |
| | 合计 | **120** | **121** | **241** | **30.1** |
| 6 | 本地 | *75* | 59 | 134 | |
| | 区域 | 61 | 63 | 124 | |
| | 合计 | **136** | **122** | **258** | **32.3** |

（3）产品价格分析

产品价格分析会告诉我们哪一个市场产品的价格相对较高（表 5-3 中用斜体表示）。企业都希望在高价格的市场销售比较多的产品，能以同样的销售数量取得更多的利润。当然，如果每个企业都如此认识并付诸行动，就会形成复杂局面，所以需要我们灵活应对。产品价格分析见表 5-3。

**表 5-3　产品价格分析**

| 年　份 | 市　场 | 产　品 | |
|---|---|---|---|
| | | P1 | P2 |
| 1 | 本地 | 5.00 | |
| 2 | 本地 | 4.40 | |
| 3 | 本地 | 4.25 | 5.54 |
| | 区域 | *4.59* | |
| 4 | 本地 | 3.78 | *5.50* |
| | 区域 | *4.14* | 5.16 |
| 5 | 本地 | 3.82 | 5.42 |
| | 区域 | *4.11* | 5.48 |
| 6 | 本地 | 4.47 | *5.22* |
| | 区域 | *4.62* | 4.63 |

### 4. 订单分析

市场中并不总像第一、二年那样会出现大量相同的订单，从第三年开始订单有了明显差异。第三年本地市场 P1 部分订单见表 5-4。

表 5-4　第三年本地市场 P1 部分订单

| 编　号 | 数　量 | 价格（W/个） | 总价款（W） |
|---|---|---|---|
| LP1-07 | 3 | 4.2 | 13 |
| LP1-10 | 2 | 5.0 | 10 |
| LP1-15 | 3 | 4.1 | 12 |
| LP1-16 | 3 | 5.0 | 15 |
| LP1-17 | 4 | 4.1 | 16 |

毛利＝销售额（总价款）－直接成本

毛利率＝毛利÷销售额（总价款）

订单毛利及毛利率分析见表 5-5。

表 5-5　订单毛利及毛利率分析

| 编　号 | 数　量 | 总价款（W） | 毛利（W） | 毛利率（%） |
|---|---|---|---|---|
| LP1-07 | 3 | 13 | 7 | 54 |
| LP1-10 | 2 | 10 | 6 | 60 |
| LP1-15 | 3 | 12 | 6 | 50 |
| LP1-16 | 3 | 15 | 9 | 60 |
| LP1-17 | 4 | 16 | 8 | 50 |

LP1-10 与 LP1-15 订单的毛利相同，但后者多卖出一个产品，LP1-10 的毛利率高，当然选取前者。

LP1-10 与 LP1-17 比较，虽然 LP1-17 毛利多 2W，但多卖出了 2 个 P1 产品，LP1-10 的毛利率高于 LP1-17。在市场需求较多、能够卖出剩余产品的前提下，应选择毛利率高的 LP1-10；反之，如果市场需求很少，不能卖出剩余产品，就要选择 LP1-17。

**小思考：** LP1-07 与 LP1-16 你会选择哪个订单？LP1-15 与 LP1-16 你会选择哪个订单？

LP1-15 与 LP1-17 比较，LP1-17 毛利高于 LP1-15，毛利率相同。此时要看市场需求、选单的位次、竞争处境以及后续回合选取订单的可能，决定选择哪张订单。

总之我们要选择毛利、毛利率均比较高的订单，但毛利、毛利率的高是相对的，第二轮选单就会遇到比第一轮毛利、毛利率低的订单。同时毛利、毛利率均高的订单是极少的，订单的选取还需要与本企业的产能相适应。

总之，营销主管要按照制定营销计划的程序，通过定性分析、定量分析确定营销策略。根据企业自身条件、市场需求、竞争环境有针对性地制定营销计划；针对不同的市场产品组合制定广告投放计划，有选择地投放广告费；运用恰当的营销策略控制销售成本；根据其他企业广告投放情况制定各个回合选单计划；选取与企业产能匹配的、利润多的市场订单。

### 5. 第二年企业年度规划的制定

① 企业内部条件：具有 P1 市场资格、本地市场准入、生产设备（目前有自动生产线 1 条，手工生产线 3 条）、资金现状（现金 28W），以及企业自身优势、劣势等。

② 企业外部环境：其他企业与我们企业相同。

③ 市场需求分析：第二年的订单见附录 B，第二年只有本地市场有 16 张 P1 的订单，其中 8 张订单是 6 个 P1，总价 26W；8 张订单是 4 个 P1，总价 18W。我们企业能选到 2 张订单，卖出 10 个 P1。

**小思考：**第二年投放多少广告？准备如何选取订单？

④ 年度经营目标：完成 P1 的生产，并做好企业发展壮大的准备。

⑤ 经营策略、计划：企业要发展，当然要不断壮大，谁也不会将市场拱手相让，任你选择。根据市场选单规则，第一轮选单每一个企业得到一张 P1 的订单，第二轮选单每一个企业得到一张 P1 的订单，企业可能的销售数量为 10 个 P1。具体营销方案为投 2W 广告，两种订单各选取 1 张，卖出 10 个 P1 产品。

目前企业有 3 条手工生产线和 1 条自动生产线，第二年可以生产 7 个 P1 产品。如果在第一季度新上 2 条自动生产线，第二年可以生产 4 个 P1；在第一、二季度各上 1 条自动生产线，第二年可以生产 3 个 P1。确定生产方案，按照生产方案进行，形成生产设备投资方案，供应主管制定出对应的原料采购计划。

**小思考：**本年度购置生产线吗？哪一季度购买自动生产线最合理？

综合上述计划，财务主管进行推演，做出企业本年度的资金预算（略）。

⑥ 实施步骤（略）。

### 6. 年度规划的调整

订货会后，我们有了本年度的订单，根据订单情况进一步细化年度规划；同时我们还需要分析下一年的市场订单（见附录 B）。

第三年订单有如下特点：

① 市场需求增加了许多。

② 区域市场有了需求。

③ 本地市场有了 P2 产品的需求。

④ 各个产品市场组合中的订单数量不同。

⑤ 每张订单中产品的数量有了明显的差别。

⑥ 订单的单价有了差别，毛利及毛利率不同。

**小思考：为什么现在看下一年的订单？你如何应对第三年的市场变化？**

第三年的订单给我们带来许多问题，需要我们积极应对，亟待解决的有：
① 我们企业要不要将产品卖到区域市场？
② 如何开拓区域市场？
③ 我们要不要生产 P2 产品？
④ 如何研发 P2 产品？
⑤ 我们可能销售多少产品？
⑥ 我们的产能能否达到需求？
⑦ 何时购买何种、多少生产线？

有如此多的问题需要在本年度经营活动中解决，我们要继续召开年度规划会议。如果我们要将产品卖到区域市场，就要在第二年开拓区域市场，取得区域市场准入证，这需要 1W 资金、1 年的时间，同时这会减少我们企业的 1W 利润额；如果要生产 P2，就要研发 P2，得到 P2 的生产许可证，这需要 5W 资金、两个季度的时间，会减少 5W 的利润额；如果我们第三年预期的产品销售数量较多，而第二年新年度规划会议上制定的购置生产设备的计划数量在第三年的产能不能达到我们预期的产品数量，我们就要在第二年原有计划的基础上，增加购置生产线的数量，提高第三年的产能，提升第三年的获利能力。

现在需要及时调整年度规划与计划，适应新形势的要求。第二年年度计划书见表 5-6。

**表 5-6 第二年年度计划书**

| | |
|---|---|
| 企业年度规划 | |
| 年度规划调整 | |
| 职能策略 | |
| 业务计划 | |
| 计划的调整 | |
| 计划落实措施 | |
| 计划实施记录 | |

## 5.1.2 模拟经营，填写记录

按照操作顺序进行经营活动，填写表 5-7、表 5-8 和表 5-9。总经理、财务主管、会计主管填写经营记录表（1），生产主管、营销主管、供应主管填写经营记录表（2）（后续年份同）。

广告投放单，由附录 B 剪裁后使用。

**表 5-7　第二年订单登记表**

| 订 单 号 | | | | | | | 合 计 |
|---|---|---|---|---|---|---|---|
| 市场 | | | | | | | |
| 产品 | | | | | | | |
| 数量 | | | | | | | |
| 账期 | | | | | | | |
| 销售额 | | | | | | | |
| 成本 | | | | | | | |
| 毛利 | | | | | | | |
| 未售 | | | | | | | |

**表 5-8　第二年经营记录表（1）**

| 序号 | 请按顺序执行下列各项操作。每执行完一项操作，总经理在相应的方格内打勾，财务主管在方格中填写现金收支情况 | | | | |
|---|---|---|---|---|---|
| 年初 | 新年度规划会议 | | | | |
| | 参加订货会，支付广告费 | | | | |
| | 参加订货会选取订单/登记销售订单 | | | | |
| | 支付所得税（25%） | | | | |
| 1 | 季初现金盘点（请填余额） | | | | |
| 2 | 更新贷款/还本付息 | | | | |
| 3 | 申请贷款 | | | | |
| 4 | 购买订购的原材料并入库 | | | | |
| 5 | 下原料订单 | | | | |
| 6 | 更新生产/完工入库 | | | | |
| 7 | 购买新生产线/生产线到位 | | | | |
| 8 | 开始下一批生产 | | | | |
| 9 | 更新应收款/应收款收现 | | | | |
| 10 | 按订单交货 | | | | |
| 11 | 产品研发投资 | | | | |
| 12 | 支付行政管理费 | | | | |
| 13 | 其他现金收支情况登记 | | | | |
| 14 | 现金收入合计 | | | | |
| 15 | 现金支出合计 | | | | |
| 16 | 期末现金对账（请填余额） | | | | |
| 年末 | 缴纳违约订单罚款（25%） | | | | |
| | 支付设备维护费 | | | | |
| | 计提折旧 | | | | （　） |
| | 新市场开拓 | | | | |
| | 结账 | | | | |

**表 5-9　第二年经营记录表（2）**

| 操作顺序 | 本表格用于运行过程中记录各生产要素数量变化的台账。生产主管记录生产线上在制品数量（P1/P2）的增减，供应主管记录原料库存数量（R1/R2）的增减，营销主管记录产品库存数量（P1/P2）的增减 | | | | | | | | |
|---|---|---|---|---|---|---|---|---|---|
| | 生产要素 R/P<br>任务清单 | 一季度 | | 二季度 | | 三季度 | | 四季度 | |
| 1 | 季初（　　）盘点数量 | | | | | | | | |
| 2 | 更新贷款/还本付息 | | | | | | | | |
| 3 | 申请贷款 | | | | | | | | |
| 4 | 购买订购的原材料并入库 | | | | | | | | |
| 5 | 下原料订单 | | | | | | | | |
| 6 | 更新生产/完工入库 | | | | | | | | |
| 7 | 购买新生产线/生产线到位 | | | | | | | | |
| 8 | 开始下一批生产 | | | | | | | | |
| 9 | 更新应收款/应收款收现 | | | | | | | | |
| 10 | 按订单交货 | | | | | | | | |
| 11 | 产品研发投资 | | | | | | | | |
| 12 | 支付行政管理费 | | | | | | | | |
| 13 | 其他现金收支情况登记 | | | | | | | | |
| 14 | 本季（　　）入库合计 | | | | | | | | |
| 15 | 本季（　　）出库合计 | | | | | | | | |
| 16 | 季末（　　）库存数量 | | | | | | | | |

## 5.1.3　财务报表的填制

由会计主管（财务主管）主笔，团队全体成员共同参与填写表 5-10、表 5-11、表 5-12 和表 5-13。

**表 5-10　第二年产品核算表**

| 项　目 | P1 | P2 | | | 合　计 |
|---|---|---|---|---|---|
| 数量 | | | | | |
| 销售额 | | | | | |
| 成本 | | | | | |
| 毛利 | | | | | |

表 5-11　第二年综合费用明细表

| 项　目 | 金　额 | 备　注 |
| --- | --- | --- |
| 管理费 | | |
| 广告费 | | |
| 维修费 | | |
| 市场准入开拓 | | |
| 产品研发 | | 包括购买资格证书的费用 |
| 其　他 | | |
| 合　计 | | |

表 5-12　第二年利润表

| 项　目 | 运算符号 | 上 年 数 | 本 年 数 |
| --- | --- | --- | --- |
| 销售收入 | | | |
| 直接成本 | − | | |
| 毛　利 | = | | |
| 综合费用 | − | | |
| 折旧前利润 | = | | |
| 折　旧 | − | | |
| 支付利息前利润 | = | | |
| 财务收入/支出 | +/− | | |
| 其他收入/支出 | +/− | | |
| 税前利润 | = | | |
| 所得税 | − | | |
| 净利润 | = | | |

表 5-13　第二年资产负债表

| 资　产 | 期初数 | 期末数 | 负债和所有者权益 | 期初数 | 期末数 |
| --- | --- | --- | --- | --- | --- |
| 流动资产： | | | 负债： | | |
| 现金 | | | 短期借款 | | |
| 应收账款 | | | | | |
| 在制品 | | | 应交税金 | | |
| 成品 | | | | | |
| 原料 | | | | | |
| 流动资产合计 | | | 负债合计 | | |
| 固定资产： | | | 所有者权益： | | |
| 土地与建筑 | | | 股东资本 | | |
| 机器与设备 | | | 利润留存 | | |
| 在建工程 | | | 年度净利 | | |
| 固定资产合计 | | | 所有者权益合计 | | |
| 资产总计 | | | 负债和所有者权益总计 | | |

## 5.1.4 年终总结

一年的辛勤工作结束，我们要总结经验，认真反思，好的方面要发扬光大，不足之处要吸取教训。只有在知识的学习中不断成长，努力提高自身素质与业务能力，才能在将来的工作实际以及创新实践中成就自我。我们要把模拟经营当成真实的企业经营对待，全身心投入，认真思考、探究经营技巧，从而使自己得到锻炼。

制造业企业以生产、销售产品为主要经营活动，产品数量是我们应掌握的重要数据。

### 1. 产能

产能是生产能力的简称，体现为企业产品数量的多少。产能由两部分构成：一是原有生产线的产能，二是新上生产线的产能。新上生产线要根据企业资金状况、市场需求，判定购买生产线的类型、数量、时间，并据此计算出新增的产能。生产线产能计算表见表 5-14。

### 2. 可供销售的产品数量

可供销售的产品数量由两部分构成：一是产能，这一数据要准确无误；二是库存产品数量。

### 3. 市场需求数量

市场需求数量即市场需求的产品数量。

**表 5-14 生产线产能计算表**

| 设备类型 | 年初在制品状态 | | | 当年生产进度 | | | | 本年度产能 |
|---|---|---|---|---|---|---|---|---|
| | | | | 第一季度 | 第二季度 | 第三季度 | 第四季度 | |
| 手工生产线 | 空 | 空 | 空 | 购买/新的加工 | 在制 | 在制 | 完工/新的加工 | 1 |
| | 在制 | 空 | 空 | 在制 | 在制 | 完工/新的加工 | 在制 | 1 |
| | 空 | 在制 | 空 | 在制 | 完工/新的加工 | 在制 | 在制 | 1 |
| | 空 | 空 | 在制 | 完工/新的加工 | 在制 | 在制 | 完工/新的加工 | 2 |
| 自动生产线 | 空或购买安装 | | | 开始新的加工 | 完工/新的加工 | 完工/新的加工 | 完工/新的加工 | 3 |
| | 在制 | | | 完工/新的加工 | 完工/新的加工 | 完工/新的加工 | 完工/新的加工 | 4 |

**小思考**：哪一季度购买自动生产线最合理？

### 4. 产品销售数量

根据市场订单进行市场需求分析，营销主管制定营销策略，预测各个回合的选单可能，推算企业本年度可能实现的产品销售数量，确定销售目标，使实现的销售数量等于可供销售的产品数量。

**5. 市场需求数量、可供销售的产品数量和销售数量的关系**

这三个指标之间的关系对于营销策略的制定至关重要。当市场需求数量高于可供销售的产品数量时，可压缩广告，减少费用，选单时可以选取数量不多而毛利率高的订单；反之，当市场需求低于可供销售的产品数量时，可增加广告投放，强势出击，选单时选取数量多而毛利大的订单。制定营销计划时，要使产品销售数量目标等于可供销售的产品数量。

在订货会选取订单时，力争使产品销售数量等于可供销售的产品数量，这样才能实现“产品无库存”，为企业创造最佳的经济效益。如果产品销售数量小于可供销售的产品数量，会造成企业产成品库存，使利润增加量减少，弱化企业优势；反之，如果产品销售数量大于可供销售的产品数量，会造成企业因无法完成生产而违约，使企业蒙受损失。

逐步提高产能是企业发展壮大的途径，但产能要与市场需求相适应，既要避免产能过低，不能满足市场需求，致使企业不能获得更多的利润；又要避免产能过剩，如果市场需求较少，产品库存过多，必然导致费用过多，使当年利润减少。

年度总结书见表5-15。

**表 5-15　年度总结书**

| | |
|---|---|
| 成功之处 | |
| 存在的问题 | |
| 策略评价 | |
| 计划评价 | |
| 改进设想 | |

# 5.2　调查研究，提高实力——第三年模拟经营

## 5.2.1　商业信息

“知己知彼，百战不殆”。对自己企业内部条件掌握的同时，我们也要掌握对手情况，分析竞争环境，寻找突破口，捕捉战机，争取成功。因此，在每年经营结束之后，安排了间谍活动来了解其他竞争对手的情况。间谍活动即在沙盘模拟中设置的询盘时间，以便准确掌握企业所处的竞争环境。我们可以设计一些实用的表格用于询盘记录，表5-16只是其中的一种，以供参考。

表 5-16 商业信息收集用表

| 队别 | 资金 | | 区域市场开拓 | P2 产品研发 | 生产设备 | | 产品 | | | | 原材料 | | | |
|---|---|---|---|---|---|---|---|---|---|---|---|---|---|---|
| | 现金 | 贷款 | | | 手工 | 自动 | 库存 | | 在制 | | 库存 | | 订购 | |
| | | | | | | | P1 | P2 | P1 | P2 | R1 | R2 | R1 | R2 |
| A | | | | | | | | | | | | | | |
| B | | | | | | | | | | | | | | |
| C | | | | | | | | | | | | | | |
| D | | | | | | | | | | | | | | |
| E | | | | | | | | | | | | | | |
| F | | | | | | | | | | | | | | |
| G | | | | | | | | | | | | | | |
| H | | | | | | | | | | | | | | |
| 汇总 | | | | | | | | | | | | | | |

## 5.2.2 新年度规划会议

### 1．间谍资料的分析

有了间谍活动，我们就可以掌握各个企业的大量资料，以便对此进行分析，为我所用。重点分析的内容有以下几个方面。

① 产能分析：根据各企业的生产设备情况可以计算出它们的最大产能。

② 可能销售数量分析：根据库存、原料订单、产能可以计算出各个企业的可能销售数量。

③ 现金分析：现金的数量会影响广告投放费用的额度、选单的策略。

④ 过滤竞争对手：找出有潜力的企业、与我们策略相近的企业，明确我们的针对目标。

⑤ 找出对手弱点，学习他人优点。

⑥ 推断对手的广告投放策略。

⑦ 如果可供销售的产品总数量（包括我们自己的企业）小于市场总需求，我们投放比较少的广告，就可以完成预期的销售数量；反之，如果可供销售的产品总数量大于市场总需求，我们应当投放比较多的广告，抢占有利地位，这样才能完成预期的销售数量目标。

### 2．分析结论的应用

具体的分析结论为我们的决策提供了可靠的、重要的依据，我们就可以有针对性地采取正面交锋、回避或遏制等策略，制约竞争对手，壮大自己的企业。

平时，我们要注意各个企业广告投放习惯以及记录对手取得的订单等内容。每个人都有自己做事的习惯，了解对手的习惯，掌握他们的弱点，才能准确打击对手。这些既需要理性的认识（把握实质和利用数据分析），又需要准确的判断。要认真了解对手的客观情况，研究对手的策略，针对其行动的特点找到破解的方法。

要想达成销售目标，需要丰富的营销策略和高超的广告投放技巧。销售情况将直接决定企业的经营成果，营销主管冲锋陷阵的排头兵特征在第三年开始得到体现。因此，营销主管要制定有效的销售策略，订出合理的销售计划，采用恰当的广告技巧，合理分配广告费用，争取以最少的广告费用，选取到毛利多、毛利率高的订单。这既需要严谨的数据分析，又需要敏锐的观察、准确的判断和恰当的决策。营销主管要在实践中思考、评价，不断提高营销能力，力争尽早成为一个优秀的营销管理者。

### 3. 账期

订货会结束后，我们可以看到第四年的市场订单，第四年订单有一个特别之处——多数订单存在账期。

账期是指从生产商、批发商向零售商供货后，到零售商付款的这段时间周期。在 ERP 沙盘模拟中，我们按订单交付产品后，销售收入（即应收款）在当季得不到，需要几个季度（从订单交货的季度算起）货款才能收回，得到现金，这种订单就属于有账期的订单。

账期过长会对企业造成如下一些不良后果。

① 资金负担加大。

② 账期可能使企业资金周转不畅，甚至现金断流，给正常运营带来风险。

③ 企业的资金是有限的，资金压力将影响企业的后期发展。

④ 打乱企业原有的经营秩序和计划。

针对有账期的订单，有如下应对方法：一是第三年年末时储备大量的现金；二是到第四年增加广告费用，选取无账期的订单等。随之带来的弊端是：年末储备大量的现金，需要第三年多贷款，增加第四年的财务费用，同时也增大了第四年后期的还款压力；增加广告投放，就增加了费用，减少了利润，同时因为选取无账期的订单而错失毛利及毛利率均高的订单。因此，这两种方法各有利弊，可以结合使用，如年末储备适量的现金，适度进行广告投放，选择重点市场占据主动地位，选取账期长短结合的订单组合。如何应对账期带来的挑战和机遇，选取恰当的策略，确定最佳的方法，要在经营实践中不断探索，寻求答案。

**小思考：** 应收款应当如何处理和操作？

### 4. 计划的调整

对于账期我们要有充分的准备，在第三年经营中就要采取适当的措施，避免第四年出现经营困难。所以我们现在要调整第三年的年度规划及每一位职员的策略和计划，保证第四年的经营能正常进行，确保企业的顺利发展。第三年年度计划书见表 5-17。

**表 5-17　第三年年度计划书**

| | |
|---|---|
| 企业年度规划 | |
| 业务计划 | |
| 计划落实措施 | |
| 计划实施记录 | |

## 5.2.3 年度经营

按照操作顺序进行经营活动，填写表 5-18、表 5-19 和表 5-20。

表 5-18 第三年订单登记表

| 订单号 | | | | | | | | | 合 计 |
|---|---|---|---|---|---|---|---|---|---|
| 市 场 | | | | | | | | | |
| 产 品 | | | | | | | | | |
| 数 量 | | | | | | | | | |
| 账 期 | | | | | | | | | |
| 销售额 | | | | | | | | | |
| 成 本 | | | | | | | | | |
| 毛 利 | | | | | | | | | |
| 未 售 | | | | | | | | | |

表 5-19 第三年经营记录表（1）

| 序号 | 请按顺序执行下列各项操作。每执行完一项操作，总经理在相应的方格内打勾，财务主管在方格中填写现金收支情况 | | | | |
|---|---|---|---|---|---|
| 年初 | 新年度规划会议 | | | | |
| | 参加订货会，支付广告费 | | | | |
| | 参加订货会选取订单/登记销售订单 | | | | |
| | 支付所得税（25%） | | | | |
| 1 | 季初现金盘点（请填余额） | | | | |
| 2 | 更新贷款/还本付息 | | | | |
| 3 | 申请贷款 | | | | |
| 4 | 购买订购的原材料并入库 | | | | |
| 5 | 下原料订单 | | | | |
| 6 | 更新生产/完工入库 | | | | |
| 7 | 购买新生产线/生产线到位 | | | | |
| 8 | 开始下一批生产 | | | | |
| 9 | 更新应收款/应收款收现 | | | | |
| 10 | 按订单交货 | | | | |
| 11 | 产品研发投资 | | | | |
| 12 | 支付行政管理费 | | | | |
| 13 | 其他现金收支情况登记 | | | | |
| 14 | 现金收入合计 | | | | |
| 15 | 现金支出合计 | | | | |
| 16 | 期末现金对账（请填余额） | | | | |
| 年末 | 缴纳违约订单罚款（25%） | | | | |
| | 支付设备维护费 | | | | |
| | 计提折旧 | | | | （ ） |
| | 新市场开拓 | | | | |
| | 结账 | | | | |

表 5-20　第三年经营记录表（2）

| 操作顺序 | 本表格用于运行过程中记录各生产要素数量变化的台账。生产主管记录生产线上在制品数量（P1/P2）的增减，供应主管记录原料库存数量（R1/R2）的增减，营销主管记录产品库存数量（P1/P2）的增减 | | | | | | | | |
|---|---|---|---|---|---|---|---|---|---|
| | 生产要素 R/P<br>任务清单 | 一季度 | | 二季度 | | 三季度 | | 四季度 | |
| 1 | 季初（　　）盘点数量 | | | | | | | | |
| 2 | 更新贷款/还本付息 | | | | | | | | |
| 3 | 申请贷款 | | | | | | | | |
| 4 | 购买订购的原材料并入库 | | | | | | | | |
| 5 | 下原料订单 | | | | | | | | |
| 6 | 更新生产/完工入库 | | | | | | | | |
| 7 | 购买新生产线/生产线到位 | | | | | | | | |
| 8 | 开始下一批生产 | | | | | | | | |
| 9 | 更新应收款/应收款收现 | | | | | | | | |
| 10 | 按订单交货 | | | | | | | | |
| 11 | 产品研发投资 | | | | | | | | |
| 12 | 支付行政管理费 | | | | | | | | |
| 13 | 其他现金收支情况登记 | | | | | | | | |
| 14 | 本季（　　）入库合计 | | | | | | | | |
| 15 | 本季（　　）出库合计 | | | | | | | | |
| 16 | 季末（　　）库存数量 | | | | | | | | |

## 5.2.4　财务报表

填写表 5-21、表 5-22、表 5-23 和表 5-24。

表 5-21　第三年产品核算表

| 项　目 | P1 | P2 | | | 合计 |
|---|---|---|---|---|---|
| 数　量 | | | | | |
| 销售额 | | | | | |
| 成　本 | | | | | |
| 毛　利 | | | | | |

表 5-22 第三年综合费用明细表

| 项 目 | 金 额 | 备 注 |
|---|---|---|
| 管理费 | | |
| 广告费 | | |
| 维修费 | | |
| 市场准入开拓 | | |
| 产品研发 | | 包括购买资格证书的费用 |
| 其 他 | | |
| 合 计 | | |

表 5-23 第三年利润表

| 项 目 | 运算符号 | 上 年 数 | 本 年 数 |
|---|---|---|---|
| 销售收入 | | | |
| 直接成本 | − | | |
| 毛 利 | = | | |
| 综合费用 | − | | |
| 折旧前利润 | = | | |
| 折 旧 | − | | |
| 支付利息前利润 | = | | |
| 财务收入/支出 | +/− | | |
| 其他收入/支出 | +/− | | |
| 税前利润 | = | | |
| 所得税 | − | | |
| 净利润 | = | | |

表 5-24 第三年资产负债表

| 项 目 | 金 额 | | 项 目 | 金 额 | |
|---|---|---|---|---|---|
| 流动资产： | 期初 | 期末 | 负债： | 期初 | 期末 |
| 现金 | | | 短期借款 | | |
| 应收款 | | | | | |
| 在制品 | | | 应交税金 | | |
| 产成品 | | | | | |
| 原材料 | | | | | |
| 流动资产合计 | | | 负债合计 | | |
| 固定资产： | | | 所有者权益： | | |
| 厂房 | | | 股东资本 | | |
| 生产线 | | | 利润留存 | | |
| 在建工程 | | | 年度净利润 | | |
| 固定资产合计 | | | 权益合计 | | |
| 资产总计 | | | 负债和权益总计 | | |

## 5.2.5 年终总结

团结就是力量，这句话至今仍是许多企业的制胜法宝。一个集体如果不团结就像一盘散沙，只有团结一心、众志成城才能克服种种困难，战胜竞争对手。经营过程中，我们虽然各有分工，各有考核指标，但我们有着共同的目标和利益。经营成果的取得是整个团队集体努力的结果，也与个人最终成绩的评定联系在一起。

《周易大传》说："二人同心，其利断金。"在模拟经营操作中的各个环节，都需要我们多个岗位的共同协作。例如，生产设备购置计划的落实就需要财务主管支付现金、生产主管购买生产线、供应主管及时订购原料、营销主管积极销售新增产品等共同行动。团结一致，才能使我们的计划落到实处，在经营中取得主动。产品销售是企业经营的主战场，在制定销售策略时，营销主管要与财务主管沟通，掌握企业资金状况，确定适当的广告费用；与生产主管协调，准确计算产能，明确可供销售的产品数量；与供应主管沟通，保证充足原料的供应；听取总经理对企业年度规划的指导意见，使销售策略符合企业总体战略的要求。但是，再好的计划，在实施的过程中也可能出现一些预想不到的问题，如市场选单竞争激烈，时间紧迫，可能选取了预想之外的订单等。在经营过程中出现问题，往往需要多个团队成员共同努力来解决。一旦遇到问题，不要相互埋怨，而应当齐心协力，沟通协调，集思广益，合力解决。

如果说我们的团队像一列高速行驶的火车，那么总经理就是火列头，应团结每一位同事，调动他们的积极性，负责协调各个岗位的沟通、配合，使团队成员团结进取、携手共进，形成和谐集体。每一个同事是火车的不同设备，每一件设备都要高效运行，发挥每一个职位的职能，共同合作，相互配合。这样，我们的火车才会高速、安全行驶，顺利抵达胜利的目的地。

前进的过程中必然会有许多挫折和问题。遇到挫折时是"愈挫愈勇"还是"失望放弃"？发现问题时是"携手共进"还是"相互指责"？企业经营不佳时是"妙手回春"还是"坐以待毙"？经营过程中是"诚实守信"还是"投机取巧"？不同的思想状态，不同的选择方式，不同的应对策略，必然有不同的结果。因此，ERP 的课堂也是我们感悟人生的重要实践场所。

第三年年度总结书见表 5-25。

**表 5-25　第三年年度总结书**

| | |
|---|---|
| 成功与失败 | |
| 计划的实施 | |
| 计划评价 | |
| 改进设想 | |

# 5.3 全面预算，规避破产——第四年模拟经营

## 5.3.1 间谍活动

间谍活动用表见表 5-26。

表 5-26 间谍活动用表

| 队别 | 资金 | | 区域市场开拓 | P2 产品研发 | 生产设备 | | 产品 | | | | 原材料 | | | |
|---|---|---|---|---|---|---|---|---|---|---|---|---|---|---|
| | 现金 | 贷款 | | | 手工 | 自动 | 库存 | | 在制 | | 库存 | | 订购 | |
| | | | | | | | P1 | P2 | P1 | P2 | R1 | R2 | R1 | R2 |
| A | | | | | | | | | | | | | | |
| B | | | | | | | | | | | | | | |
| C | | | | | | | | | | | | | | |
| D | | | | | | | | | | | | | | |
| E | | | | | | | | | | | | | | |
| F | | | | | | | | | | | | | | |
| G | | | | | | | | | | | | | | |
| H | | | | | | | | | | | | | | |
| 汇总 | | | | | | | | | | | | | | |

## 5.3.2 新年度规划会议

资金管理是企业财务管理的重要工作之一。企业要生存发展，在做大的基础上做强，必须管好、用好资金。

### 1. 现金为王

企业要可持续、科学地发展，生存是第一位的。如何规避破产，是我们重点研究的问题。

企业破产有以下两种情况。

① 所有者权益为负。企业的本质是所有者权益最大化，所有者权益的下降必然成为我们规避的重点。

② 资金断流，企业现金不足，导致企业破产。资金是企业的“血液”，我们当然不能让“血液”断流。正因为如此，人们总结出了“现金为王”的原则。

### 2. 资金与权益

应收款收现一定的情况下，持有资金越多，贷款越多，所付利息也就越多，利润减少，权益就下降。有的企业为避免资金断流，持有大量现金，致使资金闲置，造成浪费。股东投资是要经营者去赚取利润的，资金闲置就会使企业效益不佳，所有者权益的增加达不到预期

目标，在竞争中处于下风。有时企业资金尚多，企业却破产了，可能是大量贷款致使企业财务支出过多，导致所有者权益为负的结果。

少持有现金，贷款就会少，利息就少，权益下降也就少；但企业资金也少，购置的生产设备就少，设备少则产能就低，产能低则想提高利润就很难，所有者权益也就难以增加；同时资金少可能会影响正常经营活动的进行，一旦资金断流，企业就会破产。

我们既要保证企业的正常经营，不发生资金断流的现象，从而避免破产；又要合理安排资金，降低财务支出，避免资金浪费，使所有者权益最大化。

资金与权益是两个不同的概念，两者是相互制约的一对矛盾。如果企业解决了这一矛盾，寻找到它们的最佳结合点，企业的经营就成功了一半。

### 3. 资金预算

资金预算，又称资产负债预算，是对企业的资产、负债、所有者权益及其相互关系进行预算。

如果没有准确详细的资金预算，财务主管就会顾此失彼、穷于应付，最终焦头烂额、一塌糊涂。要根据企业总体战略，对未来几年的企业经营进行资金推演，这样才能运筹帷幄、游刃有余。

资金的合理安排，是其他管理部门正常运转的有力保障。在制定资金预算时，要与营销主管、生产主管、供应主管认真沟通交流，准确把握他们的计划与资金需求，既要保证各个计划的正常执行，又要避免不必要的资金浪费。

通过经营记录表可以看出，资金的流入和流出几乎涉及企业经营的全部业务。如果在年初的新年度规划会议中，将本年度可能发生的收入和支出金额填入（一般用铅笔填写，以便于修改）经营记录表，将无关资金流入和流出的环节略去，就形成了资金预算表，见表 5-27。预算中发现资金断流，必须及时调整，在有资金流入的环节及时补充资金，就能在模拟经营中避免企业破产的发生。

**表 5-27 资金预算表**

| | | | | | |
|---|---|---|---|---|---|
| 年初 | 期初现金 | | | | |
| | 广告投放 | | | | |
| | 支付应付税 | | | | |
| 四季经营 | 季初现金盘点 | | | | |
| | 短贷还本付息 | | | | |
| | 申请短期贷款 | | | | |
| | 原材料入库 | | | | |
| | 建/卖生产线 | | | | |
| | 开始下一批生产 | | | | |
| | 应收款收现 | | | | |
| | 管理费 | | | | |
| | 季末收入合计 | | | | |
| | 季末支出合计 | | | | |
| | 季末数额对账 | | | | |
| 年末 | 支付设备维护费 | | | | |
| | 计提折旧 | | | | （ ） |
| | 结账 | | | | |

由资金预算表可以看出，有资金流入的只有贷款、变卖生产线和应收款收现（电子沙盘还有贴现），其中贷款要付利息，变卖生产线可能会有损失发生，只有应收款收现对利润无影响。

**4．新年度规划**

学习了资金预算，我们就能更有效地进行新年度规划了。收到有账期的订单后，我们在新年度规划会议中要根据订单情况，进行全面的资金预算，规避破产。

有账期的订单的操作规范为：将交货时得到的应收款放置于财务中心内“应收款”对应账期的位置；财务主管在经营记录表“按订单交货”位置记录应收款数额及账期（加括号记录），在“更新应收款”环节推进应收款款项，在能收回货款的季度的“应收款收现”环节收回现金并记录现金金额。例如，企业有本地 P1 编号为 LP1-01 的订单，其数量为 3 个，总价款为 11W，账期为 2Q。如果企业在第二季度交货，则财务主管将 11W 货款放置于“应收款 2 期”位置，记录“(11.2)”（表示应收款 11W，账期 2Q，未收现金）；第三季度“更新应收款”时推进应收款；第四季度“应收款收现”环节收回货款，置入“现金”，记录“11”；第四季度结束“结账”时，该项货款计入收入。如果年末仍有未收回的应收款，则计入流动资产的“应收款”项目，来年再收。

第四年年度计划书见表 5-28。

**表 5-28　第四年年度计划书**

| | |
|---|---|
| 企业年度规划 | |
| 职能策略 | |
| 业务计划 | |
| 计划落实措施 | |
| 计划实施记录 | |

## 5.3.3　年度经营

填写表 5-29、表 5-30 和表 5-31。

**表 5-29　第四年订单登记表**

| 订单号 | | | | | | | | | | | 合计 |
|---|---|---|---|---|---|---|---|---|---|---|---|
| 市场 | | | | | | | | | | | |
| 产品 | | | | | | | | | | | |
| 数量 | | | | | | | | | | | |
| 账期 | | | | | | | | | | | |
| 销售额 | | | | | | | | | | | |
| 成本 | | | | | | | | | | | |
| 毛利 | | | | | | | | | | | |
| 未售 | | | | | | | | | | | |

表 5-30　第四年经营记录表（1）

| 序　号 | 请按顺序执行下列各项操作。每执行完一项操作，总经理在相应的方格内打勾，财务主管在方格中填写现金收支情况 | | | | |
|---|---|---|---|---|---|
| 年　初 | 新年度规划会议 | | | | |
| | 参加订货会，支付广告费 | | | | |
| | 参加订货会选取订单/登记销售订单 | | | | |
| | 支付所得税（25%） | | | | |
| 1 | 季初现金盘点（请填余额） | | | | |
| 2 | 更新贷款/还本付息 | | | | |
| 3 | 申请贷款 | | | | |
| 4 | 购买订购的原材料并入库 | | | | |
| 5 | 下原料订单 | | | | |
| 6 | 更新生产/完工入库 | | | | |
| 7 | 购买新生产线/生产线到位 | | | | |
| 8 | 开始下一批生产 | | | | |
| 9 | 更新应收款/应收款收现 | | | | |
| 10 | 按订单交货 | | | | |
| 11 | 产品研发投资 | | | | |
| 12 | 支付行政管理费 | | | | |
| 13 | 其他现金收支情况登记 | | | | |
| 14 | 现金收入合计 | | | | |
| 15 | 现金支出合计 | | | | |
| 16 | 期末现金对账（请填余额） | | | | |
| 年　末 | 缴纳违约订单罚款（25%） | | | | |
| | 支付设备维护费 | | | | |
| | 计提折旧 | | | | （　　） |
| | 新市场开拓 | | | | |
| | 结账 | | | | |

**表 5-31　第四年经营记录表（2）**

| 操作顺序 | 本表格用于运行过程中记录各生产要素数量变化的台账。生产主管记录生产线上在制品数量（P1/P2）的增减，供应主管记录原料库存数量（R1/R2）的增减，营销主管记录产品库存数量（P1/P2）的增减 | | | | | | | | |
|---|---|---|---|---|---|---|---|---|---|
| | 生产要素 R/P<br>任务清单 | 一季度 | | 二季度 | | 三季度 | | 四季度 | |
| 1 | 季初（　　）盘点数量 | | | | | | | | |
| 2 | 更新贷款/还本付息 | | | | | | | | |
| 3 | 申请贷款 | | | | | | | | |
| 4 | 购买订购的原材料并入库 | | | | | | | | |
| 5 | 下原料订单 | | | | | | | | |
| 6 | 更新生产/完工入库 | | | | | | | | |
| 7 | 购买新生产线/生产线到位 | | | | | | | | |
| 8 | 开始下一批生产 | | | | | | | | |
| 9 | 更新应收款/应收款收现 | | | | | | | | |
| 10 | 按订单交货 | | | | | | | | |
| 11 | 产品研发投资 | | | | | | | | |
| 12 | 支付行政管理费 | | | | | | | | |
| 13 | 其他现金收支情况登记 | | | | | | | | |
| 14 | 本季（　　）入库合计 | | | | | | | | |
| 15 | 本季（　　）出库合计 | | | | | | | | |
| 16 | 季末（　　）库存数量 | | | | | | | | |

## 5.3.4　年终报表

填写表 5-32、表 5-33、表 5-34 和表 5-35。

**表 5-32　第四年产品核算表**

| 项　目 | P1 | P2 | | | 合　计 |
|---|---|---|---|---|---|
| 数　量 | | | | | |
| 销售额 | | | | | |
| 成　本 | | | | | |
| 毛　利 | | | | | |

表 5-33 第四年综合费用明细表

| 项　目 | 金　额 | 备　注 |
|---|---|---|
| 管理费 | | |
| 广告费 | | |
| 维修费 | | |
| 市场准入开拓 | | |
| 产品研发 | | 包括购买资格证书的费用 |
| 其　他 | | |
| 合　计 | | |

表 5-34 第四年利润表

| 项　目 | 运算符号 | 上 年 数 | 本 年 数 |
|---|---|---|---|
| 销售收入 | | | |
| 直接成本 | － | | |
| 毛利 | ＝ | | |
| 综合费用 | － | | |
| 折旧前利润 | ＝ | | |
| 折旧 | － | | |
| 支付利息前利润 | ＝ | | |
| 财务收入/支出 | +/－ | | |
| 其他收入/支出 | +/－ | | |
| 税前利润 | ＝ | | |
| 所得税 | － | | |
| 净利润 | ＝ | | |

表 5-35 第四年资产负债表

| 项　目 | 金　额 | | 项　目 | 金　额 | |
|---|---|---|---|---|---|
| 流动资产： | 期初 | 期末 | 负债： | 期初 | 期末 |
| 现金 | | | 短期借款 | | |
| 应收款 | | | | | |
| 在制品 | | | 应交税金 | | |
| 产成品 | | | | | |
| 原材料 | | | | | |
| 流动资产合计 | | | 负债合计 | | |
| 固定资产： | | | 所有者权益： | | |
| 厂房 | | | 股东资本 | | |
| 生产线 | | | 利润留存 | | |
| 在建工程 | | | 年度净利润 | | |
| 固定资产合计 | | | 权益合计 | | |
| 资产总计 | | | 负债和权益总计 | | |

## 5.3.5 年度总结

凡事用数据说话，用数据检验，是 ERP 沙盘的重要法则。如果计划只是凭想象决定，肯定难以服人。做出决定时如果不考虑千变万化的竞争环境，就会穷于应付、焦头烂额，甚至追悔莫及；反之，充分考虑千变万化的竞争环境，胸有成竹再做决定，才有可能胜券在握。

事实上，ERP 沙盘模拟中遇到的问题都会有多个解决的办法。如何找到最佳途径，需要计算之后再比较确定。要证明决策正确，就要拿出令人信服的数据。计划、策略乃至战略都要在把握内部条件与外部环境的基础上，经过严谨周密的计算，提供翔实可靠的数据加以论证，最终合理选择，科学决策。

**范例：** **企业第二年新年度规划会议上，主管们发言如下。

营销主管：第二年市场需求分析是，第二年只有本地市场有 16 张 P1 的订单，有 8 张是每张订单 6 个 P1、4.3W/个、总价 26W，有 8 张是每张订单 4 个 P1、4.5W/个、总价 18W。每个企业可以得到 2 张订单，销售 10 个 P1，取得 44W 销售收入，所以投放 2W 广告费即可。根据第三年的市场需求分析提供建议，第三年市场需求本地市场 P1 为 74 个，本地市场 P2 为 57 个，区域市场 P1 为 59 个，共计 190 个产品，平均需求量为 23.75 个。市场需求快速放大，我们应当做好生产准备。

生产主管：根据自动生产线的情况分析（表 5-36），我们应当采用第一、四季度各上两条生产线的方法。

**表 5-36 自动生产线分析表**

| 自动生产线 | | | | 当年产品数量 | 可能带来的毛利 | 运营费用（维修、折旧） |
|---|---|---|---|---|---|---|
| 第一季度 | 第二季度 | 第三季度 | 第四季度 | | | |
| 安装完成/开工生产 | 在产 | 在产 | 在产 | 3 | 6～9 | 3 |
| 购买/安装 | 安装完成/开工生产 | 在产 | 在产 | 2 | 4～6 | 3 |
| | 购买/安装 | 安装完成/开工生产 | 在产 | 1 | 2～3 | 3 |
| | | 购买/安装 | 安装完成/开工生产 | 0 | 0 | 3 |
| | | | 购买/安装 | 0 | 0 | 0 |

**小思考：** 哪一季度购买自动生产线从效益上讲最合理？

讨论后，采用了生产主管的建议，在第一、四季度各购买两条自动生产线。企业经营成果见表 5-37、表 5-38 和表 5-39。

**表 5-37 **企业第二年产品核算表**

| 项　目 | P1 | P2 | P3 | P4 | 合计 |
|---|---|---|---|---|---|
| 数量 | 10 | | | | 10 |
| 销售额 | 44 | | | | 44 |
| 成本 | 20 | 0 | 0 | 0 | 20 |
| 毛利 | 24 | 0 | 0 | 0 | 24 |
| 本年度库存数量 | 1 | | | | 2 |

**表 5-38 **企业第二年综合费用、利润表** 单位：W

| 综合费用表 | | 利　润　表 | |
|---|---|---|---|
| 项　目 | 金　额 | 项　目 | 金　额 |
| 管理费 | 4 | 销售收入 | 44 |
| 广告费 | 2 | 直接成本 | 20 |
| 设备维护费 | 6 | 毛　利 | 24 |
| | | 综合费用 | 18 |
| | | 折旧前利润 | 6 |
| | | 折　旧 | 9 |
| | | 支付利息前利润 | -3 |
| 新市场开拓 | 1 | 财务费用 | 2 |
| 产品研发 | 5 | 税前利润 | -5 |
| 其　他 | 0 | 所得税 | 0 |
| 合　计 | 18 | 年度净利润 | -5 |

**表 5-39 **企业第二年资产负债表** 单位：W

| 项　目 | 金　额 | | 项　目 | 金　额 | |
|---|---|---|---|---|---|
| 流动资产： | 期初 | 期末 | 负债： | 期初 | 期末 |
| 现金 | 28 | 59 | 短期借款 | | |
| 应收款 | 0 | | | 40 | 120 |
| 在制品 | 8 | 12 | 应交税金 | 0 | 0 |
| 产成品 | 0 | 2 | | | |
| 原材料 | 1 | 0 | | | |
| 流动资产合计 | 37 | 73 | 负债合计 | 40 | 120 |
| 固定资产： | | | 所有者权益： | | |
| 厂房 | 20 | 20 | 股东资本 | 40 | 40 |
| 生产线 | 22 | 37 | 利润留存 | −2 | −1 |
| 在建工程 | 0 | 24 | 年度净利润 | 1 | −5 |
| 固定资产合计 | 42 | 81 | 权益合计 | 39 | 34 |
| 资产总计 | 79 | 154 | 负债和权益总计 | 79 | 154 |

该企业第二年虽然亏损 5W，贷款也比较多，但区域市场已开拓，P2 产品研发完成，生产设备有 3 条手工生产线、3 条自动生产线，还有 2 条在建的自动生产线，期末现金高达 59W。目前状态良好，后续发展潜力大。

第三年新年度规划会议开始，讨论如下。

生产主管：我们有 1 个 P1 的库存，现有生产线产能为 21 个，库存 1 个，第一季度买 1 条自动线可生产 2 个，买 2 条自动线可生产 4 个，可供销售的产品数量为 24 或 26 个。

财务主管：我已经推演了两种上线方法。如果第一季度买 2 条自动生产线，保证第一季度有 12W、第二季度有 21W 的收入基础上，最多可以投 12W 的广告；如果第一季度买 1 条自动生产线，极限广告费是 17W。

**小思考：**你如何进行本年的企业规划？

经集体讨论决定第一、四季度各购买一条自动生产线。

供应主管：因现在没有 R2 的订单，今年最多可以生产 12 个 P2，请营销主管在选单时注意。

营销主管：今年有 3 个回合可以选单。广告投放及选单情况见表 5-40 和表 5-41。

**表 5-40 第三年广告投放单**

| 公司名称 | 组别 | 产品 | 本地市场 | 区域市场 | 投放时间 |
|---|---|---|---|---|---|
| ** | ** | P1 | 2 | 3 | |
| | | P2 | 4 | | |

**表 5-41 第三年选单情况**

| 选单回合 | 广告排名 | 选单轮次 | 备选订单 | 数量 | 价格 | 收入 | 选取订单 |
|---|---|---|---|---|---|---|---|
| 第一回合（本地 P1） | 4 | 首轮 | LP1 | 6 | | 24 | |
| | | | LP1 | 5 | | 22 | √ |
| | | 次轮 | LP1 | 4 | | 16 | √ |
| | | | LP1 | 3 | | 13 | |
| 第二回合（本地 P2） | 6 | 首轮 | LP2 | 4 | | 21 | √ |
| | | | LP2 | 3 | | 17 | |
| | | 次轮 | LP2 | 3 | | 16 | √ |
| | | | LP2 | 2 | | 12 | |
| 第三回合（区域 P1） | 1 | 首轮 | RP1 | 5 | | 22 | |
| | | | RP1 | 5 | | 23 | |
| | | | RP1 | 4 | | 20 | √ |
| | | 次轮 | RP1 | 4 | | 17 | √ |
| | | | RP1 | 3 | | 13 | |

**小思考：**回顾订单分析，你认为选取的订单合理吗？你会如何选取本年的订单？

该企业第三年经营成果见表 5-42、表 5-43 和表 5-44。

表 5-42　第三年产品核算单

| 项　目 | P1 | P2 | P3 | P4 | 合计 |
|---|---|---|---|---|---|
| 数量 | 17 | 7 | | | 24 |
| 销售额 | 75 | 37 | | | 112 |
| 成本 | 34 | 21 | 0 | 0 | 55 |
| 毛利 | 41 | 16 | 0 | 0 | 57 |
| 本年度库存数量 | 0 | 0 | | | 0 |

表 5-43　第三年综合费用、利润表　　单位：W

| 综合费用表 | | 利　润　表 | |
|---|---|---|---|
| 项　目 | 金　额 | 项　目 | 金　额 |
| 管理费 | 4 | 销售收入 | 112 |
| 广告费 | 9 | 直接成本 | 55 |
| 设备维护费 | 9 | 毛　利 | 57 |
| | | 综合费用 | 22 |
| | | 折旧前利润 | 35 |
| | | 折　旧 | 15 |
| | | 支付利息前利润 | 20 |
| 新市场开拓 | 0 | 财务费用 | 6 |
| 产品研发 | 0 | 税前利润 | 14 |
| 其　他 | 0 | 所得税 | 2 |
| 合　计 | 22 | 年度净利润 | 12 |

表 5-44 第三年资产负债表 单位：W

| 项 目 | 金 额 | | 项 目 | 金 额 | |
|---|---|---|---|---|---|
| 流动资产： | 期 初 | 期 末 | 负债： | 期 初 | 期 末 |
| 现金 | 59 | 60 | 短期借款 | | |
| 应收款 | 0 | | | 120 | 120 |
| 在制品 | 12 | 18 | 应交税金 | 0 | 2 |
| 产成品 | 2 | 0 | | | |
| 原材料 | 0 | | | | |
| 流动资产合计 | 73 | 78 | 负债合计 | 120 | 122 |
| 固定资产： | | | 所有者权益： | | |
| 厂房 | 20 | 20 | 股东资本 | 40 | 40 |
| 生产线 | 37 | 58 | 利润留存 | -1 | -6 |
| 在建工程 | 24 | 12 | 年度净利润 | -5 | 12 |
| 固定资产合计 | 81 | 90 | 权益合计 | 34 | 46 |
| 资产总计 | 154 | 168 | 负债和权益总计 | 154 | 168 |

年度利润完成 12W，所有者权益得到快速提升。购置的生产线已经布满厂房，下一年的产能达到 32 个，为企业高速有序的发展打下了良好的基础。

用数据说话，有理有据。用数据证明计划得当，决策合理，方法科学。企业得到发展，经营成果良好。

对于经营成果和策略计划，都需要在定性分析的基础上进行定量分析，用数据说话，再上升到定性认识。第四年年度总结见表 5-45。

表 5-45 第四年年度总结

| | |
|---|---|
| 企业经营成果 | |
| 成功之处 | |
| 存在的问题 | |
| 策略实施评价 | |
| 年度计划实施情况的评价 | |
| 改进设想 | |

# 5.4 计划管理，细节取胜——第五年模拟经营

## 5.4.1 间课活动

间课活动用表见表 5-46。

表 5-46 间谍活动用表

| 队别 | 资金 | | 区域市场开拓 | P2产品研发 | 生产设备 | | 产品 | | | | 原材料 | | | |
|---|---|---|---|---|---|---|---|---|---|---|---|---|---|---|
| | 现金 | 贷款 | | | 手工 | 自动 | 库存 | | 在制 | | 库存 | | 订购 | |
| | | | | | | | P1 | P2 | P1 | P2 | R1 | R2 | R1 | R2 |
| A | | | | | | | | | | | | | | |
| B | | | | | | | | | | | | | | |
| C | | | | | | | | | | | | | | |
| D | | | | | | | | | | | | | | |
| E | | | | | | | | | | | | | | |
| F | | | | | | | | | | | | | | |
| G | | | | | | | | | | | | | | |
| H | | | | | | | | | | | | | | |
| 汇总 | | | | | | | | | | | | | | |

## 5.4.2 新年度规划会议

经营计划管理包括计划的制定、调整、执行、控制、评价等环节。

每一年度初期我们都要制定企业年度规划和业务计划。一个好的计划，可以让我们的企业如虎添翼，得到迅速、科学的发展。

总经理要根据本年度竞争环境，与全体同事沟通协调，适度调整企业战略，制定恰当的企业年度规划；营销主管要制定广告投放计划、销售计划、市场开拓计划、订货会选单计划、订单交付计划等；生产主管要制定产品研发计划、生产设备购置计划、产品生产计划、生产设备处置计划等；财务主管要制定融资计划、现金支付计划、资金预算等并进行推演；供应主管要制定原料采购计划、原料库存消化计划。

参加订货会后，订单已经选定，本年度产品销售情况及经营条件确定。此时应当根据订单情况及时调整计划，使各种计划更加符合企业经营活动的要求，确保企业经营处于最佳状态，取得最好的经营成果。

本年度订单确定后，要及时研究下一年的市场订单。不能只顾眼前，不管将来。根据来年市场需求情况，调整企业年度规划与业务计划，使本年度的企业经营活动兼顾来年企业发展的需要，切合企业的总体战略。

财务主管要与各位同事沟通，掌握各项业务的现金流动预测，进行推演，形成准确详细的资金预算，及时提供正确的资金预算表。

千里之行，始于足下。光有一个好的计划是不够的，我们要在经营活动中执行计划，将计划落实到经营活动过程之中。

在经营计划的实施过程中，我们要控制经营活动沿着正确的方向进行。但在执行过程中可能会出现偏差，就需要对计划进行调整、控制。控制就是对经营活动进行监督，判定经营活动是否正朝着既定的目标健康地发展，并在必要的时候及时采取矫正措施。

我们要对计划及执行、控制情况进行评价。评价是指根据经营活动的结果对某一计划的各个方面进行判定，最终得出一个可靠的结论。评价能提高计划管理能力，使制定的计划更科学、更合理可行。正确的评价有利于计划的完善，更有利于企业的经营。

年度经营结束，从各个企业的财务报表中，可以很容易地判断出企业规划的优劣、计划执行的好坏等。我们要吸取他人的教训，避免在经营中重演；学习他人的优点，取得经营活动的最终成功。

**小思考：**你的年度计划执行得怎样？如何评价计划的执行情况？

第五年年度计划书见表5-47。

**表5-47　第五年年度计划书**

| | |
|---|---|
| 企业年度规划 | |
| 年度计划 | |
| 职能策略 | |
| 业务计划 | |
| 计划落实措施 | |
| 计划实施记录 | |

## 5.4.3　年度经营

填写表5-48、表5-49、表5-50和表5-51。

**表5-48　第五年订单登记表**

| 订 单 号 | | | | | | | | | | 合 计 |
|---|---|---|---|---|---|---|---|---|---|---|
| 市 场 | | | | | | | | | | |
| 产 品 | | | | | | | | | | |
| 数 量 | | | | | | | | | | |
| 账 期 | | | | | | | | | | |
| 销售额 | | | | | | | | | | |
| 成 本 | | | | | | | | | | |
| 毛 利 | | | | | | | | | | |
| 未 售 | | | | | | | | | | |

**表 5-49　资金预算表**

| | | | | | |
|---|---|---|---|---|---|
| 年初 | 期初现金 | | | | |
| | 广告投放 | | | | |
| | 支付应付税 | | | | |
| 四季经营 | 季初现金盘点 | | | | |
| | 短贷还本付息 | | | | |
| | 申请短期贷款 | | | | |
| | 原材料入库 | | | | |
| | 建/卖生产线 | | | | |
| | 开始下一批生产 | | | | |
| | 应收款收现 | | | | |
| | 管理费 | | | | |
| | 季末收入合计 | | | | |
| | 季末支出合计 | | | | |
| | 季末数额对账 | | | | |
| 年末 | 支付设备维护费 | | | | |
| | 计提折旧 | | | | （　　） |
| | 结　账 | | | | |

**表 5-50 第五年经营记录表（1）**

| 序 号 | 请按顺序执行下列各项操作。每执行完一项操作，总经理在相应的方格内打勾，财务主管在方格中填写现金收支情况 | | | | |
|---|---|---|---|---|---|
| 年初 | 新年度规划会议 | | | | |
| | 参加订货会，支付广告费 | | | | |
| | 参加订货会选取订单/登记销售订单 | | | | |
| | 支付所得税（25%） | | | | |
| 1 | 季初现金盘点（请填余额） | | | | |
| 2 | 更新贷款/还本付息 | | | | |
| 3 | 申请贷款 | | | | |
| 4 | 购买订购的原材料并入库 | | | | |
| 5 | 下原料订单 | | | | |
| 6 | 更新生产/完工入库 | | | | |
| 7 | 购买新生产线/生产线到位 | | | | |
| 8 | 开始下一批生产 | | | | |
| 9 | 更新应收款/应收款收现 | | | | |
| 10 | 按订单交货 | | | | |
| 11 | 产品研发投资 | | | | |
| 12 | 支付行政管理费 | | | | |
| 13 | 其他现金收支情况登记 | | | | |
| 14 | 现金收入合计 | | | | |
| 15 | 现金支出合计 | | | | |
| 16 | 期末现金对账（请填余额） | | | | |
| 年末 | 缴纳违约订单罚款（25%） | | | | |
| | 支付设备维护费 | | | | |
| | 计提折旧 | | | | （ ） |
| | 新市场开拓 | | | | |
| | 结账 | | | | |

表 5-51　第五年经营记录表（2）

| 操作顺序 | 本表格用于运行过程中记录各生产要素数量变化的台账。生产主管记录生产线上在制品数量（P1/P2）的增减，供应主管记录原料库存数量（R1/R2）的增减，营销主管记录产品库存数量（P1/P2）的增减 | | | | | | | | |
|---|---|---|---|---|---|---|---|---|---|
| | 生产要素 R/P<br>任务清单 | 一季度 | | 二季度 | | 三季度 | | 四季度 | |
| 1 | 季初（　　）盘点数量 | | | | | | | | |
| 2 | 更新贷款/还本付息 | | | | | | | | |
| 3 | 申请贷款 | | | | | | | | |
| 4 | 购买订购的原材料并入库 | | | | | | | | |
| 5 | 下原料订单 | | | | | | | | |
| 6 | 更新生产/完工入库 | | | | | | | | |
| 7 | 购买新生产线/生产线到位 | | | | | | | | |
| 8 | 开始下一批生产 | | | | | | | | |
| 9 | 更新应收款/应收款收现 | | | | | | | | |
| 10 | 按订单交货 | | | | | | | | |
| 11 | 产品研发投资 | | | | | | | | |
| 12 | 支付行政管理费 | | | | | | | | |
| 13 | 其他现金收支情况登记 | | | | | | | | |
| 14 | 本季（　　）入库合计 | | | | | | | | |
| 15 | 本季（　　）出库合计 | | | | | | | | |
| 16 | 季末（　　）库存数量 | | | | | | | | |

## 5.4.4　年终报表

填写表 5-52、表 5-53、表 5-54 和表 5-55。

表 5-52　第五年产品核算表

| 项　目 | P1 | P2 | | | 合　计 |
|---|---|---|---|---|---|
| 数　量 | | | | | |
| 销售额 | | | | | |
| 成　本 | | | | | |
| 毛　利 | | | | | |

表 5-53 第五年综合费用明细表 单位：W

| 项 目 | 金 额 | 备 注 |
|---|---|---|
| 管理费 | | |
| 广告费 | | |
| 维修费 | | |
| 市场准入开拓 | | |
| 产品研发 | | 包括购买资格证书的费用 |
| 其 他 | | |
| 合 计 | | |

表 5-54 第五年利润表

| 项 目 | 运算符号 | 上 年 数 | 本 年 数 |
|---|---|---|---|
| 销售收入 | | | |
| 直接成本 | − | | |
| 毛 利 | = | | |
| 综合费用 | − | | |
| 折旧前利润 | = | | |
| 折 旧 | − | | |
| 支付利息前利润 | = | | |
| 财务收入/支出 | +/− | | |
| 其他收入/支出 | +/− | | |
| 税前利润 | = | | |
| 所得税 | − | | |
| 净利润 | = | | |

表 5-55 第五年资产负债表

| 项 目 | 金 额 | | 项 目 | 金 额 | |
|---|---|---|---|---|---|
| 流动资产： | 期初 | 期末 | 负债： | 期初 | 期末 |
| 现金 | | | 短期借款 | | |
| 应收款 | | | | | |
| 在制品 | | | 应交税金 | | |
| 产成品 | | | | | |
| 原材料 | | | | | |
| 流动资产合计 | | | 负债合计 | | |
| 固定资产： | | | 所有者权益： | | |
| 厂房 | | | 股东资本 | | |
| 生产线 | | | 利润留存 | | |
| 在建工程 | | | 年度净利润 | | |
| 固定资产合计 | | | 权益合计 | | |
| 资产总计 | | | 负债和权益总计 | | |

### 5.4.5 年度总结

在前几年的经营实践中，经常会遇到这样的事情：年末财务报表迟迟出不来，经过别人指点终于做平，原来是一时粗心忘记了什么或拿错了什么；现金断流了，发现是忘记贷款了；一着急忘了下原料订单等。有人可能认为粗心大意没什么了不起，但是“一着不慎，满盘皆输”，一个小疏忽，可能致使企业权益下降，甚至导致企业破产。

在 ERP 沙盘模拟的后期，有账期的订单的交货时间安排，是体现细节决定成败的鲜明实例。在后几年的订货会上，我们会选取到不同账期的订单，遇到交货时间影响应收款收现的情况。这需要在预算时细致工作，进行推演测算，正确安排交货时间，寻得最佳方案。

关注细节，是一种习惯，要从平时的点点滴滴中培养起来。如果我们熟练掌握企业经营活动和操作，遇到实力相差无几的团队，不犯错误、少犯错误就有可能得到冠军。高水平的比赛，往往比的就是细节的掌握和控制。

第五年年度总结见表 5-56。

表 5-56 第五年年度总结

| | |
|---|---|
| 成功之处 | |
| 存在的失误 | |
| 企业细节失误 | |
| 策略评价 | |
| 计划评价 | |
| 改进设想 | |

## 5.5 总体战略，全面提升——第六年模拟经营

### 5.5.1 间谍活动

间谍活动用表见表 5-57。

表 5-57 间谍活动用表

| 队别 | 资金 | | 区域市场开拓 | P2 产品研发 | 生产设备 | | 产品 | | | | 原材料 | | | |
|---|---|---|---|---|---|---|---|---|---|---|---|---|---|---|
| | 现金 | 贷款 | | | 手工 | 自动 | 库存 | | 在制 | | 库存 | | 订购 | |
| | | | | | | | P1 | P2 | P1 | P2 | R1 | R2 | R1 | R2 |
| A | | | | | | | | | | | | | | |
| B | | | | | | | | | | | | | | |
| C | | | | | | | | | | | | | | |
| D | | | | | | | | | | | | | | |
| E | | | | | | | | | | | | | | |
| F | | | | | | | | | | | | | | |
| G | | | | | | | | | | | | | | |
| H | | | | | | | | | | | | | | |
| 汇总 | | | | | | | | | | | | | | |

## 5.5.2 新年度规划会议

### 1. 企业总体战略规划

企业总体战略规划是依据企业外部环境和自身条件的状况及其变化来制定和实施战略，并根据对实施过程与结果的评价和反馈来调整、制定新战略的过程。企业总体战略规划在ERP沙盘模拟企业经营活动中体现为对5～7年的模拟经营活动全过程、全方位的总体规划。

经过几年的企业经营，我们得到一个共同的认识：企业经营必须有总体战略。有了企业的总体战略，就如同站在古代战场的制高点上调兵遣将，指挥部下排兵布阵。战略的选择决定了一个企业的未来，所以企业的经营活动要以企业战略为指导。

一轮模拟经营开始时，企业管理团队首先要进行企业环境分析，确立竞争策略，制定企业的总体发展战略。每一经营年度开始时，根据企业总体战略规划制定企业年度规划，进而制定各个职位的职能策略、业务计划。研究职能策略，探讨如何获得竞争优势。沟通和协调各个岗位的策略计划，使企业年度规划沿着企业总体战略的大方向深化完善，使各职能策略、业务计划围绕企业年度规划合理实施。

### 2. 总体战略的内容

一个完整的企业战略包括以下内容。

① 企业内部条件分析。

② 企业外部环境分析，明确机遇与挑战。

③ 战略目标。销售收入目标、利润目标以及所有者权益等目标，要具体、可行，具有指导性。

④ 经营方向，包括生产什么产品、在哪些市场销售等。

⑤ 经营策略，包括营销、财务、生产、供应的策略目标及协调。

⑥ 实施步骤。

**小思考：** 回顾模拟经营过程，企业在没有总体战略的情况下，出现了哪些问题？如何制定合理的企业年度规划？

### 3. 适度发展

企业要想在竞争的环境中生存和发展，离不开企业总体战略的指引。阿里巴巴的CEO马云先生说过："小企业的战略就是活下来，挣钱。"首先是活着，然后才是挣钱。企业要存活，就要保证现金不断流，权益大于零。做好精细的财务预算，是企业生存和健康发展的保证。

在制定企业发展战略时，要注意控制发展的速度。既不能不计后果，盲目扩张；也不能保守，畏缩不前。如果第一年就购买大批的自动生产线，市场全开拓，产品全研发，贷款全贷出，虽然企业规模壮观，看似实力强大，但是第一、二年市场需求很小，卖出产品就少，毛利不多，同时贷款利息、开拓费用、研发费用巨大，生产线多引发的折旧增多，入不敷出，公司权益会迅速下降。一旦权益为负、现金断流，公司就不得不宣告破产，悔之莫及。没有节制的急速扩张，将使企业面临极大的不确定性，一旦失控，对于企业就是一场大灾难。反之，保守紧缩，会导致企业产能增速迟缓或停滞不前，失去占领市场的主动权，使企业利润低下。不思进取，墨守成规，虽然经营没有风险，却会失去发展的良机，最终使企业在竞争中处于不利地位。

适度发展就是发展速度与企业权益、财务状况均衡发展，相互促进，这是管理的精髓所在。竞争的胜负不仅取决于企业目前的权益，还取决于企业的发展潜力。我们不能只看到眼前利益，而要从整个5～7年的经营过程来制定企业的总体发展战略。

**小思考**：你认为第三年的适度产能是多少？

在物理沙盘的经营中，选择市场、产品的局限性很大，几乎没有选择的余地。企业战略主要体现在生产策略和财务规划上，产能的扩张要以企业资金预算为基础，以市场需求为依据，以企业发展为主线，以适度发展为原则。

**4．审时度势，适度调整**

站得高，才能看得远。站在企业总体发展战略的高度，指导年度规划与职能策略的制定，引导具体业务计划的选择，离不开对主、客观条件的具体分析。战略规划必须建立在企业内部条件认识和外部环境分析的基础上，才可能具有科学性、可行性。同时，战略规划一经制定，就要贯彻始终，切不可“这山望着那山高”，随意改变，否则将一事无成，悔之晚矣。当然，也不可僵化企业战略，“一条道走到黑”，而要适应环境的变化适度调整战略。唯有如此，才能促进企业的健康发展。

新的一年开始时，企业管理团队要根据竞争环境的变化，及时调整企业战略、职能策略与业务计划。针对竞争环境和自身条件的变化作出调整，形成更适应当时情况的年度规划，使企业更加合理地发展。

年度经营操作之前，团队的每一位成员都应对上述内容达成共识。每一年经营结束，都要进行总结、评价和反思，分析产生的偏差及原因，对企业的发展战略进行必要的修正。

第六年年度计划书见表5-58。

**表5-58　第六年年度计划书**

| | |
|---|---|
| 企业年度规划 | |
| 职位策略 | |
| 业务计划 | |
| 计划落实措施 | |
| 计划实施记录 | |

## 5.5.3　年度经营

填写表5-59、表5-60、表5-61和表5-62。

**表 5-59　第六年订单登记表**

| 订 单 号 | | | | | | | | | | 合　计 |
|---|---|---|---|---|---|---|---|---|---|---|
| 市场 | | | | | | | | | | |
| 产品 | | | | | | | | | | |
| 数量 | | | | | | | | | | |
| 账期 | | | | | | | | | | |
| 销售额 | | | | | | | | | | |
| 成本 | | | | | | | | | | |
| 毛利 | | | | | | | | | | |
| 未售 | | | | | | | | | | |

**表 5-60　资金预算表**

| | | | | | |
|---|---|---|---|---|---|
| 年初 | 期初现金 | | | | |
| | 广告投放 | | | | |
| | 支付应付税 | | | | |
| 四季经营 | 季初现金盘点 | | | | |
| | 短贷还本付息 | | | | |
| | 申请短期贷款 | | | | |
| | 原材料入库 | | | | |
| | 建/卖生产线 | | | | |
| | 开始下一批生产 | | | | |
| | 应收款收现 | | | | |
| | 管理费 | | | | |
| | 季末收入合计 | | | | |
| | 季末支出合计 | | | | |
| | 季末数额对账 | | | | |
| 年末 | 支付设备维护费 | | | | |
| | 计提折旧 | | | | (　) |
| | 结账 | | | | |

**表 5-61　第六年经营记录表（1）**

| 序号 | 请按顺序执行下列各项操作。每执行完一项操作，总经理在相应的方格内打勾，财务主管在方格中填写现金收支情况 | | | | |
|---|---|---|---|---|---|
| 年初 | 新年度规划会议 | | | | |
| | 参加订货会，支付广告费 | | | | |
| | 参加订货会选取订单/登记销售订单 | | | | |
| | 支付所得税（25%） | | | | |
| 1 | 季初现金盘点（请填余额） | | | | |
| 2 | 更新贷款/还本付息 | | | | |
| 3 | 申请贷款 | | | | |
| 4 | 购买订购的原材料并入库 | | | | |
| 5 | 下原料订单 | | | | |
| 6 | 更新生产/完工入库 | | | | |
| 7 | 购买新生产线/生产线到位 | | | | |
| 8 | 开始下一批生产 | | | | |
| 9 | 更新应收款/应收款收现 | | | | |
| 10 | 按订单交货 | | | | |
| 11 | 产品研发投资 | | | | |
| 12 | 支付行政管理费 | | | | |
| 13 | 其他现金收支情况登记 | | | | |
| 14 | 现金收入合计 | | | | |
| 15 | 现金支出合计 | | | | |
| 16 | 期末现金对账（请填余额） | | | | |
| 年末 | 缴纳违约订单罚款（25%） | | | | |
| | 支付设备维护费 | | | | |
| | 计提折旧 | | | | （　） |
| | 新市场开拓 | | | | |
| | 结账 | | | | |

**表 5-62 第六年经营记录表（2）**

| 操作顺序 | 本表格用于运行过程中记录各生产要素数量变化的台账。生产主管记录生产线上在制品数量（P1/P2）的增减，供应主管记录原料库存数量（R1/R2）的增减，营销主管记录产品库存数量（P1/P2）的增减 | | | | | | | | |
|---|---|---|---|---|---|---|---|---|---|
| | 生产要素 R/P<br>任务清单 | 一季度 | | 二季度 | | 三季度 | | 四季度 | |
| 1 | 季初（ ）盘点数量 | | | | | | | | |
| 2 | 更新贷款/还本付息 | | | | | | | | |
| 3 | 申请贷款 | | | | | | | | |
| 4 | 购买订购的原材料并入库 | | | | | | | | |
| 5 | 下原料订单 | | | | | | | | |
| 6 | 更新生产/完工入库 | | | | | | | | |
| 7 | 购买新生产线/生产线到位 | | | | | | | | |
| 8 | 开始下一批生产 | | | | | | | | |
| 9 | 更新应收款/应收款收现 | | | | | | | | |
| 10 | 按订单交货 | | | | | | | | |
| 11 | 产品研发投资 | | | | | | | | |
| 12 | 支付行政管理费 | | | | | | | | |
| 13 | 其他现金收支情况登记 | | | | | | | | |
| 14 | 本季（ ）入库合计 | | | | | | | | |
| 15 | 本季（ ）出库合计 | | | | | | | | |
| 16 | 季末（ ）库存数量 | | | | | | | | |

## 5.5.4 年终报表

填写表 5-63、表 5-64、表 5-65 和表 5-66。

**表 5-63 第六年产品核算表**

| 项 目 | P1 | P2 | | | 合 计 |
|---|---|---|---|---|---|
| 数 量 | | | | | |
| 销售额 | | | | | |
| 成 本 | | | | | |
| 毛 利 | | | | | |

表 5-64 第六年综合费用明细表

| 项 目 | 金 额 | 备 注 |
| --- | --- | --- |
| 管理费 | | |
| 广告费 | | |
| 维修费 | | |
| 市场准入开拓 | | |
| 产品研发 | | 包括购买资格证书的费用 |
| 其 他 | | |
| 合 计 | | |

表 5-65 第六年利润表

| 项 目 | 运算符号 | 上 年 数 | 本 年 数 |
| --- | --- | --- | --- |
| 销售收入 | | | |
| 直接成本 | − | | |
| 毛 利 | = | | |
| 综合费用 | − | | |
| 折旧前利润 | = | | |
| 折 旧 | − | | |
| 支付利息前利润 | = | | |
| 财务收入/支出 | +/− | | |
| 其他收入/支出 | +/− | | |
| 税前利润 | = | | |
| 所得税 | − | | |
| 净利润 | = | | |

表 5-66 第六年资产负债表

| 项 目 | 金 额 | | 项 目 | 金 额 | |
| --- | --- | --- | --- | --- | --- |
| 流动资产： | 期初 | 期末 | 负债： | 期初 | 期末 |
| 现金 | | | 短期借款 | | |
| 应收款 | | | | | |
| 在制品 | | | 应交税金 | | |
| 产成品 | | | | | |
| 原材料 | | | | | |
| 流动资产合计 | | | 负债合计 | | |
| 固定资产： | | | 所有者权益： | | |
| 厂房 | | | 股东资本 | | |
| 生产线 | | | 利润留存 | | |
| 在建工程 | | | 年度净利润 | | |
| 固定资产合计 | | | 权益合计 | | |
| 资产总计 | | | 负债和权益总计 | | |

### 5.5.5 年度总结

当经营中遇到问题时，应先思考、分析问题，然后找出解决问题的最佳办法。换位思考是解决问题的重要方法。换位思考是ERP沙盘模拟中的重要方法和常用技巧，有着非同寻常的作用。

换位思考应该体现在每一个团队成员身上，它可以让人从多角度看问题，从而更好、更全面地思考、分析问题。它可以让团队成员之间多一份理解，少一份猜疑；多一份情谊，少一份敌意。换位思考更能让团队齐心协力、同舟共济。作为一个团队中的一份子，要充分认识到，相对于团队成员的个人利益，团队利益高于一切。只有有了这种思想，才可能出现一个有利于团队发展的精神导向。一个有思想的团队，才是一个有希望的团队。冷静思考后，我们应具体分析问题，而分析更应讲究方法。虽然事在人为，但不讲究工作方法，只知道蛮干，结果往往是事与愿违、事倍功半。反之，方法适当则会出现事半功倍的效果。分析过程中应注意理性地看问题，决不可感性地提出分析方法，以期解决问题。一个好问题的解决，对于我们来说是一次机遇的来临；而一个坏问题的解决，对于我们而言也不只是一次危机的化解，更是危机与机遇的并存的把握。当团队里出现大大小小的问题时，解决问题就要面对问题，思考分析问题。只要在解决问题的过程中，尽可能多地为对方想一想，将心比心，一切问题就会迎刃而解。

企业内部不同岗位的工作任务不同，工作的方法也有所不同。要想在竞争中立于不败之地，必须准确把握竞争对手的策略、计划，这是我们的重要任务。

在制定年度规划时，虽然有间谍活动得到的信息，但我们仍难以准确把握竞争对手的策略和计划。如何才能知道对手的策略？如果能站在对方的立场看问题，就可以大致推测出他们在想什么、想得到什么、如何操作。转变观念，换位思考，学会站在对方的立场考虑问题，你会发现：对手的所思所想、采用什么策略、使用何种方法，都有可能被自己悟透、掌握。一旦准确推断出对方采用的招数，破解就在情理之中了，你就可以从容应对竞争，胜利就会向你招手。

经营中最难把握的当属营销活动：投放广告和选取订单。市场变化万千，使竞争日趋复杂。谁赢得了市场，谁就赢得了竞争。销售产品获得利润是模拟企业盈利的唯一来源。因此，制定市场销售策略是新年度规划会议的重中之重。有时，我们认为自己的营销策略已经完美无缺，完全能够克敌制胜。但是，当我们看到全部企业的广告投放时，却发现没有取得预想的效果，或没有选到我们理想中的订单，竞争的优势就会受到限制。要想使我们的策略占据优势，需要知道竞争对手的销售策略，有针对性地采取应对措施。如何准确把握竞争对手的策略和计划，除了掌握间谍信息外，还需要营销主管灵敏地观察、准确地判断。这些都需要营销主管在实践中学习和掌握，同时不断地去思考，“悟”出门道，“悟”出技巧。

换位思考是准确判断的重要技巧。通过换位思考，准确判断竞争对手的营销策略、广告投放计划、选单计划，及时制定有针对性的策略与计划，才能有效打击对手，赢得竞争主动，使自己处于竞争的有利地位，取得市场优势。

通常，订单的选取需要考虑以下几个因素：企业产能、产品的销售价格、账期、订单的约束条件等，要力争选到符合企业需要的、毛利及毛利率均高的订单。例如，当我们准确判断出竞争对手需要在此选单回合中选取销售数量少的小订单时，就可以先选取毛利率高的数量少的小订单，下一轮选单时再选数量多的大订单，逼迫竞争对手选取数量少、毛利率低的小订单，达到打击对手、巩固自身优势的目的。在市场选取订单时，选取订单的目标不只是将产品卖光，要通过各个市场产品组合的统筹安排，选取毛利及毛利率均高的订单。在企业产能一定的情况下，取得年度利润最大化。

## 5.6 总结评价，分析研讨

我们将初始年到第六年的模拟经营的主题集中起来，即组建团队，创建企业；学会经营，认识利润；读懂市场，开拓进取；调查研究，提高实力；全面预算，规避破产；计划管理，细节取胜；总体战略，全面提升。七年的经营过程，是我们体验岗位职能、学习经营的过程，是我们提高能力、掌握操作技术的过程，也是我们努力探索、研究发现的过程，同时又是我们启发思维、感受辛酸苦辣、感悟人生的过程。

我们把新年度规划会议的内容汇总起来，包括企业的总体战略、如何进行新年度规划、读懂市场、知己知彼、资金预算、计划管理。当然，要做好这些工作还需要在实践中不断摸索、思考、感悟、总结。

将年终总结汇总起来，包括利润、产能、携手共进、用数据说话、细节决定成败、换位思考。这些是我们在模拟经营过程中必须学会的理论基础、使用的战术和应用的技巧。如果你能够全部掌握并善于应用，胜利就会向你招手。

一轮模拟经营结束，我们要召开经营研讨会，全班同学共同研讨企业经营之道。主要从企业整体经营分析、岗位工作专项分析与评价、具体业务项目分析等方面进行定量、定性分析评价，总结经验教训，取得理论提升。我们要聆听他人发言，取人之长，补己之短；总结经验，吸取教训，避免重蹈覆辙；也要积极发表个人观点，和大家分享对成败的感悟，共谋发展之道。经营研讨书见表5-67。

**表5-67 经营研讨书**

| 一、企业整体经营 | |
|---|---|
| 企业经营业绩 | |
| 企业经营活动的成功之处 | |
| 企业经营活动的问题 | |
| 企业需要改进 | |
| 如何改进 | |
| 企业经营成败的关键 | |
| **二、岗位工作** | |
| 工作完成情况 | |
| 工作收获 | |
| 策略的评价 | |
| **三、具体业务项目** | |
| 业务计划评价 | |
| 计划的改进 | |
| **四、如何进行企业内部评价** | |
| | |
| **五、你的希望和建议** | |
| | |

# 5.7 内部考核，激励进取

企业岗位职责考核表见表 5-68。

表 5-68 企业岗位职责考核表

| 职位 | 工作任务 | 考核内容及标准 | 第一年 | 第二年 | 第三年 | 第四年 | 第五年 | 第六年 | 综合 |
|---|---|---|---|---|---|---|---|---|---|
| 营销主管 | 经营记录 | 台账正确、全面、及时 | | | | | | | |
| | 市场预测、分析及开拓 | 销售计划与执行 | | | | | | | |
| | 广告投放 | 广告费合理 | | | | | | | |
| | 按订单交货 | 按时交货 | | | | | | | |
| | 应收款管理 | 及时收回货款 | | | | | | | |
| 生产主管 | 经营记录 | 台账正确、全面、及时 | | | | | | | |
| | 生产计划与执行 | 计划完成，保证交货 | | | | | | | |
| | 产能计算 | 计算准确无误 | | | | | | | |
| | 设备投资与产品研发 | 把握时机 | | | | | | | |
| | 生产成本计算 | 核算正确 | | | | | | | |
| 供应主管 | 经营记录 | 台账正确、全面、及时 | | | | | | | |
| | 采购计划 | 适配生产计划 | | | | | | | |
| | 采购计划的执行 | 及时、准确下订单 | | | | | | | |
| | 保证供应 | 保障生产 | | | | | | | |
| | 库存管理 | 库存合理，消化及时 | | | | | | | |
| 财务主管 | 经营记录 | 台账正确、全面、及时 | | | | | | | |
| | 资金预算与执行 | 计划合理，资金不断流 | | | | | | | |
| | 融资管理 | 合理、适当 | | | | | | | |
| | 财务报告 | 正确、及时 | | | | | | | |
| | 费用计算 | 及时、准确 | | | | | | | |
| 总经理 | 经营记录 | 台账正确、全面、及时 | | | | | | | |
| | 企业目标的制定 | 目标妥当 | | | | | | | |
| | 目标的达成 | 达成一致 | | | | | | | |
| | 经营流程控制 | 经营过程流畅 | | | | | | | |
| | 团队管理 | 团结、和谐、高效 | | | | | | | |
| 合计 | | | | | | | | | |

## 课外阅读

**【日本如何得到大庆油田的情报】**

20世纪60年代，日本出于战略上的需要，非常重视中国石油行业的发展，于是把掌握大庆油田的情况，作为情报工作的主攻方向。当时，由于各种原因，大庆油田的具体情况是保密的。然而，由官方对外公开播发的极其普通的旨在宣传中国工人阶级伟大精神的照片，在日本信息专家的手里变成了极为重要的经济信息，揭开了大庆油田的秘密。

大庆油田在什么地方？

日本人对大庆油田早有所闻，但始终得不到准确的情报。后来，在1964年4月20日的《人民日报》上看到“大庆精神大庆人”的字句。于是日本人判断“中国的大庆油田，确有其事”。但是，大庆油田究竟在什么地方，日本人还没有材料做出判断。在1966年7月的一期《中国画报》上，日本人看到一张照片。《中国画报》的封面刊出这样一张照片：大庆油田的“铁人”王进喜头戴大狗皮帽，身穿厚棉袄，顶着鹅毛大雪，手握钻机刹把，眺望远方，在他背后远处错落地矗立着星星点点的高大井架。根据对照片的分析，可以断定大庆油田的大致位置在中国东北的北部。日本人根据这张照片上人的服装判定“大庆油田在冬季为零下30度的北满，大致在哈尔滨与齐齐哈尔之间”。其依据是：唯有中国东北的北部寒冷地区，采油工人才必须戴大狗皮帽和穿厚棉袄。后来，到中国来的日本人坐火车时发现，来往东北的油罐车上有很厚的一层土，土的颜色和厚度，证实了“大庆油田在北满”的论断是对的，但大庆油田的具体地点还是不清楚。

日本人又分析有关“铁人”的事迹介绍，王进喜和工人们用肩膀将百吨设备运到油田，表明油田离铁路线不远。据此，他们便轻而易举地标出大庆油田的大致方位。1966年10月，日本人又从《人民中国》杂志的第76页上看到了石油工人王进喜的事迹。分析中得知，最早的钻井在安达东北的北安附近，并且离火车站不会太远。在英雄事迹宣传中有这样一句话，王进喜一到马家窑看到大片荒野说：“好大的油海，把石油工业落后的帽子丢到太平洋去。”于是，日本人从地图上查到“马家窑是位于黑龙江海伦县东南的一个小村，在北安铁路上一个小车站东边十多公里处”。就这样，日本终于把大庆油田的地理位置搞清楚了。

大庆油田有多大规模？

日本人对王进喜事迹的报道做出了如下分析：王进喜是玉门油矿的工人，是1959年9月到北京参加国庆之后志愿去大庆的。大庆油田肯定是1959年以前就开钻了。马家窑是大庆油田的北端，即北起海伦的庆安，西南穿过哈尔滨市与齐齐哈尔市铁路的安达附近，包括公主峰西面的大赉，南北四百公里的范围。估计从北满到松辽油田统称为大庆。根据对照片的分析，可以推断出大庆油田的大致储量和产量。其依据是：可从照片中王进喜所站的钻台上手柄的架式，推算出油井的直径是多少；从王进喜所站的钻台油井，以及他背后隐藏的油井之间的距离和密度，又可基本推算出油田的大致储量和产量。

中国炼油能力如何？

1966年7月，日本人把注意焦点转到炼油设备上，“有心人”终于在《中国画报》上发现一张炼油厂反应塔的照片，日本人就从这张照片推算出了大庆炼油厂的规模和能力。其推算方法也很简单：首先找到反应塔上的扶手栏杆，扶手栏杆一般是 1 米多高，以扶手栏杆和反应塔的直径相比，得知反应塔内径是 5 米。因此，日本人推断，大庆炼油厂的加工能力为每日 900 千升。如以残留油为原油的 30%计算，原油加工能力为每日 3000 千升，一年以 330 天计算，年产量为 100 万千升。而中国当时在大庆已有 820 口井出油，年产量是 360 万吨，估计到 1971 年大庆油田的年产量将达到 1200 万吨。又根据新闻报道王进喜出席了第三届全国人代会，可以肯定油田已出油。

大庆给日本带来了什么机遇？

根据大庆油田出油能力与炼油厂有限的炼油能力，考虑中国当时的技术水准和能力及中国对石油的需求，日本人推断：中国在最近几年因为炼油设备不足，必定会考虑大量引进采油设备。中国要买的设备规模和数量有多大？根据情报分析，要满足日炼油 10000 千升的需要。这是日本在 1966 年根据公开报刊点滴信息做出的判断和决策。

这就是世界著名企业、日本九大商社之一的三菱重工财团的商业情报研究。随后，日本三菱重工财团迅即集中有关专家和人员，在对所获信息进行剖析和处理之后，全面设计出适合中国大庆油田的采油设备，做好充分的夺标准备。果然，中国政府不久向世界市场寻求石油开采设备，三菱重工财团以最快的速度和最符合中国要求的设计获得中国巨额订单，赚了一笔巨额利润。

日本三菱重工财团奉行信息就是企业的生命之信念，它投巨资在世界 115 个国家和地区设立信息站，搜集和了解有关的各类信息。三菱重工财团总公司每天获得的信息处理纸带可绕地球 11 周，其信息意识和信息处理的技术、速度等可见一斑。因此，中国大庆油田的照片，在其手中变成经济信息，继而变成巨额财富这一事实也就不足为奇了。

**【细节造就“经营之神”】**

这是中国台湾“经营之神”台塑集团总裁王永庆的故事。王永庆早年因家贫读不起书，只好去做买卖。1932 年，16 岁的王永庆从老家来到嘉义开一家米店。当时，小小的嘉义已有米店近 30 家，竞争非常激烈。当时仅有 200 元资金的王永庆，只能在一条偏僻的巷子里承租一个很小的铺面。他的米店开办最晚，规模最小，更谈不上知名度了，没有任何优势。在新开张的那段日子里，生意冷冷清清，门可罗雀。怎样才能打开销路呢？王永庆感觉到要想米店在市场上立足，自己就必须有一些别人没做到或做不到的优势才行。仔细思考之后，王永庆很快从提高米的质量和服务上找到了突破口。

20 世纪 30 年代的中国台湾，农村还处在手工作业状态，稻谷收割与加工的技术很落后，稻谷收割后都是铺放在马路上晒干，然后脱粒，沙子、小石子之类的杂物很容易掺杂在里面。用户在做米饭之前，都要经过淘米的程序，有很多不便，但买卖双方对此都习以为常，见怪不怪。王永庆却从这一司空见惯的现象中找到了切入点。他带领两个弟弟一齐动手，不辞辛苦，不怕麻烦，一点一点地将夹杂在米里的杂物拣出来，然后再出售。这样，王永庆米店卖的米质量就要高一个档次，因而深受顾客好评，米店的生意也日渐红火起来。他的台塑集团发展成为中国台湾企业的王中之王，是中国台湾唯一进入“世界企业 50 强”的企业。注重细节，成就了“经营之神”。

# 第六单元　自主经营，实践策略

**学习目标**

① 团队合作完成一轮模拟经营。
② 理解岗位任务要求，完成本职工作。
③ 利用已有知识做好管理工作。
④ 团结协作，创造良好业绩。

下面开始新一轮的模拟经营，每个年度按照统一的时间安排开展企业经营活动。各企业依照顺序进行经营操作，记录并填写相关表格。经营活动的结束，以会计主管准确完成财务报表并上交教师的时间为准。

## 6.1　创建企业，开局布阵——初始年年度经营

### 6.1.1　创建企业

填写表 6-1。

表 6-1　创建企业表

| | | | |
|---|---|---|---|
| 企业名称 | | 组别 | |
| 企业理念 | | | |
| 企业目标 | | | |
| 人员分工 | | | |
| 总经理 | | 财务主管 | |
| 营销主管 | | 生产主管 | |
| 供应主管 | | 会计主管 | |

### 6.1.2　财务报表

填写表 6-2 和表 6-3。

表 6-2 初始年利润表

| 项 目 | 运 算 符 号 | 本 年 数 |
|---|---|---|
| 毛利 | | |
| 综合费用 | − | |
| 税前利润 | = | |
| 所得税 | − | |
| 净利润 | = | |

表 6-3 初始年资产负债表

| 资 产 | 期 末 数 | 负债和所有者权益 | 期 末 数 |
|---|---|---|---|
| 流动资产： | | 负 债： | |
| 现 金 | | 短期借款 | |
| 应收账款 | | | |
| 在制品 | | 应交税金 | |
| 成 品 | | | |
| 原 料 | | | |
| 流动资产合计 | | 负债合计 | |
| 固定资产： | | 所有者权益： | |
| 土地与建筑 | | 股东资本 | |
| 机器与设备 | | 利润留存 | |
| 在建工程 | | 年度净利 | |
| 固定资产合计 | | 所有者权益合计 | |
| 资产总计 | | 负债和所有者权益总计 | |

# 6.2 卧薪尝胆，苦心经营——第一年年度经营

## 6.2.1 新年度规划

填写表 6-4。

表 6-4 第一年年度计划书

| | |
|---|---|
| 企业年度规划 | |
| 职能策略 | |
| 业务计划 | |
| 计划落实措施 | |
| 计划实施记录 | |

## 6.2.2 年度经营

按照经营操作顺序，进行具体的经营活动，填写表 6-5、表 6-6、表 6-7 和表 6-8。

表 6-5　第一年订单登记表

| 订单号 | | | | | | 合　计 |
|---|---|---|---|---|---|---|
| 市　场 | | | | | | |
| 产　品 | | | | | | |
| 数　量 | | | | | | |
| 账　期 | | | | | | |
| 销售额 | | | | | | |
| 成　本 | | | | | | |
| 毛　利 | | | | | | |
| 未　售 | | | | | | |

表 6-6　第一年资金预算表

| | | | | | |
|---|---|---|---|---|---|
| 年初 | 期初现金 | | | | |
| | 广告投放 | | | | |
| | 支付所得税 | | | | |
| 四季经营 | 季初现金盘点 | | | | |
| | 短贷还本付息 | | | | |
| | 申请短期贷款 | | | | |
| | 原材料入库 | | | | |
| | 建/卖生产线 | | | | |
| | 开始下一批生产 | | | | |
| | 应收款收现 | | | | |
| | 管理费 | | | | |
| | 季末收入合计 | | | | |
| | 季末支出合计 | | | | |
| | 季末数额对账 | | | | |
| 年末 | 支付设备维护费 | | | | |
| | 计提折旧 | | | | (　　) |
| | 结账 | | | | |

表 6-7　第一年经营记录表（1）

| 序号 | 请按顺序执行下列各项操作。每执行完一项操作，总经理在相应的方格内打勾，财务主管在方格中填写现金收支情况 | | | | |
|---|---|---|---|---|---|
| 年初 | 新年度规划会议 | | | | |
| | 参加订货会，支付广告费 | | | | |
| | 参加订货会选取订单/登记销售订单 | | | | |
| | 支付所得税（25%） | | | | |
| 1 | 季初现金盘点（请填余额） | | | | |
| 2 | 更新贷款/还本付息 | | | | |
| 3 | 申请贷款 | | | | |
| 4 | 购买订购的原材料并入库 | | | | |
| 5 | 下原料订单 | | | | |
| 6 | 更新生产/完工入库 | | | | |
| 7 | 购买新生产线/生产线到位 | | | | |
| 8 | 开始下一批生产 | | | | |
| 9 | 更新应收款/应收款收现 | | | | |
| 10 | 按订单交货 | | | | |
| 11 | 产品研发投资 | | | | |
| 12 | 支付行政管理费 | | | | |
| 13 | 其他现金收支情况登记 | | | | |
| 14 | 现金收入合计 | | | | |
| 15 | 现金支出合计 | | | | |
| 16 | 期末现金对账（请填余额） | | | | |
| 年末 | 缴纳违约订单罚款（25%） | | | | |
| | 支付设备维护费 | | | | |
| | 计提折旧 | | | | （　） |
| | 新市场开拓 | | | | |
| | 结账 | | | | |

**表 6-8　第一年经营记录表（2）**

| 操作顺序 | 本表格用于运行过程中记录各生产要素数量变化的台账。生产主管记录生产线上在制品数量（P1/P2）的增减，供应主管记录原料库存数量（R1/R2）的增减，营销主管记录产品库存数量（P1/P2）的增减 | | | | | | | | |
|---|---|---|---|---|---|---|---|---|---|
| | 生产要素 R/P 任务清单 | 一季度 | | 二季度 | | 三季度 | | 四季度 | |
| 1 | 季初（　　）盘点数量 | | | | | | | | |
| 2 | 更新贷款/还本付息 | | | | | | | | |
| 3 | 申请贷款 | | | | | | | | |
| 4 | 购买订购的原材料并入库 | | | | | | | | |
| 5 | 下原料订单 | | | | | | | | |
| 6 | 更新生产/完工入库 | | | | | | | | |
| 7 | 购买生产线/生产线到位 | | | | | | | | |
| 8 | 开始下一批生产 | | | | | | | | |
| 9 | 更新应收款/应收款收现 | | | | | | | | |
| 10 | 按订单交货 | | | | | | | | |
| 11 | 产品研发投资 | | | | | | | | |
| 12 | 支付行政管理费 | | | | | | | | |
| 13 | 其他现金收支情况登记 | | | | | | | | |
| 14 | 本季（　　）入库合计 | | | | | | | | |
| 15 | 本季（　　）出库合计 | | | | | | | | |
| 16 | 季末（　　）库存数量 | | | | | | | | |

## 6.2.3　年终报表

填写表 6-9、表 6-10、表 6-11 和表 6-12。

**表 6-9　第一年产品核算表**

| 项　目 | P1 | P2 | | | 合　计 |
|---|---|---|---|---|---|
| 数　量 | | | | | |
| 销售额 | | | | | |
| 成　本 | | | | | |
| 毛　利 | | | | | |

表 6-10　第一年综合费用明细表

| 项　目 | 金　额 | 备　注 |
|---|---|---|
| 管理费 | | |
| 广告费 | | |
| 维修费 | | |
| 市场准入开拓 | | |
| 产品研发 | | 包括购买资格证书的费用 |
| 其　他 | | |
| 合　计 | | |

表 6-11　第一年利润表

| 项　目 | 运算符号 | 上年数 | 本年数 |
|---|---|---|---|
| 销售收入 | | | |
| 直接成本 | － | | |
| 毛　利 | ＝ | | |
| 综合费用 | － | | |
| 折旧前利润 | ＝ | | |
| 折　旧 | － | | |
| 支付利息前利润 | ＝ | | |
| 财务收入/支出 | ＋/－ | | |
| 其他收入/支出 | ＋/－ | | |
| 税前利润 | ＝ | | |
| 所得税 | － | | |
| 净利润 | ＝ | | |

表 6-12　第一年资产负债表

| 资　产 | 期初数 | 期末数 | 负债和所有者权益 | 期初数 | 期末数 |
|---|---|---|---|---|---|
| 流动资产： | | | 负　债： | | |
| 现　金 | | | 短期借款 | | |
| 应收账款 | | | | | |
| 在制品 | | | 应交税金 | | |
| 成　品 | | | | | |
| 原　料 | | | | | |
| 流动资产合计 | | | 负债合计 | | |
| 固定资产： | | | 所有者权益： | | |
| 土地与建筑 | | | 股东资本 | | |
| 机器与设备 | | | 利润留存 | | |
| 在建工程 | | | 年度净利 | | |
| 固定资产合计 | | | 所有者权益合计 | | |
| 资产总计 | | | 负债和所有者权益总计 | | |

### 6.2.4 年终总结研讨

填写表 6-13。

表 6-13 第一年年终总结研讨书

| | |
|---|---|
| 如何成为一个合格的总经理 | |
| 成功之处 | |
| 存在的问题 | |
| 计划评价 | |
| 改进设想 | |

## 6.3 开拓进取，多元发展——第二年年度经营

### 6.3.1 间谍活动

填写表 6-14。

表 6-14 第二年间谍活动用表

| 队别 | 资金 | | 区域市场开拓 | P2产品研发 | 生产设备 | | 产品 | | | | 原材料 | | | |
|---|---|---|---|---|---|---|---|---|---|---|---|---|---|---|
| | 现金 | 贷款 | | | 手工 | 自动 | 库存 | | 在制 | | 库存 | | 订购 | |
| | | | | | | | P1 | P2 | P1 | P2 | R1 | R2 | R1 | R2 |
| A | | | | | | | | | | | | | | |
| B | | | | | | | | | | | | | | |
| C | | | | | | | | | | | | | | |
| D | | | | | | | | | | | | | | |
| E | | | | | | | | | | | | | | |
| F | | | | | | | | | | | | | | |
| G | | | | | | | | | | | | | | |
| H | | | | | | | | | | | | | | |
| 汇总 | | | | | | | | | | | | | | |

### 6.3.2 新年度规划

填写表 6-15。

表 6-15 第二年年度计划书

| | |
|---|---|
| 企业年度规划 | |
| 职能策略 | |
| 业务计划 | |
| 计划落实措施 | |
| 计划实施记录 | |

## 6.3.3 年度经营

填写表 6-16、表 6-17、表 6-18 和表 6-19。

表 6-16 第二年订单登记表

| 订单号 | | | | | | | 合 计 |
|---|---|---|---|---|---|---|---|
| 市 场 | | | | | | | |
| 产 品 | | | | | | | |
| 数 量 | | | | | | | |
| 账 期 | | | | | | | |
| 销售额 | | | | | | | |
| 成 本 | | | | | | | |
| 毛 利 | | | | | | | |
| 未 售 | | | | | | | |

表 6-17 第二年资金预算表

| | | | | | |
|---|---|---|---|---|---|
| 年初 | 期初现金 | | | | |
| | 广告投放 | | | | |
| | 支付所得税 | | | | |
| 四季经营 | 季初现金盘点 | | | | |
| | 短贷还本付息 | | | | |
| | 申请短期贷款 | | | | |
| | 原材料入库 | | | | |
| | 建/卖生产线 | | | | |
| | 开始下一批生产 | | | | |
| | 应收款收现 | | | | |
| | 管理费 | | | | |
| | 季末收入合计 | | | | |
| | 季末支出合计 | | | | |
| | 季末数额对账 | | | | |
| 年末 | 支付设备维护费 | | | | |
| | 计提折旧 | | | | （ ） |
| | 结账 | | | | |

**表6-18 第二年经营记录表（1）**

| 序号 | 请按顺序执行下列各项操作。每执行完一项操作，总经理在相应的方格内打勾，财务主管在方格中填写现金收支情况 | | | | |
|---|---|---|---|---|---|
| 年初 | 新年度规划会议 | | | | |
| | 参加订货会，支付广告费 | | | | |
| | 参加订货会选取订单/登记销售订单 | | | | |
| | 支付所得税（25%） | | | | |
| 1 | 季初现金盘点（请填余额） | | | | |
| 2 | 更新贷款/还本付息 | | | | |
| 3 | 申请贷款 | | | | |
| 4 | 购买订购的原材料并入库 | | | | |
| 5 | 下原料订单 | | | | |
| 6 | 更新生产/完工入库 | | | | |
| 7 | 购买新生产线/生产线到位 | | | | |
| 8 | 开始下一批生产 | | | | |
| 9 | 更新应收款/应收款收现 | | | | |
| 10 | 按订单交货 | | | | |
| 11 | 产品研发投资 | | | | |
| 12 | 支付行政管理费 | | | | |
| 13 | 其他现金收支情况登记 | | | | |
| 14 | 现金收入合计 | | | | |
| 15 | 现金支出合计 | | | | |
| 16 | 期末现金对账（请填余额） | | | | |
| 年末 | 缴纳违约订单罚款（25%） | | | | |
| | 支付设备维护费 | | | | |
| | 计提折旧 | | | | （ ） |
| | 新市场开拓 | | | | |
| | 结账 | | | | |

**表 6-19 第二年经营记录表（2）**

| 操作顺序 | 本表格用于运行过程中记录各生产要素数量变化的台账。生产主管记录生产线上在制品数量（P1/P2）的增减，供应主管记录原料库存数量（R1/R2）的增减，营销主管记录产品库存数量（P1/P2）的增减 | | | | | | | | |
|---|---|---|---|---|---|---|---|---|---|
| | 生产要素 R/P 任务清单 | 一季度 | | 二季度 | | 三季度 | | 四季度 | |
| | | | | | | | | | |
| 1 | 季初（　　）盘点数量 | | | | | | | | |
| 2 | 更新贷款/还本付息 | | | | | | | | |
| 3 | 申请贷款 | | | | | | | | |
| 4 | 购买订购的原材料并入库 | | | | | | | | |
| 5 | 下原料订单 | | | | | | | | |
| 6 | 更新生产/完工入库 | | | | | | | | |
| 7 | 购买生产线/生产线到位 | | | | | | | | |
| 8 | 开始下一批生产 | | | | | | | | |
| 9 | 更新应收款/应收款收现 | | | | | | | | |
| 10 | 按订单交货 | | | | | | | | |
| 11 | 产品研发投资 | | | | | | | | |
| 12 | 支付行政管理费 | | | | | | | | |
| 13 | 其他现金收支情况登记 | | | | | | | | |
| 14 | 本季（　　）入库合计 | | | | | | | | |
| 15 | 本季（　　）出库合计 | | | | | | | | |
| 16 | 季末（　　）库存数量 | | | | | | | | |

## 6.3.4 年终报表

填写表 6-20、表 6-21、表 6-22 和表 6-23。

**表 6-20 第二年产品核算表**

| 项　目 | P1 | P2 | | | 合　计 |
|---|---|---|---|---|---|
| 数　量 | | | | | |
| 销售额 | | | | | |
| 成　本 | | | | | |
| 毛　利 | | | | | |

表 6-21 第二年综合费用明细表

| 项 目 | 金 额 | 备 注 |
| --- | --- | --- |
| 管理费 | | |
| 广告费 | | |
| 维修费 | | |
| 市场准入开拓 | | |
| 产品研发 | | 包括购买资格证书的费用 |
| 其 他 | | |
| 合 计 | | |

表 6-22 第二年利润表

| 项 目 | 运算符号 | 上 年 数 | 本 年 数 |
| --- | --- | --- | --- |
| 销售收入 | | | |
| 直接成本 | − | | |
| 毛 利 | = | | |
| 综合费用 | − | | |
| 折旧前利润 | = | | |
| 折 旧 | − | | |
| 支付利息前利润 | = | | |
| 财务收入/支出 | +/− | | |
| 其他收入/支出 | +/− | | |
| 税前利润 | = | | |
| 所得税 | − | | |
| 净利润 | = | | |

表 6-23 第二年资产负债表

| 资 产 | 期 初 数 | 期 末 数 | 负债和所有者权益 | 期 初 数 | 期 末 数 |
| --- | --- | --- | --- | --- | --- |
| 流动资产： | | | 负 债： | | |
| 现 金 | | | 短期借款 | | |
| 应收账款 | | | | | |
| 在制品 | | | 应交税金 | | |
| 成 品 | | | | | |
| 原 料 | | | | | |
| 流动资产合计 | | | 负债合计 | | |
| 固定资产： | | | 所有者权益： | | |
| 土地与建筑 | | | 股东资本 | | |
| 机器与设备 | | | 利润留存 | | |
| 在建工程 | | | 年度净利 | | |
| 固定资产合计 | | | 所有者权益合计 | | |
| 资产总计 | | | 负债和所有者权益总计 | | |

### 6.3.5 年终总结研讨

填写表 6-24。

表 6-24 第二年年终总结研讨书

| | |
|---|---|
| 如何做一个合格的财务主管 | |
| 成功之处 | |
| 存在问题 | |
| 计划评价 | |
| 改进设想 | |

## 6.4 科学发展，提升实力——第三年年度经营

### 6.4.1 间谍活动

填写表 6-25。

表 6-25 第三年间谍活动用表

| 队别 | 资金 | | 区域市场开拓 | P2 产品研发 | 生产设备 | | 产品 | | | | 原材料 | | | |
|---|---|---|---|---|---|---|---|---|---|---|---|---|---|---|
| | | | | | | | 库存 | | 在制 | | 库存 | | 订购 | |
| | 现金 | 贷款 | | | 手工 | 自动 | P1 | P2 | P1 | P2 | R1 | R2 | R1 | R2 |
| A | | | | | | | | | | | | | | |
| B | | | | | | | | | | | | | | |
| C | | | | | | | | | | | | | | |
| D | | | | | | | | | | | | | | |
| E | | | | | | | | | | | | | | |
| F | | | | | | | | | | | | | | |
| G | | | | | | | | | | | | | | |
| H | | | | | | | | | | | | | | |
| 汇总 | | | | | | | | | | | | | | |

### 6.4.2 新年度规划

填写表 6-26。

**表 6-26 第三年年度计划书**

| | |
|---|---|
| 企业年度规划 | |
| 职能策略 | |
| 业务计划 | |
| 计划落实措施 | |
| 计划实施记录 | |

## 6.4.3 年度经营

填写表 6-27、表 6-28、表 6-29 和表 6-30。

**表 6-27 第三年订单登记表**

| 订单号 | | | | | | | | | | | 合 计 |
|---|---|---|---|---|---|---|---|---|---|---|---|
| 市 场 | | | | | | | | | | | |
| 产 品 | | | | | | | | | | | |
| 数 量 | | | | | | | | | | | |
| 账 期 | | | | | | | | | | | |
| 销售额 | | | | | | | | | | | |
| 成 本 | | | | | | | | | | | |
| 毛 利 | | | | | | | | | | | |
| 未 售 | | | | | | | | | | | |

**表 6-28 第三年资金预算表**

| | | | | | |
|---|---|---|---|---|---|
| 年初 | 期初现金 | | | | |
| | 广告投放 | | | | |
| | 支付所得税 | | | | |
| 四季经营 | 季初现金盘点 | | | | |
| | 短贷还本付息 | | | | |
| | 申请短期贷款 | | | | |
| | 原材料入库 | | | | |
| | 建/卖生产线 | | | | |
| | 开始下一批生产 | | | | |
| | 应收款收现 | | | | |
| | 管理费 | | | | |
| | 季末收入合计 | | | | |
| | 季末支出合计 | | | | |
| | 季末数额对账 | | | | |
| 年末 | 支付设备维护费 | | | | |
| | 计提折旧 | | | | （ ） |
| | 结 账 | | | | |

表 6-29　第三年经营记录表（1）

| 序号 | 请按顺序执行下列各项操作。每执行完一项操作，总经理在相应的方格内打勾，财务主管在方格中填写现金收支情况 | | | | |
|---|---|---|---|---|---|
| 年初 | 新年度规划会议 | | | | |
| | 参加订货会，支付广告费 | | | | |
| | 参加订货会选取订单/登记销售订单 | | | | |
| | 支付所得税（25%） | | | | |
| 1 | 季初现金盘点（请填余额） | | | | |
| 2 | 更新贷款/还本付息 | | | | |
| 3 | 申请贷款 | | | | |
| 4 | 购买订购的原材料并入库 | | | | |
| 5 | 下原料订单 | | | | |
| 6 | 更新生产/完工入库 | | | | |
| 7 | 购买新生产线/生产线到位 | | | | |
| 8 | 开始下一批生产 | | | | |
| 9 | 更新应收款/应收款收现 | | | | |
| 10 | 按订单交货 | | | | |
| 11 | 产品研发投资 | | | | |
| 12 | 支付行政管理费 | | | | |
| 13 | 其他现金收支情况登记 | | | | |
| 14 | 现金收入合计 | | | | |
| 15 | 现金支出合计 | | | | |
| 16 | 期末现金对账（请填余额） | | | | |
| 年末 | 缴纳违约订单罚款（25%） | | | | |
| | 支付设备维护费 | | | | |
| | 计提折旧 | | | | |
| | 新市场开拓 | | | | |
| | 结账 | | | | |

**表 6-30　第三年经营记录表（2）**

| 操作顺序 | 任务清单 | 一季度 | | 二季度 | | 三季度 | | 四季度 | |
|---|---|---|---|---|---|---|---|---|---|
| | 本表格用于运行过程中记录各生产要素数量变化的台账。生产主管记录生产线上在制品数量（P1/P2）的增减，供应主管记录原料库存数量（R1/R2）的增减，营销主管记录产品库存数量（P1/P2）的增减 | | | | | | | | |
| | 生产要素 R/P 任务清单 | | | | | | | | |
| 1 | 季初（　　　）盘点数量 | | | | | | | | |
| 2 | 更新贷款/还本付息 | | | | | | | | |
| 3 | 申请贷款 | | | | | | | | |
| 4 | 购买订购的原材料并入库 | | | | | | | | |
| 5 | 下原料订单 | | | | | | | | |
| 6 | 更新生产/完工入库 | | | | | | | | |
| 7 | 购买生产线/生产线到位 | | | | | | | | |
| 8 | 开始下一批生产 | | | | | | | | |
| 9 | 更新应收款/应收款收现 | | | | | | | | |
| 10 | 按订单交货 | | | | | | | | |
| 11 | 产品研发投资 | | | | | | | | |
| 12 | 支付行政管理费 | | | | | | | | |
| 13 | 其他现金收支情况登记 | | | | | | | | |
| 14 | 本季（　　　）入库合计 | | | | | | | | |
| 15 | 本季（　　　）出库合计 | | | | | | | | |
| 16 | 季末（　　　）库存数量 | | | | | | | | |

## 6.4.4　年终报表

填写表 6-31、表 6-32、表 6-33 和表 6-34。

**表 6-31　第三年产品核算表**

| 项　目 | P1 | P2 | | | 合　计 |
|---|---|---|---|---|---|
| 数　量 | | | | | |
| 销售额 | | | | | |
| 成　本 | | | | | |
| 毛　利 | | | | | |

表 6-32　第三年综合费用明细表

| 项　目 | 金　额 | 备　注 |
|---|---|---|
| 管理费 | | |
| 广告费 | | |
| 维修费 | | |
| 市场准入开拓 | | |
| 产品研发 | | 包括购买资格证书的费用 |
| 其　他 | | |
| 合　计 | | |

表 6-33　第三年利润表

| 项　目 | 运算符号 | 上 年 数 | 本 年 数 |
|---|---|---|---|
| 销售收入 | | | |
| 直接成本 | － | | |
| 毛　利 | ＝ | | |
| 综合费用 | － | | |
| 折旧前利润 | ＝ | | |
| 折　旧 | － | | |
| 支付利息前利润 | ＝ | | |
| 财务收入/支出 | +/－ | | |
| 其他收入/支出 | +/－ | | |
| 税前利润 | ＝ | | |
| 所得税 | － | | |
| 净利润 | ＝ | | |

表 6-34　第三年资产负债表

| 资　产 | 期 初 数 | 期 末 数 | 负债和所有者权益 | 期 初 数 | 期 末 数 |
|---|---|---|---|---|---|
| 流动资产： | | | 负　债： | | |
| 现　金 | | | 短期借款 | | |
| 应收账款 | | | | | |
| 在制品 | | | 应交税金 | | |
| 成　品 | | | | | |
| 原　料 | | | | | |
| 流动资产合计 | | | 负债合计 | | |
| 固定资产： | | | 所有者权益： | | |
| 土地与建筑 | | | 股东资本 | | |
| 机器与设备 | | | 利润留存 | | |
| 在建工程 | | | 年度净利 | | |
| 固定资产合计 | | | 所有者权益合计 | | |
| 资产总计 | | | 负债和所有者权益总计 | | |

### 6.4.5　年终总结研讨

填写表 6-35。

表 6-35　第三年年终总结研讨书

| | |
|---|---|
| 如何做一个合格的营销主管 | |
| 成功之处 | |
| 存在的问题 | |
| 计划评价 | |
| 改进设想 | |

## 6.5　危机四伏，智渡难关——第四年年度经营

### 6.5.1　间谍活动

填写表 6-36。

表 6-36　第四年间谍活动用表

| 队别 | 资金 | | 区域市场开拓 | P2产品研发 | 生产设备 | | 产品 | | | | 原材料 | | | |
|---|---|---|---|---|---|---|---|---|---|---|---|---|---|---|
| | 现金 | 贷款 | | | 手工 | 自动 | 库存 | | 在制 | | 库存 | | 订购 | |
| | | | | | | | P1 | P2 | P1 | P2 | R1 | R2 | R1 | R2 |
| A | | | | | | | | | | | | | | |
| B | | | | | | | | | | | | | | |
| C | | | | | | | | | | | | | | |
| D | | | | | | | | | | | | | | |
| E | | | | | | | | | | | | | | |
| F | | | | | | | | | | | | | | |
| G | | | | | | | | | | | | | | |
| H | | | | | | | | | | | | | | |
| 汇总 | | | | | | | | | | | | | | |

### 6.5.2　新年度规划

填写表 6-37。

**表 6-37 第四年年度计划书**

| | |
|---|---|
| 企业年度规划 | |
| 职能策略 | |
| 业务计划 | |
| 计划落实措施 | |
| 计划实施记录 | |

## 6.5.3 年度经营

填写表 6-38、表 6-39、表 6-40 和表 6-41。

**表 6-38 第四年订单登记表**

| 订单号 | | | | | | | | | | | 合 计 |
|---|---|---|---|---|---|---|---|---|---|---|---|
| 市 场 | | | | | | | | | | | |
| 产 品 | | | | | | | | | | | |
| 数 量 | | | | | | | | | | | |
| 账 期 | | | | | | | | | | | |
| 销售额 | | | | | | | | | | | |
| 成 本 | | | | | | | | | | | |
| 毛 利 | | | | | | | | | | | |
| 未 售 | | | | | | | | | | | |

**表 6-39 第四年资金预算表**

| | | | | | |
|---|---|---|---|---|---|
| 年初 | 期初现金 | | | | |
| | 广告投放 | | | | |
| | 支付所得税 | | | | |
| 四季经营 | 季初现金盘点 | | | | |
| | 短贷还本付息 | | | | |
| | 申请短期贷款 | | | | |
| | 原材料入库 | | | | |
| | 建/卖生产线 | | | | |
| | 开始下一批生产 | | | | |
| | 应收款收现 | | | | |
| | 管理费 | | | | |
| | 季末收入合计 | | | | |
| | 季末支出合计 | | | | |
| | 季末数额对账 | | | | |
| 年末 | 支付设备维护费 | | | | |
| | 计提折旧 | | | | （ ） |
| | 结账 | | | | |

**表 6-40 第四年经营记录表（1）**

| 序号 | 请按顺序执行下列各项操作。每执行完一项操作，总经理在相应的方格内打勾，财务主管在方格中填写现金收支情况 | | | | |
|---|---|---|---|---|---|
| 年初 | 新年度规划会议 | | | | |
| | 参加订货会，支付广告费 | | | | |
| | 参加订货会选取订单/登记销售订单 | | | | |
| | 支付所得税（25%） | | | | |
| 1 | 季初现金盘点（请填余额） | | | | |
| 2 | 更新贷款/还本付息 | | | | |
| 3 | 申请贷款 | | | | |
| 4 | 购买订购的原材料并入库 | | | | |
| 5 | 下原料订单 | | | | |
| 6 | 更新生产/完工入库 | | | | |
| 7 | 购买新生产线/生产线到位 | | | | |
| 8 | 开始下一批生产 | | | | |
| 9 | 更新应收款/应收款收现 | | | | |
| 10 | 按订单交货 | | | | |
| 11 | 产品研发投资 | | | | |
| 12 | 支付行政管理费 | | | | |
| 13 | 其他现金收支情况登记 | | | | |
| 14 | 现金收入合计 | | | | |
| 15 | 现金支出合计 | | | | |
| 16 | 期末现金对账（请填余额） | | | | |
| 年末 | 缴纳违约订单罚款（25%） | | | | |
| | 支付设备维护费 | | | | |
| | 计提折旧 | | | | （ ） |
| | 新市场开拓 | | | | |
| | 结账 | | | | |

表 6-41 第四年经营记录表（2）

| 操作顺序 | 本表格用于运行过程中记录各生产要素数量变化的台账。生产主管记录生产线上在制品数量（P1/P2）的增减，供应主管记录原料库存数量（R1/R2）的增减，营销主管记录产品库存数量（P1/P2）的增减 | | | | | | | | |
|---|---|---|---|---|---|---|---|---|---|
| | 生产要素 R/P<br>任务清单 | 一季度 | | 二季度 | | 三季度 | | 四季度 | |
| | | | | | | | | | |
| 1 | 季初（ ）盘点数量 | | | | | | | | |
| 2 | 更新贷款/还本付息 | | | | | | | | |
| 3 | 申请贷款 | | | | | | | | |
| 4 | 购买订购的原材料并入库 | | | | | | | | |
| 5 | 下原料订单 | | | | | | | | |
| 6 | 更新生产/完工入库 | | | | | | | | |
| 7 | 购买生产线/生产线到位 | | | | | | | | |
| 8 | 开始下一批生产 | | | | | | | | |
| 9 | 更新应收款/应收款收现 | | | | | | | | |
| 10 | 按订单交货 | | | | | | | | |
| 11 | 产品研发投资 | | | | | | | | |
| 12 | 支付行政管理费 | | | | | | | | |
| 13 | 其他现金收支情况登记 | | | | | | | | |
| 14 | 本季（ ）入库合计 | | | | | | | | |
| 15 | 本季（ ）出库合计 | | | | | | | | |
| 16 | 季末（ ）库存数量 | | | | | | | | |

## 6.5.4 年终报表

填写表 6-42、表 6-43、表 6-44 和表 6-45。

表 6-42 第四年产品核算表

| 项 目 | P1 | P2 | | | 合 计 |
|---|---|---|---|---|---|
| 数 量 | | | | | |
| 销售额 | | | | | |
| 成 本 | | | | | |
| 毛 利 | | | | | |

**表 6-43 第四年综合费用明细表**

| 项 目 | 金 额 | 备 注 |
|---|---|---|
| 管理费 | | |
| 广告费 | | |
| 维修费 | | |
| 市场准入开拓 | | |
| 产品研发 | | 包括购买资格证书的费用 |
| 其 他 | | |
| 合 计 | | |

**表 6-44 第四年利润表**

| 项 目 | 运算符号 | 上 年 数 | 本 年 数 |
|---|---|---|---|
| 销售收入 | | | |
| 直接成本 | － | | |
| 毛 利 | ＝ | | |
| 综合费用 | － | | |
| 折旧前利润 | ＝ | | |
| 折 旧 | － | | |
| 支付利息前利润 | ＝ | | |
| 财务收入/支出 | +/－ | | |
| 其他收入/支出 | +/－ | | |
| 税前利润 | ＝ | | |
| 所得税 | － | | |
| 净利润 | ＝ | | |

**表 6-45 第四年资产负债表**

| 资 产 | 期 初 数 | 期 末 数 | 负债和所有者权益 | 期 初 数 | 期 末 数 |
|---|---|---|---|---|---|
| 流动资产： | | | 负 债： | | |
| 现 金 | | | 短期借款 | | |
| 应收账款 | | | | | |
| 在制品 | | | 应交税金 | | |
| 成 品 | | | | | |
| 原 料 | | | | | |
| 流动资产合计 | | | 负债合计 | | |
| 固定资产： | | | 所有者权益： | | |
| 土地与建筑 | | | 股东资本 | | |
| 机器与设备 | | | 利润留存 | | |
| 在建工程 | | | 年度净利 | | |
| 固定资产合计 | | | 所有者权益合计 | | |
| 资产总计 | | | 负债和所有者权益总计 | | |

### 6.5.5 年终总结研讨

填写表 6-46。

表 6-46 第四年年终总结研讨书

| | |
|---|---|
| 如何做一个合格的生产主管 | |
| 成功之处 | |
| 存在的问题 | |
| 计划评价 | |
| 改进设想 | |

## 6.6 短兵相接，激战正酣——第五年年度经营

### 6.6.1 间谍活动

填写表 6-47。

表 6-47 第五年间谍活动用表

| 队别 | 资金 | | 区域市场开拓 | P2 产品研发 | 生产设备 | | 产品 | | | | 原材料 | | | |
|---|---|---|---|---|---|---|---|---|---|---|---|---|---|---|
| | 现金 | 贷款 | | | 手工 | 自动 | 库存 | | 在制 | | 库存 | | 订购 | |
| | | | | | | | P1 | P2 | P1 | P2 | R1 | R2 | R1 | R2 |
| A | | | | | | | | | | | | | | |
| B | | | | | | | | | | | | | | |
| C | | | | | | | | | | | | | | |
| D | | | | | | | | | | | | | | |
| E | | | | | | | | | | | | | | |
| F | | | | | | | | | | | | | | |
| G | | | | | | | | | | | | | | |
| H | | | | | | | | | | | | | | |
| 汇总 | | | | | | | | | | | | | | |

### 6.6.2 新年度规划

填写表 6-48。

**表 6-48　第五年年度计划书**

| | |
|---|---|
| 年度规划 | |
| 职能策略 | |
| 业务计划 | |
| 计划落实措施 | |
| 计划实施记录 | |

## 6.6.3　年度经营

填写表 6-49、表 6-50、表 6-51 和表 6-52。

**表 6-49　第五年订单登记表**

| 订单号 | | | | | | | | | | | 合　计 |
|---|---|---|---|---|---|---|---|---|---|---|---|
| 市　场 | | | | | | | | | | | |
| 产　品 | | | | | | | | | | | |
| 数　量 | | | | | | | | | | | |
| 账　期 | | | | | | | | | | | |
| 销售额 | | | | | | | | | | | |
| 成　本 | | | | | | | | | | | |
| 毛　利 | | | | | | | | | | | |
| 未　售 | | | | | | | | | | | |

**表 6-50　第五年资金预算表**

| | | | | | |
|---|---|---|---|---|---|
| 年初 | 期初现金 | | | | |
| | 广告投放 | | | | |
| | 支付所得税 | | | | |
| 四季经营 | 季初现金盘点 | | | | |
| | 短贷还本付息 | | | | |
| | 申请短期贷款 | | | | |
| | 原材料入库 | | | | |
| | 建/卖生产线 | | | | |
| | 开始下一批生产 | | | | |
| | 应收款收现 | | | | |
| | 管理费 | | | | |
| | 季末收入合计 | | | | |
| | 季末支出合计 | | | | |
| | 季末数额对账 | | | | |
| 年末 | 支付设备维护费 | | | | |
| | 计提折旧 | | | | （ ） |
| | 结　账 | | | | |

表 6-51 第五年经营记录表（1）

| 序号 | 请按顺序执行下列各项操作。每执行完一项操作，总经理在相应的方格内打勾，财务主管在方格中填写现金收支情况 | | | | |
|---|---|---|---|---|---|
| 年初 | 新年度规划会议 | | | | |
| | 参加订货会，支付广告费 | | | | |
| | 参加订货会选取订单/登记销售订单 | | | | |
| | 支付所得税（25%） | | | | |
| 1 | 季初现金盘点（请填余额） | | | | |
| 2 | 更新贷款/还本付息 | | | | |
| 3 | 申请贷款 | | | | |
| 4 | 购买订购的原材料并入库 | | | | |
| 5 | 下原料订单 | | | | |
| 6 | 更新生产/完工入库 | | | | |
| 7 | 购买新生产线/生产线到位 | | | | |
| 8 | 开始下一批生产 | | | | |
| 9 | 更新应收款/应收款收现 | | | | |
| 10 | 按订单交货 | | | | |
| 11 | 产品研发投资 | | | | |
| 12 | 支付行政管理费 | | | | |
| 13 | 其他现金收支情况登记 | | | | |
| 14 | 现金收入合计 | | | | |
| 15 | 现金支出合计 | | | | |
| 16 | 期末现金对账（请填余额） | | | | |
| 年末 | 缴纳违约订单罚款（25%） | | | | |
| | 支付设备维护费 | | | | |
| | 计提折旧 | | | | （ ） |
| | 新市场开拓 | | | | |
| | 结账 | | | | |

**表 6-52 第五年经营记录表（2）**

| 操作顺序 | 本表格用于运行过程中记录各生产要素数量变化的台账。生产主管记录生产线上在制品数量（P1/P2）的增减，供应主管记录原料库存数量（R1/R2）的增减，营销主管记录产品库存数量（P1/P2）的增减 | | | | | | | | |
|---|---|---|---|---|---|---|---|---|---|
| | 生产要素 R/P<br>任务清单 | 一季度 | | 二季度 | | 三季度 | | 四季度 | |
| 1 | 季初（　　）盘点数量 | | | | | | | | |
| 2 | 更新贷款/还本付息 | | | | | | | | |
| 3 | 申请贷款 | | | | | | | | |
| 4 | 购买订购的原材料并入库 | | | | | | | | |
| 5 | 下原料订单 | | | | | | | | |
| 6 | 更新生产/完工入库 | | | | | | | | |
| 7 | 购买生产线/生产线到位 | | | | | | | | |
| 8 | 开始下一批生产 | | | | | | | | |
| 9 | 更新应收款/应收款收现 | | | | | | | | |
| 10 | 按订单交货 | | | | | | | | |
| 11 | 产品研发投资 | | | | | | | | |
| 12 | 支付行政管理费 | | | | | | | | |
| 13 | 其他现金收支情况登记 | | | | | | | | |
| 14 | 本季（　　）入库合计 | | | | | | | | |
| 15 | 本季（　　）出库合计 | | | | | | | | |
| 16 | 季末（　　）库存数量 | | | | | | | | |

## 6.6.4 年终报表

填写表 6-53、表 6-54、表 6-55 和表 6-56。

**表 6-53 第五年产品核算表**

| 项　目 | P1 | P2 | | | 合　计 |
|---|---|---|---|---|---|
| 数　量 | | | | | |
| 销售额 | | | | | |
| 成　本 | | | | | |
| 毛　利 | | | | | |

表 6-54 第五年综合费用明细表

| 项　目 | 金　额 | 备　注 |
|---|---|---|
| 管理费 | | |
| 广告费 | | |
| 维修费 | | |
| 市场准入开拓 | | |
| 产品研发 | | 包括购买资格证书的费用 |
| 其　他 | | |
| 合　计 | | |

表 6-55 第五年利润表

| 项　目 | 运算符号 | 上年数 | 本年数 |
|---|---|---|---|
| 销售收入 | | | |
| 直接成本 | − | | |
| 毛　利 | = | | |
| 综合费用 | − | | |
| 折旧前利润 | = | | |
| 折　旧 | − | | |
| 支付利息前利润 | = | | |
| 财务收入/支出 | +/− | | |
| 其他收入/支出 | +/− | | |
| 税前利润 | = | | |
| 所得税 | − | | |
| 净利润 | = | | |

表 6-56 第五年资产负债表

| 资　产 | 期初数 | 期末数 | 负债和所有者权益 | 期初数 | 期末数 |
|---|---|---|---|---|---|
| 流动资产： | | | 负　债： | | |
| 现　金 | | | 短期借款 | | |
| 应收账款 | | | | | |
| 在制品 | | | 应交税金 | | |
| 成　品 | | | | | |
| 原　料 | | | | | |
| 流动资产合计 | | | 负债合计 | | |
| 固定资产： | | | 所有者权益： | | |
| 土地与建筑 | | | 股东资本 | | |
| 机器与设备 | | | 利润留存 | | |
| 在建工程 | | | 年度净利 | | |
| 固定资产合计 | | | 所有者权益合计 | | |
| 资产总计 | | | 负债和所有者权益总计 | | |

### 6.6.5 年终总结研讨

填写表 6-57。

表 6-57 第五年年终总结研讨书

| | |
|---|---|
| 如何做一个合格的供应主管 | |
| 成功之处 | |
| 存在的问题 | |
| 计划评价 | |
| 改进设想 | |

## 6.7 决战胜负，智者为王——第六年年度经营

### 6.7.1 间谍活动

填写表 6-58。

表 6-58 第六年间谍活动用表

| 队别 | 资金 | | 区域市场开拓 | P2产品研发 | 生产设备 | | 产品 | | | | 原材料 | | | |
|---|---|---|---|---|---|---|---|---|---|---|---|---|---|---|
| | 现金 | 贷款 | | | 手工 | 自动 | 库存 | | 在制 | | 库存 | | 订购 | |
| | | | | | | | P1 | P2 | P1 | P2 | R1 | R2 | R1 | R2 |
| A | | | | | | | | | | | | | | |
| B | | | | | | | | | | | | | | |
| C | | | | | | | | | | | | | | |
| D | | | | | | | | | | | | | | |
| E | | | | | | | | | | | | | | |
| F | | | | | | | | | | | | | | |
| G | | | | | | | | | | | | | | |
| H | | | | | | | | | | | | | | |
| 汇总 | | | | | | | | | | | | | | |

### 6.7.2 新年度规划

填写表 6-59。

**表 6-59　第六年年度计划书**

| | |
|---|---|
| 企业年度规划 | |
| 职能策略 | |
| 业务计划 | |
| 计划落实措施 | |
| 计划实施记录 | |

## 6.7.3　年度经营

填写表 6-60、表 6-61、表 6-62 和表 6-63。

**表 6-60　第六年订单登记表**

| 订单号 | | | | | | | | | | | 合 计 |
|---|---|---|---|---|---|---|---|---|---|---|---|
| 市　场 | | | | | | | | | | | |
| 产　品 | | | | | | | | | | | |
| 数　量 | | | | | | | | | | | |
| 账　期 | | | | | | | | | | | |
| 销售额 | | | | | | | | | | | |
| 成　本 | | | | | | | | | | | |
| 毛　利 | | | | | | | | | | | |
| 未　售 | | | | | | | | | | | |

**表 6-61　第六年资金预算表**

| | | | | | |
|---|---|---|---|---|---|
| 年初 | 期初现金 | | | | |
| | 广告投放 | | | | |
| | 支付所得税 | | | | |
| 四季经营 | 季初现金盘点 | | | | |
| | 短贷还本付息 | | | | |
| | 申请短期贷款 | | | | |
| | 原材料入库 | | | | |
| | 建/卖生产线 | | | | |
| | 开始下一批生产 | | | | |
| | 应收款收现 | | | | |
| | 管理费 | | | | |
| | 季末收入合计 | | | | |
| | 季末支出合计 | | | | |
| | 季末数额对账 | | | | |
| 年末 | 支付设备维护费 | | | | |
| | 计提折旧 | | | | （ ） |
| | 结　账 | | | | |

表6-62 第六年经营记录表（1）

| 序号 | 请按顺序执行下列各项操作。每执行完一项操作，总经理在相应的方格内打勾，财务主管在方格中填写现金收支情况 | | | | |
|---|---|---|---|---|---|
| 年初 | 新年度规划会议 | | | | |
| | 参加订货会，支付广告费 | | | | |
| | 参加订货会选取订单/登记销售订单 | | | | |
| | 支付所得税（25%） | | | | |
| 1 | 季初现金盘点（请填余额） | | | | |
| 2 | 更新贷款/还本付息 | | | | |
| 3 | 申请贷款 | | | | |
| 4 | 购买订购的原材料并入库 | | | | |
| 5 | 下原料订单 | | | | |
| 6 | 更新生产/完工入库 | | | | |
| 7 | 购买新生产线/生产线到位 | | | | |
| 8 | 开始下一批生产 | | | | |
| 9 | 更新应收款/应收款收现 | | | | |
| 10 | 按订单交货 | | | | |
| 11 | 产品研发投资 | | | | |
| 12 | 支付行政管理费 | | | | |
| 13 | 其他现金收支情况登记 | | | | |
| 14 | 现金收入合计 | | | | |
| 15 | 现金支出合计 | | | | |
| 16 | 期末现金对账（请填余额） | | | | |
| 年末 | 缴纳违约订单罚款（25%） | | | | |
| | 支付设备维护费 | | | | |
| | 计提折旧 | | | | （ ） |
| | 新市场开拓 | | | | |
| | 结 账 | | | | |

**表 6-63 第六年经营记录表（2）**

| 操作顺序 | 本表格用于运行过程中记录各生产要素数量变化的台账。生产主管记录生产线上在制品数量（P1/P2）的增减，供应主管记录原料库存数量（R1/R2）的增减，营销主管记录产品库存数量（P1/P2）的增减 | | | | | | | | |
|---|---|---|---|---|---|---|---|---|---|
| | 生产要素 R/P 任务清单 | 一季度 | | 二季度 | | 三季度 | | 四季度 | |
| | | | | | | | | | |
| 1 | 季初（　　）盘点数量 | | | | | | | | |
| 2 | 更新贷款/还本付息 | | | | | | | | |
| 3 | 申请贷款 | | | | | | | | |
| 4 | 购买订购的原材料并入库 | | | | | | | | |
| 5 | 下原料订单 | | | | | | | | |
| 6 | 更新生产/完工入库 | | | | | | | | |
| 7 | 购买生产线/生产线到位 | | | | | | | | |
| 8 | 开始下一批生产 | | | | | | | | |
| 9 | 更新应收款/应收款收现 | | | | | | | | |
| 10 | 按订单交货 | | | | | | | | |
| 11 | 产品研发投资 | | | | | | | | |
| 12 | 支付行政管理费 | | | | | | | | |
| 13 | 其他现金收支情况登记 | | | | | | | | |
| 14 | 本季（　　）入库合计 | | | | | | | | |
| 15 | 本季（　　）出库合计 | | | | | | | | |
| 16 | 季末（　　）库存数量 | | | | | | | | |

## 6.7.4 年终报表

填写表 6-64、表 6-65、表 6-66 和表 6-67。

**表 6-64 第六年产品核算表**

| 项　目 | P1 | P2 | | | 合　计 |
|---|---|---|---|---|---|
| 数　量 | | | | | |
| 销售额 | | | | | |
| 成　本 | | | | | |
| 毛　利 | | | | | |

表 6-65 第六年综合费用明细表

| 项 目 | 金 额 | 备 注 |
|---|---|---|
| 管理费 | | |
| 广告费 | | |
| 维修费 | | |
| 市场准入开拓 | | |
| 产品研发 | | 包括购买资格证书的费用 |
| 其 他 | | |
| 合 计 | | |

表 6-66 第六年利润表

| 项 目 | 运算符号 | 上 年 数 | 本 年 数 |
|---|---|---|---|
| 销售收入 | | | |
| 直接成本 | − | | |
| 毛 利 | = | | |
| 综合费用 | − | | |
| 折旧前利润 | = | | |
| 折 旧 | − | | |
| 支付利息前利润 | = | | |
| 财务收入/支出 | +/− | | |
| 其他收入/支出 | +/− | | |
| 税前利润 | = | | |
| 所得税 | − | | |
| 净利润 | = | | |

表 6-67 第六年资产负债表

| 资 产 | 期 初 数 | 期 末 数 | 负债和所有者权益 | 期 初 数 | 期 末 数 |
|---|---|---|---|---|---|
| 流动资产： | | | 负 债： | | |
| 现 金 | | | 短期借款 | | |
| 应收账款 | | | | | |
| 在制品 | | | 应交税金 | | |
| 成 品 | | | | | |
| 原 料 | | | | | |
| 流动资产合计 | | | 负债合计 | | |
| 固定资产： | | | 所有者权益： | | |
| 土地与建筑 | | | 股东资本 | | |
| 机器与设备 | | | 利润留存 | | |
| 在建工程 | | | 年度净利 | | |
| 固定资产合计 | | | 所有者权益合计 | | |
| 资产总计 | | | 负债和所有者权益总计 | | |

# 6.8 总结评价，分析研讨——经营研讨会

## 6.8.1 企业经营总结

填写表 6-68。

表 6-68 企业经营研讨书

| | |
|---|---|
| 企业经营业绩 | |
| 企业的成功之处 | |
| 存在的问题 | |
| 如何进行改进 | |
| 其他企业优点 | |
| 企业经营的关键问题 | |
| 企业经营的关键问题的认识 | |
| 意见和建议 | |

## 6.8.2 岗位工作总结

填写表 6-69。

表 6-69 岗位工作研讨书

| | |
|---|---|
| 岗位工作完成情况 | |
| 岗位工作的成功之处与存在的问题 | |
| 职能策略的评价 | |
| 具体业务计划的评价 | |
| 具体业务的认识与改进 | |
| 业务活动中的技能与技巧 | |
| 意见和建议 | |

## 6.9 内部考核，激励进取——企业岗位考核

填写表 6-70。

表 6-70 考核表

| 项目 | 考核项目 | 重点考查内容 | 标准 | 自评得分 | 团队评分 | 综合得分 |
| --- | --- | --- | --- | --- | --- | --- |
| 态度考评 | 积极性 | 高度热忱，主动完成，自主努力，认真负责 | 5 | | | |
| | 责任感 | 恪尽职守，不屈不挠，自始至终，不断改善 | 5 | | | |
| | 纪律性 | 遵守规定，表里如一，有序进行，自始至终 | 5 | | | |
| | 独立性 | 自我管理，自主判断，有理有据，自信解决 | 5 | | | |
| | 协调性 | 充分沟通，圆满协调，团结和谐，协助同事 | 5 | | | |
| 能力考评 | 经验知识水平 | 经验程度、认识水平、业务知识、社会常识 | 5 | | | |
| | 技能熟练程度 | 感知、识别能力，操作熟练，掌握方法 | 5 | | | |
| | 理解判断能力 | 充分理解，把握现状，把握本质，正确结论 | 5 | | | |
| | 改进创新能力 | 不断探索，见解独到，创新思考，灵活应用 | 5 | | | |
| | 策略计划能力 | 策略系统，计划合理，随机应变，提高效率 | 5 | | | |
| 业绩考评 | 工作质量 | 业务处理正确、标准，时效性高，保证质量 | 6 | | | |
| | 工作数量 | 岗位任务完成，达到标准，有效协助同事工作 | 6 | | | |
| | 研究创新 | 调查研究，把握实质，准确判断，具有技巧 | 6 | | | |
| | 策略计划落实 | 准确分析，计划合理，落实到位，调整及时 | 6 | | | |
| | 沟通、协调、领导 | 有效沟通，圆满协调，正确指导，统帅全局 | 6 | | | |
| 小计 | | | 80 | | | |
| 经营研讨会 | 总结研讨书 | 内容翔实，感受真实，见解正确，分析深刻，认识本质，建议合理 | 10 | | | |
| | 发言讨论 | 表述清楚，有理有据，语言流畅，获得认可，真情实感，感染听众 | 10 | | | |
| 总计 | | | 100 | | | |

### 课外阅读

**【上海地铁二号线和一号线的差距】**

许多施工单位用的都是一流的进口设备，但建设的质量却并不高，差距其实就在人的思想里。坐过上海地铁的人，一定都知道上海地铁二号线的故事。

有一位名人说过："硬件项目的管理更多地体现在细节的管理，细节到每个设计、每次改动、每天操作。"上海地铁一号线是由德国人设计的，看上去并没有什么特别的地方，直到中国设计师设计的二号线投入运营，才发现其中有那么多的细节被二号线忽略了。结果二号线

运营成本远远高于一号线，至今尚未实现收支平衡。

1. 三级台阶的作用

上海地处华东，地势平均高出海平面就那么有限的一点点，一到夏天，雨水经常会使一些建筑物受困。德国的设计师就注意到了这一细节，所以地铁一号线的每一个室外出口都设计了三级台阶，必须踏上三级台阶，然后再往下进入地铁站。就是这三级台阶，在下雨天可以阻挡雨水倒灌，从而减轻地铁的防洪压力。事实上，一号线内的那些防汛设施几乎从来没有动用过；而地铁二号线就因为缺了这几级台阶，曾在大雨天被淹，造成巨大的经济损失。

2. 对出口转弯的作用没有理解

德国设计师根据地形、地势，在每一个地铁出口处都设计了一个转弯。这样做不是增加出入口的麻烦吗？不是增加了施工成本吗？当二号线地铁投入使用后，人们才发现这一转弯的奥秘。其实道理很简单，如果你家里开着空调，同时又开着门窗，你一定会心疼你每月多付的电费。想想看，一条地铁增加几个转弯出口，省下了多少电，每天又省下了多少运营成本。

3. 一条装饰线让顾客更安全

在北京、广州地铁都发生过乘客掉下站台的危险事件。德国设计师们在设计上体现了“以人为本”的思想，他们把靠近站台约50厘米内铺上金属装饰，又用黑色大理石嵌了一条边，这样，当乘客走近站台边时，就会有所“警惕”，意识到离站台边的远近。而二号线的设计师们就没想到这一点，地面全部用同一色的磁砖，乘客一不注意就靠近轨道，地铁公司不得不安排专人来提醒乘客注意安全。

4. 不同的站台宽度给人的舒适度不同

地铁一号线和二号线的舒适度也存在巨大差异。一号线的站台设计宽阔，上下车都很方便；而转入二号线后，就感到窄窄的让人难受，尤其遇到上下班高峰期，在上海这种大都市，二号线站台显得非常拥挤。

5. 为什么省掉站台门

德国设计师在设计一号线时，一是为了让乘客免予掉下站台，二是为了节省站台的热量，每处都设计了相应的站台门，车来打开，车走关上。而中方的施工单位可能是为了“节省成本”，居然没安站台门，更不可能理解德国设计师的用心了。

中国的设计者并非不如德国人聪明，关键在于长期养成的对待工作的认真和精细。比起意大利、法国人的浪漫，美国人的随意，德国人显得严肃、认真，甚至刻板，可就是凭着这种一丝不苟、严肃认真的工作精神，使德国在第二次世界大战后迅速成为世界第三号强国。

**【龙湖地产开发有限公司案例】**

龙湖地产开发有限公司的董事长吴亚军与深圳万科集团的总裁王石是朋友。1995 年，吴亚军开始组建龙湖地产，王石便派出自己的高管林少洲前去帮助吴亚军。

吴亚军热情地请林少洲去龙湖集团的样板房里参观。到了门口，一行人脱了鞋子，换上棉拖鞋，到室内参观。作为房产设计专家的林少洲一眼就看出了样板房存在的诸多失误。林少洲看得细，指导得也细。他甚至认为，把这样的房子作为样板房，龙湖没有希望了。一个细节彻底改变了林少洲的看法，他们刚刚脱在门口的皮鞋，全被工作人员调了一个方向。

林少洲被这个细节感动得心里热乎乎的。他问吴亚军这是怎么一回事儿。吴亚军说："客人进来的时候，鞋子向里；客人走的时候，鞋子向外！这就是我们龙湖的理念，一切事情都要换位思考，都要站在客人的角度着想！"林少洲听了，禁不住大吃一惊。他感叹说："你这个鞋子哲学不简单呀！就凭这个经营理念，你一定能够成功！"

龙湖南苑上市后，其售房宣传单上，不是王婆卖瓜，吹嘘自己的房子如何如何好，而是把龙湖南苑的设计缺陷以及两公里内的环境不足写出来，供业主参考。吴亚军的这一做法，立即引起了业内人士的嘲笑，说吴亚军是"生胚子"、"不熟的瓜"，就连集团的高管也对营销策略产生了异议。吴亚军解释说："这就像我们待客的时候帮助客人调转鞋子的方向一样，要站在业主的角度思考问题。业主买房，最想知道的是什么？是房子的缺陷！至于房子的优点，你不说，人家也会看到的！"

吴亚军说服了自己的部下，龙湖南苑就开始出售了。开始的时候，光顾的人很少。可是，不到两个月，看房的人突然多了起来。结果，房子还没有建好，就已经全部售完。

龙湖南苑投入使用后，有业主建议，说小区沿湖的栏杆隔断了小区的景观美，不利于人与水、人与景的融合。吴亚军听后，立即找专家论证，其正确性得到了专家的证实。吴亚军决定拆除这些造价不菲的栏杆，改建为台阶。有些董事提出异议，认为拆除太可惜。吴亚军说："咱们是搞地产开发的，一定要用业主的眼光来看问题，对的，我们就坚持；错的，我们就改正！"在吴亚军的坚持下，这项改造工程最终得到了落实。

吴亚军的鞋子哲学不仅用于做生意，而且用于打造自己的团队。为了能够留住人才，她常常换位思考，努力伏下身子，与员工平起平坐。她不让员工喊她董事长或者吴总，而是让员工直呼她的名字，或者喊她吴姐。她的办公室很小，只有10余平方米，与其他管理层没有什么两样。她拿出了2.35%的股份，无偿分给了自己的员工。这样就大大拉近了自己与员工们的距离，增强了团队的凝聚力和战斗力。

年末岁尾，龙湖公司每年都要举行职工联欢会。会上，公司领导要抽出幸运员工，并向幸运员工赠送礼物。有一年，吴亚军从外地出差回来，就直接到了联欢会现场。到了抽奖的时候，才想起没有给员工准备礼物。吴亚军马上换位思考，想到幸运职工的尴尬和失望。她犹豫了一会儿，摘下自己脖子上的项链，送给那位被抽中的物业管理员。会场上沉静了几秒钟后，响起了雷鸣般的掌声！

说到底，吴亚军的鞋子哲学就是要换位思考，善待别人。其实，善待别人，就是善待自己！

# 第七单元　提升战略，提炼技巧

**学习目标**

① 掌握企业的本质，理解企业战略的意义，掌握企业战略的内容。
② 掌握相关岗位职能策略及业务计划，理解并能应用经营技巧。

ERP 沙盘模拟企业经营的过程就是对抗比赛，有对抗就有竞争。竞争的市场环境相同，使用的规则一样，但结果却有明显差异：有的企业遥遥领先，有的企业疲于奔命，有的企业破产出局。你的企业经营成果如何？你是否在寻求获胜之道、制胜良方？下面的内容会给你一些启发和指导。

## 7.1　企业经营要点

### 7.1.1　认识企业的本质

经过前面的模拟经营，可以看到全部企业都在积极争取最多的利润。所有企业都在完成“资本→资产→收入→利润→股东权益的增加”这一资本周转循环，在资本周转中增加所有者权益，在循环中发展壮大企业。股东权益的最大化是企业经营的目的，是企业经营的本质，也是经营团队的奋斗目标，是一切经营活动的行动指南。

### 7.1.2　经营活动的关键问题

在 ERP 沙盘模拟中，制造型企业在一个会计年度的主要经营过程是：年度订货→采购原料→组织生产→产品交付客户→收回货款→财务报告。在一年的经营活动流程中，有以下几个关键的问题。

**1. 确定产能**

前面我们学习了产能的计算，新购置生产线的多少、类型、时间都会影响实际产能，由产能得到的可供销售的产品数量是一个区间数值。由于规则中允许生产线随意转产，所以产能中 P1、P2 产品的产量也是变化的区间数值。产能的计算是营销主管选取订单的基础，可供销售的产品数量是营销主管在选取订单时要牢记的。经营的前两年市场需求量不大，产能需要适度控制。

**2. 读懂市场**

企业的利润来源于产品销售，销售产品要靠市场，所以市场是企业竞争的主战场。营销主管是企业冲锋陷阵的主将，是企业中最具挑战性的岗位。要在市场上取得胜利，必须要弄懂市场，学会分析，掌握销售的相关技能。

**3. 进行产品生产和采购原材料**

销售的前提是有可以销售的产成品，产成品是生产加工的结果，原材料是生产加工的保证。

**4. 资金管理**

现金是企业经营活动的“血液”，企业的所有业务几乎都涉及资金的流入、流出。在5～7年的经营过程中，我们发现：有的企业虽然还有不少的现金，但却破产了；有的企业有大量的应收款，现金断流了，导致企业破产；有的企业把能贷的款项全部贷出，虽然生产和销售了较多的产品，最终的权益却不高，团队成绩也不理想。经营者要想获得成功，就必须破解难题——现金与权益之间的矛盾。

**小思考**：如何处理现金与所有者权益的矛盾？

## 7.1.3 盈利分析

我们辛苦经营5～7年，感觉没有赚到应有的利润，得到的利润与期望值差距较大。从第三年开始，销售收入增长较快，但利润增长乏力。下面做简要的定性分析。

**1. 提高利润的有效途径**

增加利润要开源节流，开源即增加销售收入，节流即减少费用、成本支出。

销售收入由销售数量和产品单价两个因素决定。在订货会选单环节中，销售数量和产品单价是一对矛盾。多数订单为需求数量多的，一般单价会低一些；而需求数量少的订单，单价一般会高一些。如何选择，没有统一的答案，选取订单对营销主管是一个考验，需要积累经验，灵活应对。

净利润＝销售收入－直接成本－折旧－综合费用－财务费用－所得税

财务费用和综合费用中的广告费用是企业可以控制的，适度减少广告开支和严格控制贷款以减少财务支出，是控制和减少成本费用的有效途径，也是提高利润的有效途径。

**小思考**：亏损产品是否继续生产？

**2. 销售收入与费用**

销售收入与综合费用形成相互制约的一对矛盾。在产能一定的情况下，要使销售收入高，意味着投放广告多，综合费用高；反之，减少综合费用，广告投放少，必然使销售收入减少。

如何解决这一矛盾，寻找最佳结合点，需要在经营实践中积极思考，不断总结经验，探索解决矛盾的良方。同时，销售收入与运营费用（维修费、折旧等）也是一对矛盾，同样需要认真研究和探索。

要准确进行盈利分析，需要采用成本分析、财务分析、杜邦分析等定量分析方法（见附录 A），分析问题的根源，寻求解决问题的途径。在用友 ERP 沙盘后台有充分、科学的定量分析内容，利用教师后台即可查看分析内容及结果，可以在实训过程中加以学习和应用。

## 7.2 企业战略规划

回顾 6 年的经营活动，我们时常是走一步看一步，没有计划。有时盲目，有时冲动，考虑不周，出现诸多问题，遇到重重困难。可能出现被迫停产、原材料库存较多、产品没有卖完、广告投放不合理、销售不错而利润不高等情况。这些都是没有很好地进行企业战略规划的结果。

### 7.2.1 企业战略

#### 1. 企业战略管理

企业战略管理是企业在宏观层面通过分析、预测、规划、控制等手段，实现充分利用本企业的人、财、物以及信息等资源，达到优化管理、提高经济效益的目的。企业战略管理是对企业战略的制定、选择、控制和实施，直至达到企业总体战略目标的全过程。战略管理是涉及企业发展的全局性、长远性的重大问题。

企业战略管理的目的主要有以下几点：

① 剖析企业外部环境。

② 了解企业内部优势和劣势。

③ 帮助企业迎接未来的挑战。

④ 提供企业未来明确的目标及方向。

⑤ 使企业每个成员明确企业的目标。

⑥ 拥有完善的经营战略的企业比没有战略的企业有更高的成功概率。

#### 2. 战略管理的内容

一般说来，战略管理包含 4 个关键要素：战略分析、战略选择、战略实施和控制、战略评价和调整。

① 战略分析是了解企业的自身条件、所处环境和相对竞争地位。

内部条件分析：分析本企业的人员的技术素质和管理素质，以及产、供、销、人、财、物的现状等，明确本企业的优势和薄弱环节，把握企业在竞争中所处的地位。

外部环境分析：深入细致分析企业的外部环境是正确制定战略的重要基础，为此要利用间谍机会，及时收集和准确把握企业的外部环境信息，如市场需求、竞争环境情况、潜在的竞争对手的情况等。

② 战略选择一般包含以下程序：明确战略思想→分析外部环境和内部条件→确定战略宗旨→制定战略目标→弄清战略重点→制定战略对策→方案比较及战略评价→选择战略。

③ 战略实施和控制即采取措施执行企业战略，发挥战略的作用。

为了有效执行企业制定的战略，一方面要依靠团队成员的共同配合和积极工作；另一方面要通过企业的生产经营综合计划、各种业务计划、预算、具体工作计划等，具体实施战略目标。一个良好的企业战略仅是战略成功的前提，有效的战略实施才是企业战略目标顺利实现的保证。

战略控制是将战略执行过程中实际所取得的成果与预期的战略目标进行比较，及时采取有力措施纠正偏差，以保证战略目标的实现。

④ 战略评价和调整是检验战略的有效性，进行有益微调。

战略评价就是通过评价企业的经营业绩，审视战略的科学性和有效性。战略调整就是根据企业情况的发展变化，即参照经营事实、变化的竞争环境、新的思维和新的机会，及时对所制定的战略进行调整，以保证战略对企业经营管理进行指导的有效性。

#### 3. 企业战略规划成功的技巧

企业总体战略规划成功的技巧有：

① 建立可靠的计划体系和考核体系。

② 使用战略规划激发员工责任感和合作精神。

③ 尽量让每一位员工参与战略制定过程，沟通协调达成默契配合。

④ 获得每个员工的正式认可，且清晰掌握企业战略的内容。

⑤ 实现企业可持续、科学发展。

⑥ 审时度势，及时调整。

### 7.2.2 经营策略

在企业总体战略的指导下，总经理要带领团队成员制定市场开发策略、产品策略、财务策略及资金预算、生产设备策略、产品研发与生产策略、原料采购计划等策略和计划，每年年初制定相应的企业年度规划及业务计划。岗位职能策略及业务计划是企业总体战略的具体表现，是企业的二级战略。

#### 1. 营销策略

市场营销是从卖方的立场出发，以买方为对象，在不断变化的市场环境中销售产品，从而获取利润的综合活动。市场经济下，企业的生存和发展离不开市场环境。谁赢得市场，谁就赢得竞争。

营销主管的主要工作有市场开发与准入、产品周期与分析、市场细分与定位、市场占有与竞争分析、广告投入与产出效益分析。在收集必要的市场信息、自身产能、竞争对手情况等信息，做出相关分析之后，正确制定竞争策略和市场开拓计划、广告投放计划、销售计划、订单选取计划等。一个好的销售计划一定要符合企业自身实际，适合企业的现状和发展目标，充分体现企业的战略意图，并经过团队成员充分、良好的沟通。

在实际操作中，营销主管要着重考虑各个因素，注意如下问题：

① 根据企业的产能选取适量的订单，避免因产能不够而产生违约，给企业造成损失。

② 力争用最低的广告费用，获得最大的销售额和利润。

③ 充分掌握竞争对手的相关信息。

④ 用正确的方式投放广告。

⑤ 尽量在利润高的市场获取订单，尽量选取利润率高的订单。

⑥ 正确分配各个市场的产品销售数量；不同的产品市场组合中，选取不同的方法应对。

⑦ 保证现金及时流入企业。

用数据说话是 ERP 沙盘的特征之一，但在经营实战过程中存在“只可意会，不可言传”的内容，“创业者”电子沙盘的主要设计开发者何晓岚先生称之为“意会性知识”,营销主管的广告投放、订单选取是最明显的例子。要想广告投放合理、选取的订单恰当，不但需要科学分析；还需要经验阅历，认识问题的深度，对外界事物的分析、判断、理解能力。营销主管要准确把握事物的本质，随机应变采取对策，对将来可能发生的变化从容应对。“意会性知识”的掌握，需要不断积累，需要在实际操作中不断去“悟”，不断思考、体验、反思、总结，以提高自己的策略、方法与技巧。

常见的营销策略有以下几种。

①“力压群雄”的激进策略。在企业资金充足、产能较多的情况下，强势出击，打压对手，争取广告投放第一，选取利润率高的订单，销售多的产品，获得高的利润额。

②“迎头痛击”的短兵相接策略。在竞争激烈时，迎难而上，用与别人相差无几的广告费用，巧妙安排，出奇制胜，赢得先机。

③“避强赢弱”的游击策略。在企业资金一般、产能尚可的情况下，避免恶性竞争，渔翁得利，争取中游选单，广告不多，销售额不低，最终的净利润不一定低。

④“明弱暗强”的迂回策略。在企业资金不足、产能较少的情况下，投放少量的广告，利用规则选取订单，虽然销售额少，但费用极低，同样取得了较高的利益。

### 2. 生产策略

生产管理是对企业生产系统的设计、运作、改进进行管理。要做强企业，实现可持续发展，必然要不断增加生产设备，提高产能。

生产管理的主要工作有：产品策略分析与制定、新产品的研发计划、生产设备投资策略、生产计划、物料需求计划、生产能力的分析、设备管理、生产费用的计算管理等。制定计划时需要注意的问题有市场需求状况、企业目前产能、新产品研发进度、设备的投资分析等。

ERP 沙盘基础版中企业产品只有 P1、P2 两种，我们都需要生产，所以不用考虑产品策略；设备投资策略是确定新设备的安装地点、资金来源、购买时间等，在前面已经介绍；生产计划是确定具体生产什么、生产多少、何时开始生产。

常见生产策略有以下几种。

① 产能领先制胜策略。在第一、二年购置较多的生产设备，虽然前两年销售数量有限，导致库存较多的产品，权益不高，但在第三年生产需求放大时，强势出击，占有市场，抢得

头筹。同时在第五、六年折旧费用快速下降，利润激增，企业获利丰厚。

② 后发制人取胜策略。先采取防守策略，购置最少的生产设备，按需生产，极少库存，避免亏损，保障权益。积蓄力量，做好准备，一旦市场需求旺盛，快速反击，购置大量生产设备，迅速放大产能。在竞争对手毫无防备的情况下，攻城略地，取得先机。

### 3. 供应策略

供应主管对原材料采购、原料库存进行管理。在生产计划确立以后，供应主管就可以开始工作了。供应主管负责确定采购什么、何时采购、采购多少、如何及时消化短期库存等。供应主管要与生产主管密切配合，根据市场进度，按时、足量供应生产所需的原材料，保证不出现原料短缺，也不出现库存积压。

供应策略有“零库存”和“百变库存”等策略。ERP 沙盘基础版生产线可以随意转产，原料供应相对简单，在此不再赘述。

### 4. 财务策略

财务主管主要负责企业的资金管理，做好预算，用好现金，控制成本。会计主管主要负责现金收支管理，核查经营状况，核算经营成果，进行预算及成本分析。财务部门是企业的“心脏”，现金是企业的“血液”。企业进出的每一笔资金都要经过财务部门，通常将财务与会计两个职位设置为一个岗位，所以财务主管是任务最复杂、工作最繁忙的岗位。

财务主管的主要工作有现金收入和支出、融资的选择与管理、固定资产的投资管理、厂房与生产线的购买、资金预算与计划执行、会计核算等。而会计核算要负责现金收支登记、综合费用明细、产品核算统计、税金计算与缴纳、报表填报等。财务主管主要制定财务预算、融资计划、资金使用计划，还要与营销主管、生产主管、供应主管认真沟通，制定资金需求计划。

财务管理既要保证企业战略实施中所需要的资金供给保障；同时又不出现现金过多，支付利息多，造成资金闲置与浪费。财务主管要有一个准确详尽的预测，在第一年开始前要根据企业战略规划，对未来几年企业经营所需现金流进行推演，精密安排，细致推敲，确保预算万无一失。

财务策略的管理过程为财务预测→财务决策→财务控制→财务分析。财务预测即推演的过程；财务决策是选择财务预测中合理的方案；财务控制就是发现与纠正偏差，使经营的资金流动按照财务决策进行；财务分析就是对财务预算、财务决算进行评价。

在沙盘模拟活动中，财务策略的成果具体表现为资金预算表。财务主管应当将每年度的财务策略经过推演，形成合理的、低财务费用、高利润的最佳财务预算，并将最佳预算填写在预算表中，形成可以实施的资金预算，成为企业经营的依据。

需要说明的是，无论是企业战略、年度规划，还是岗位职能策略和业务计划，都需要用数据说话。凡事用数据说话、用事实检验，是 ERP 沙盘的重要法则。计划、策略乃至战略都要在把握内部条件、外部环境的基础上，经过严谨周密的计算，提供翔实可靠的数据加以论证，最终合理选择，科学决策。

### 7.2.3 完善企业内部考核

经过模拟企业经营，我们对企业经营有了更深刻的认识。我们要根据企业的实际，进一步界定各个岗位的任务、职责、职能，确定相互衔接关系，以应对新的挑战。

新一轮模拟经营，对团队成员有了更高的要求。总经理应当与时俱进，改进和完善企业内部考核标准及办法，更好地调动团队成员的积极性，促进各职位的进步和提高，使团队凝结成进取、务实、拼搏、智慧的集体。表 7-1 中的考核指标，仅供参考。

表 7-1 企业岗位考核表

| 大项 | 考核项目 | 重点考查内容 | 分值 | 自评 | 团队 | 综合 |
|---|---|---|---|---|---|---|
| 态度考评 | 积极性 | 高度热忱，主动完成，自主努力，认真负责 | 6 | | | |
| | 责任感 | 恪尽职守，不屈不挠，自始至终，不断改善 | 6 | | | |
| | 纪律性 | 遵守规定，表里如一，有序进行，自始至终 | 6 | | | |
| | 独立性 | 自我管理，自主判断，独立论证，自信解决 | 6 | | | |
| | 协调性 | 充分沟通，协调圆满，团结和谐，协助同事 | 6 | | | |
| 能力考评 | 经验知识水平 | 经验程度、认识水平、业务知识、社会常识 | 6 | | | |
| | 技能熟练程度 | 感知、识别能力，操作熟练，掌握方法、技巧 | 6 | | | |
| | 理解判断能力 | 充分理解，把握现状，认准本质，结论正确 | 6 | | | |
| | 改进创新能力 | 不断探索，见解独到，创新思考，灵活应用 | 6 | | | |
| | 策略计划能力 | 策略合理，计划科学，随机应变，措施得当 | 6 | | | |
| 业绩考评 | 工作质量 | 业务处理正确、标准，完成质量高、时效性高 | 8 | | | |
| | 工作数量 | 岗位任务完成，达到标准，有效协助同事工作 | 8 | | | |
| | 研究创新 | 调查研究，把握实质，准确判断，具有技巧 | 8 | | | |
| | 策略计划落实 | 准确分析，计划合理，落实到位，调整及时 | 8 | | | |
| | 沟通协调领导 | 有效沟通，圆满协调，正确指导，统帅全局 | 8 | | | |
| 合计 | | | 100 | | | |

## 7.3 实战技巧

在企业经营过程中，我们不断思考探究，积累了不少的经验，发现了一些经营技巧。下面结合沙盘模拟的经营步骤和操作环节，对实战技巧进行探讨。

### 7.3.1 新年度规划会议

“一年之计在于春”，新年度规划会议就是一个模拟经营年度中的春天。一个成熟的团队，在新年度规划会议上用的时间是全年度经营活动时间的三分之二还要多。

在前面模拟经营过程中，我们学习了年度规划会议的内容、方法、途径，现在简单总结如下。

首先要在企业总体战略的框架内，在把握企业自身条件的前提下，根据间谍得到的信息，结合当前市场需求和竞争环境的分析，找出经营重点问题，确定解决方法，制定企业年度规划，然后根据企业年度规划制定各个职位的职能策略和业务计划。

然后交流探讨所掌握的竞争对手情况，知己知彼；用数据说话，检验各项措施的效果，选择最佳方法与途径；集思广益，探究问题的实质；认真推演，做好资金预算，确保成功；注重细节，做到万无一失。

订货会选取订单以后，我们还要继续召开年度规划会议。一是研究得到的订单情况，二是研究下一年的市场订单。根据情况变化，适度调整年度规划，使之更加合理可行、科学完善。

取得企业年度规划成功的技巧包括：让每一位员工参与规划制定过程，激发员工的责任感和合作精神，使年度规划获得每位员工的认可；团队沟通顺畅，交流密切，成员清晰掌握企业规划、目标，为共同的目标努力进取；换位思考是规划成功的一个重要技巧，企业管理团队要尽快掌握。

总之，年度规划会议是一个企业的战略规划会，是企业的全面预算会，是决定经营策略的决策会，是一年计划的制定会。它关系到企业的兴旺发达和生死存亡，我们必须要开好它。

## 7.3.2 广告投放

广告费用多少最合适？如何投放？这是沙盘模拟中被问及最多的问题（第一、二年除外，因为第一、二年为了学习的方便对订单进行了特别的设置，每个企业得到的订单是一样的，沙盘模拟的高级版本以及比赛中不存在这样的市场，在现实社会中更不会存在），也是没有计算公式、没有明确方法、没有统一答案的问题。

如果说 ERP 沙盘模拟中的市场选单是各个企业正面交锋、博弈拼杀的主战场，那么营销主管就是企业冲锋陷阵的排头兵，他们在产品与市场的选择中发挥着重要的作用。产品的选择和市场的选择是沙盘模拟企业经营成功的关键点，抓住此关键点的做法集中反映在广告投放的策略上。广告投放策略好比企业的军事布置，各个市场产品组合的广告投放就是火力分布。如同打仗无定法但有战略战术一样，广告投放也无公式，但有策略和方法。

#### 1．科学分析市场

模拟经营开始时，我们会拿到市场订单（高级版本给出的是市场预测）。首先要将其转化为易于读懂的市场分析表。我们可以清楚地看到，各个年度不同产品在细分市场中的需求数量、均价及变化，从中可以推测某一年份毛利及毛利率高的优势产品，指导我们制定企业战略和规划。

#### 2．需求与产能

通过对市场总需求与全部模拟企业的产能进行比较，可以分析出供求关系是供大于求还是供不应求，得出市场竞争激烈程度的准确判断，制定出广告策略。如果我们的产能比市场平均需求大，就要多投放广告，多争取市场份额；反之，就要少投放广告。

**3．市场细分与市场定位**

分析各个选单回合的订单数量、价格、需求数量等，合理进行广告费用的分配，确保在重点市场取得领先地位。在订单数量较多的情况下，我们也可以在个别回合只投放少量广告，“捡拾”订单。

**4．利用规则**

利用选单规则，“按市场本产品广告额投放大小顺序依次选单；如果两队本市场本产品广告额相同，则看本市场广告投放总额；如果本市场广告总额也相同，则看上年市场销售排名；如仍无法决定，则先投广告者先选单。”可以利用同一市场不同产品的广告费相互提高选单的名次，前一年销售额高也可以提高选单的名次。适当优化，既可以节约广告费用，又能达到销售目标。

**5．“悟”得先机**

“世界上最成功的人一定是悟性最高的人。”学富五车，不如人生一悟。营销主管要尽快“悟”出经营过程中的“门道”，“悟”取销售策略的先机，“悟”得订单选取的“诀窍”。只有这样才能领先一步，成为市场的“弄潮儿”。企业会因此而立于不败之地，取得辉煌成就。

## 7.3.3 参加订货会选取订单/登记订单

沙盘模拟中的订货会是竞争的主战场，订单的选取就是博弈拼杀。投放广告时，营销主管已经预计在某个市场出售某种产品的数量，广告投放策略就是据此确定的。订货会中选取订单需要注意以下问题。

① 所有企业广告投放完成后，我们会得到选单的顺序排名，此时要及时与原来的设想比较，及时调整，保证实现销售的最大化。

② 对各个回合销售产品数量要有合理的预期。在瞬息万变的市场环境中，细致观察，快速反应，准确判断，做出最佳选择。

③ 第三、四年市场需求大，卖完已不是重要的目标，应当先选择毛利率高的订单，合理安排各个回合的销售数量，做到既卖得好又能卖完，在产能一定的情况下，争取利润最大化。后两年市场需求增加有限，而各企业的产能较大，应多选择毛利率高的订单，以多卖产品为目标选取订单。

④ 订货会需要营销主管临场发挥和灵活应对，选取适宜企业的订单。大需求量的订单一般单价比较低，利润率就不高；单价高的订单往往需求量小。选取大单，毛利率低；选取小单，可能卖不完产品，造成库存积压。面对两难问题，要想在几十秒钟的时间内快速反应、正确应对、准确选单，就需要营销主管在选单场外下大气力，善于观察，勤于思考，“悟”出个人的高明之“道”。

## 7.3.4 申请贷款、更新贷款/支付利息

融资策略直接影响企业的财务费用和企业的现金流。贷款是为了赚钱，增加利润，提高所有者权益。如果增加的利润不足以支付利息，那么贷款越多，企业亏损就越多。但是不贷款，企业就无法增加生产设备，不能扩大生产规模，只能在墨守陈规中苟延残喘或破产。所以，不贷款不是企业经营的好策略。

我们的融资规则中只有短贷形式，每一年的贷款额度为120W。在财务预算准确的前提下，能少贷款就少贷。试想如果我们在第一年贷款120W，用来购置6～7条生产线，生产线布满厂房，企业规模庞大，看似实力强大，但第一、二年市场需求很少，产品大量积压，占用巨额资金，导致现金断流，企业破产出局；卖出产品有限，得到的毛利不多，利息支出、设备维修、设备折旧太多，企业亏损严重，可能导致所有者权益为负，同样破产出局。

短期贷款有一个技巧，就是以贷养贷（贷滚贷）。如果需要80W的贷款，则每一个季度贷款20W，使每一季度的还贷压力都不大，实现资金和贷款的循环滚动。

## 7.3.5 购买新生产线/生产线到位

购置生产设备需要注意所购买的生产线的类型、数量、时间，这些都有相关技巧。

### 1．各种生产线的性价比

① 产能比较：手工生产线生产周期是3个季度，自动生产线生产周期只有1个季度，3条手工线的产能等于1条自动线的产能。

② 购置资金：3条手工线需要5×3＝15W的资金，1条自动线需要12W的资金，同样产能购置手工线多支付3W现金，自动线胜出。

③ 维修费用：手工线为3W，自动线为2W，手工线多1W，自动线为好。

④ 设备折旧：总的设备折旧3条手工线为9W，1条自动线为8W，自动线占优。

⑤ 厂房占用：当然是自动线占用少。

⑥ 盈利情况：手工生产线一年生产1.3个产品，能带来3～4W的毛利，它的维修费1W、折旧1W，再加上分摊的广告费、管理费，所剩无几甚至不足，自动线取胜。

综合比较，自动线处于优势。

### 2．手工线的使用

规则中设置手工生产线，必然有它的用途。当我们遇到一个选单的机会时，若只有一个产品数量较大、销售额较高的订单供我们选择，而我们恰好少一个产能，那么是取是弃，需要根据数据决定。如果厂房有空位，原料有保证，第一季度购买手工线加工产品，第四季度完工后即将其卖出，不需要交纳维修费，我们共造成损失3W。完成订单，弥补损失，我们会有收益；如果放弃订单，我们就失去了该项收入；如果违约，可能损失更大（占订单价款的25%）。

3. 购买数量

企业要"适度"发展，购买生产线的数量就得"适度"。既不可以冒进，也不能保守。要有发展的眼光，从企业5～7年的长远角度看待问题。

4. 购置时间

手工生产线在第一季度购买最合理，自动生产线在第四季度购买最理想。

## 7.3.6 开始下一批生产

ERP 沙盘基础版的生产线是可以随意转产的，开始下一批生产需要我们合理安排，使每一季度下线的产成品符合交货的需要。

## 7.3.7 按订单交货/应收款

对于有账期的订单，要推演交货时间安排。在保证企业现金不断流的前提下，力争本年度收回最多的现金。

## 7.3.8 支付设备维修费/折旧

只要设备完成安装，不论是否生产，每年年底都需要交纳维修费1W/条。生产线的折旧从建成的当年开始提取，即每年年底只要生产线净值处有超过生产线残值的钱币，就必须提取折旧。当生产线净值处的价值等于残值时，该生产线不提折旧。已经折旧完成的生产线，仍然可以使用，仍需要交纳维修费。生产线可以卖给设备供应商，其余的价值放入其他费用。售价按照残值计算，即从生产线净值处取出残值，放入现金即可。

**小思考：** 这些规则你看出了什么技巧？

1. 变卖生产线

由于经营对抗的结果只看最终权益的高低，所以变卖生产线就成为一大技巧。前两年买的自动生产线、前三年买的手工生产线，经过4年、3年的折旧，生产线只剩净值了；第六年第四季度时卖掉生产线，就会发现不用再交纳维修费了，既节约了费用开支，又提升了所有者权益。第三年开始使用的自动生产线、第四年购买的手工生产线，卖出有损失，但折旧抵消损失，也节约了维修费。

**小思考：** 第四年购买的自动生产线在第六年卖出对企业有益吗？

2. 淘汰落后的生产设备

手工生产线占据厂房，使产能受到限制。如果市场需求足够大，就要考虑淘汰手工线，换入自动线，扩大产能，占有市场。当市场产品的毛利不高时，也应考虑卖出手工生产线。

### 7.3.9 其他操作环节

其他操作如下原料订单、原材料更新/入库、缴纳所得税、季末对账、违约罚款等，也有一些容易体验到、总结出的关于经营操作的小技巧，高级版本中的技巧也很丰富，在此都不再赘述。

## 思考与探究

| | |
|---|---|
| 企业战略的认识 | |
| 企业战略与规划的评价 | |
| 职能策略的认识 | |
| 业务计划的认识 | |
| 计划的评价 | |
| 技巧的应用 | |
| 新发现的技巧 | |
| 建议 | |

## 课外阅读

**【BBD & O 公司成功案例】**

1960 年，Ben Duffy 在纽约有一家小型的广告代理公司。他听到消息说，美国烟草正在寻找新的代理商，所以他打电话给美国烟草的总裁，约定了面谈的时间。

这可是一笔巨大的生意，它能使 Ben Duffy 的小公司 BBD & O 一举成名。Ben Duffy 觉得他必须计划一下这次会面。于是他去酒店租了一个房间，保证自己不受任何干扰。他工作了很久，但仍然没有找到突破口。最后，他自言自语道："如果我是美国烟草的总裁，我想知道代理商的哪些情况呢？"他马上坐下来，写出了一系列问题，然后他把问题削减成 10 个，并且都准备了答案。

第二天，Ben Duffy 被领进总裁的办公室，在拘谨的自我介绍后，他说："我想您一定想通过今天的会面知道我们公司的一些情况，所以我准备了 10 个问题，也许您希望知道答案。""真是太有趣了，"总裁回答说："我做了同样的事情，您愿意和我交换一下各自所列的问题吗？就现在。"Ben Duffy 知道这是决定生意成败的一个动作，他同意了。他在看总裁所写的问题时，非常惊奇地发现他们列出的问题非常相似。这时候，总裁说道："我看了一下，10 个问题中有

7 个是一样的”。Ben Duffy 表示同意。总裁接着说：“我觉得我们有基础可以进行讨论，得出一个双赢计划。”

就这样，BBD & O 这家小公司得到了这笔价值百万美元的生意，如今它已经成为世界上最大的公司之一了。

**【麦考尔成功案例】**

1946 年，一对父子来到美国，在休斯敦做铜器生意。一天，父亲问儿子：“一磅铜的价格是多少？”儿子答道：“35 美分。”父亲说：“对，整个得克萨斯州都知道每磅铜的价格是 35 美分，但作为犹太人的儿子，应该说 35 美元。你试着把一磅铜做成门把看看。”

20 年后，父亲死了，儿子独自经营铜器店。他做过铜鼓，做过瑞士钟表上的簧片，做过奥运会的奖牌。他曾把一磅铜卖到 3500 美元，这时他已是麦考尔公司的董事长。然而，真正使他扬名的，是纽约州的一堆垃圾。

1974 年，美国政府为清理给自由女神像翻新扔下的废料，向社会广泛招标。但好几个月过去了，没人应标。面对这个烫手的山芋，纽约州政府头疼不已。正在法国旅行的他听说后，立即飞往纽约，看过自由女神下堆积如山的铜块、螺丝和木料后，未提任何条件，当即就签了字。

纽约许多运输公司对他的这一愚蠢举动暗自发笑。因为在纽约州，垃圾处理有严格规定，弄不好会受到环保组织的起诉。就在一些人要看这个犹太人的笑话时，他开始组织工人对废料进行分类。他让人把废铜熔化，铸成小自由女神；把水泥块和木头加工成底座；把废铅、废铝做成纽约广场的钥匙。最后，他甚至把从自由女神身上扫下的灰包装起来，出售给花店。不到 3 个月的时间，他让这堆废料变成了 350 万美元现金，每磅铜的价格整整翻了 1 万倍。

# 第八单元　电子沙盘，创新模拟

**学习目标**

① 了解电子沙盘的特点，掌握电子沙盘经营规则和经营操作。

② 体会人尽其才的重要性，感悟知错能进等。

随着信息技术的不断发展，ERP 电子沙盘也日益成熟起来。ERP 电子沙盘模拟建立在计算机信息处理的基础上，其系统的教师端（后台）有企业经营活动的详细记录和强大的经营分析等，具有独特的优势，在模拟经营的比赛中有着不可替代的地位。

## 8.1　电子沙盘介绍

### 8.1.1　ERP 电子沙盘的特点

ERP 物理沙盘的特点是形象直观，利于掌握，职能中心位置确定，企业人员分工明确，可以体验不同的岗位，很适合初学者学习。但模拟企业需要较大的场地，摆设较多的附属设施，模拟经营过程要通过摆放和移动模拟物品来实现，而且由于模拟物品较小容易出现移动错误，导致账实不符，浪费大量的时间。另外，整个选单过程耗时费力，选单时人工排序也容易出错。

ERP 电子沙盘克服了上述缺点，操作的智能化程度也大大提高。电子沙盘对经营过程进行自动控制，能同时进行选单、经营过程、报表生成、财务分析等操作。ERP 电子沙盘可以自动核对现金流，避免随意挪动现金的现象，能真实反映企业经营过程；现金交易活动自动进行，避免摆放和移动模拟物品带来的错误；自动进行操作合法化的验证，企业团队不能更改操作顺序，不能随意反悔操作，避免了不诚信和作弊现象的发生。

此外，ERP 电子沙盘系统后台（教师端）有各个企业经营过程的详细记录，便于教师掌握实际情况；有师生对话平台，可以实现实时互动，便于教师及时解决学生困惑和问题。

### 8.1.2　“创业者”电子沙盘学生端（前台）界面

“创业者”电子沙盘学生端（前台）界面如图 8-1 所示，以按钮形式放置了企业信息和企业经营的全部操作环节。为避免无序操作，在各个阶段分别设置部分可操作按钮，只有界面上亮色显示的按钮允许操作。部分环节只允许进行一次操作，无法修改，一旦执行就不能悔改，实现时间不许倒流的控制。

界面上有企业组织结构、厂房及生产设备、基本经营信息，也有市场开拓、产品研发信息，还有规则查询功能，方便在经营过程中随时查看。

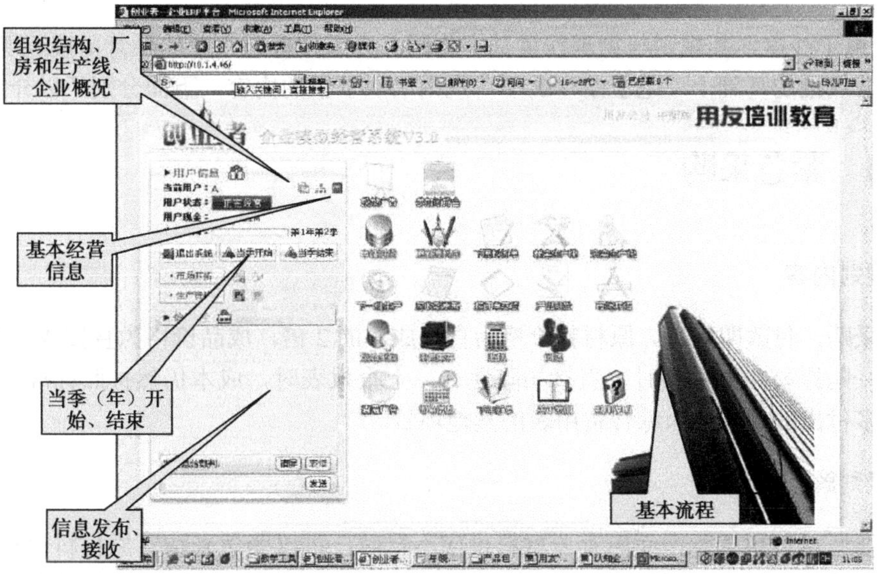


图 8-1 “创业者”电子沙盘学生端（前台）界面

## 8.1.3 电子沙盘与物理沙盘的比较

ERP 电子沙盘与物理沙盘有许多不同，表现在以下几个方面。

### 1. 经营年限不同

电子沙盘取消了初始年，模拟经营从第一年开始。但本地市场的准入证、$P_1$ 产品的生产资格证办理完成，即企业首次登录就拥有两证。所需费用由系统扣除，年初现金为 38W。

### 2. 其他不同

经营规则增加了新的内容，具体变化见 8.2 节；经营操作改为界面按钮，菜单提示，具体变化见 8.3 节及表 8-2；经营活动的变化见 8.3.6 节。

## 8.1.4 电子沙盘的发展

随着科技的发展，ERP 沙盘也在不断完善，得到了迅猛发展。用友 ERP 沙盘从“挑战者”基础版发展到五代诸版，现在又有了“商战”版。社会上使用广泛的有用友 ERP 沙盘、金蝶 ERP 沙盘、ITMC 沙盘等，还有用友供应链沙盘、金蝶创业之星、金蝶经营之道等多种沙盘。

用友 ERP 沙盘高级版本的基本原理与基础版相同，只是规则方面增加了新的内容，如原材料由 2 种增加为 3 种、4 种，产品由 2 种增加为 3 种、4 种、5 种、6 种等。规则的变化，增加了难度与比赛的趣味性。

# 8.2 电子沙盘经营规则

ERP 电子沙盘，其规则与物理沙盘基本相同。为了使模拟企业的经营更接近现实，在物理沙盘经营规则的基础上，电子沙盘的经营规则增加了新的内容，下面分别予以介绍。

## 8.2.1 紧急采购

### 1. 规则内容

紧急采购，付款即到货。原材料价格为直接成本的 2 倍，成品价格为直接成本的 3 倍。

紧急采购原材料和成品时，直接扣除现金。上报报表时，成本仍然按照标准成本记录，紧急采购多付出的成本计入综合费用表的其他项目。

### 2. 规则解读

当需要原材料用于生产而库存原材料供应不足时，可以紧急采购，原材料价格为直接成本的 2 倍，即 2W/个；订单因库存产品不足而无法交货时，可紧急采购成品，成品价格为直接成本的 3 倍。紧急采购时，付款即到货。

紧急采购可以在任何时间进行。

## 8.2.2 出售库存

### 1. 规则内容

具体规则见表 8-1 中的库存拍卖。

表 8-1 融资规则

| 贷款类型 | 贷款时间 | 贷款额度 | 年息 | 还款方式 |
|---|---|---|---|---|
| 短期贷款 | 每季度初 | 所有短贷之和不能超过 120W | 5% | 到期一次还本付息，每次贷款为 20W 的倍数 |
| 资金贴现 | 任何时间 | 视应收款额 | 10%（1 季、2 季），12.5%（3 季、4 季） | 变现时贴息，可对 1 季、2 季应收联合贴现（3 季、4 季同理） |
| 库存拍卖 | 原材料八折，成品按成本价 | | | |

### 2. 规则解读

在经营过程中如果出现资金短缺或现金断流的紧急情况，可以出售原材料、成品，出售时原材料八折，成品按成本价。

出售库存时，直接得到现金。上报报表时，紧急采购出售库存低于成本部分计入费用表损失项。出售库存可以在任何时间进行。

出售库存所得向下取整。

### 8.2.3 应收款贴现

#### 1. 规则内容

具体规则见表 8-1 中资金贴现的相关规定。

#### 2. 规则解读

融资方式增加了应收款贴现，在出现资金短缺或现金断流的紧急情况下，可以贴现收回现金。贴现可以在任何时间进行。

贴现费用向上取整。

## 8.3 电子沙盘的经营过程与操作

### 8.3.1 企业首次登录

① 一个企业设置了一个账号，第 1 组用“U01”，依此类推。

② 修改密码。初始密码均设置为“1”，可修改设定自己企业的密码，防止他人操作。

③ 填写企业名称。

④ 填写企业分工。

⑤ 填写企业简介。

⑥ 登记确认。确认后即不许更改。

“用户登记”界面如图 8-2 所示。

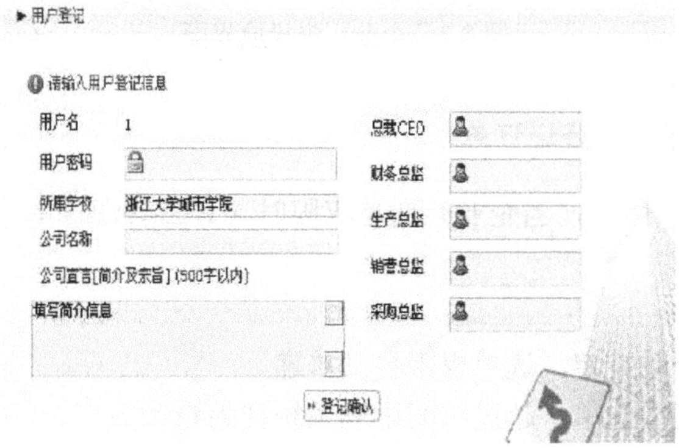


图 8-2 “用户登记”界面

## 8.3.2 年初经营操作

### 1. 新年度规划会议

界面无显示。

### 2. 广告投放

双击“投放广告”图标，填写广告费用，确认后退出。

操作说明：

① 市场没有开拓完成，市场名称为红色，不可投放广告。

② 没有获得市场准入证，不能投放广告。

③ 广告投放后，系统自动扣除广告费用。

④ 所有企业广告投放完成后，可以查看其他企业的广告投放情况。

企业广告投放界面如图 8-3 所示。

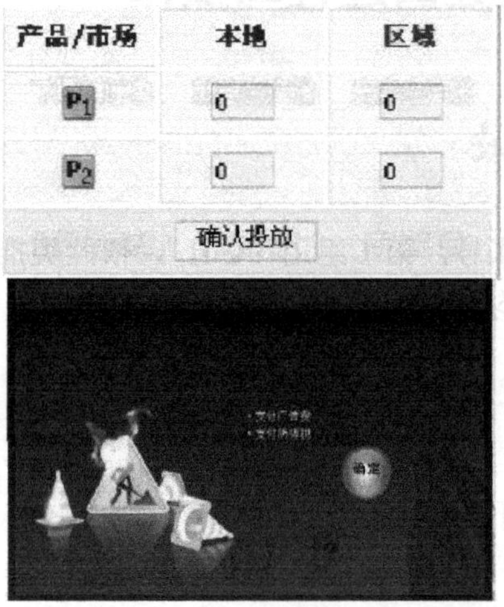


图 8-3 企业广告投放界面

### 3. 参加订货会选取订单/登记订单

双击“参加订货会”图标，当企业有选单权限时（订货会现场的订单呈现亮色），单击选择的订单并确认即可。

操作说明：

① 选单顺序系统自动排定，选单权限自动传递。

② 必须在限定时间内选单，超过时间限制系统视为自动放弃。

③ 放弃一轮选单，系统视为放弃本回合选单权利。

④ 可用右上方按钮进行排序，快速比较订单的各项指标。

“参加订货会”界面如图 8-4 所示。

图 8-4 “参加订货会”界面

### 4．支付税金

在支付广告费用时，系统自动扣除。

## 8.3.3 各季度经营

### 1．当季开始

单击“当季开始”按钮，启动本季度任务。当季开始界面如图 8-5 所示。

图 8-5 当季开始界面

操作说明：

① 必须单击“当季开始”按钮，系统才能进入本季度的操作。

② 当季开始后，提示自动完成的项目，确认后进入下一操作。

③ 系统将自动扣除短期贷款的本息。

④ 系统自动完成更新生产、完工入库、生产线安装完成等工作。

⑤ 界面有部分后续可操作按钮亮起。

### 2. 更新短期贷款/短期贷款还本付息

相关操作由系统自动完成。

### 3. 申请短期贷款

单击按钮打开“申请短期贷款”界面，填写贷款数额，确认即可。“申请短期贷款”界面如图 8-6 所示。

操作说明：

① 一季只允许操作一次。

② 申请数额为 20W 的倍数。

图 8-6 “申请短期贷款”界面

### 4. 更新原料及原料入库

单击按钮打开对应界面，确认即可。“原材料入库/更新原料订单”界面如图 8-7 所示。

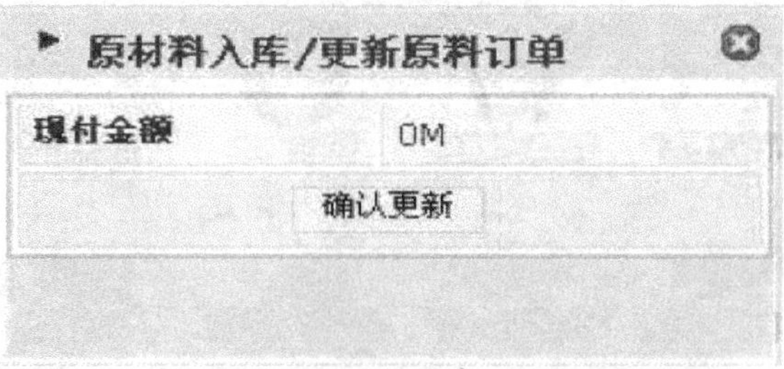


图 8-7 “原材料入库/更新原料订单”界面

操作说明：

① 系统自动支付现金，不能更改。

② 必须操作。

③ 操作后，前面的操作权限关闭，后面的操作权限才可以开启。

④ 一季只允许操作一次。

### 5. 下原料订单

单击按钮打开“下原料订单”界面，填写相应原料的数量并确认。“下原料订单”界面如图 8-8 所示。

操作说明：

① 一季只允许操作一次。

② 确认订购后不可退订。

③ 可以不下订单。

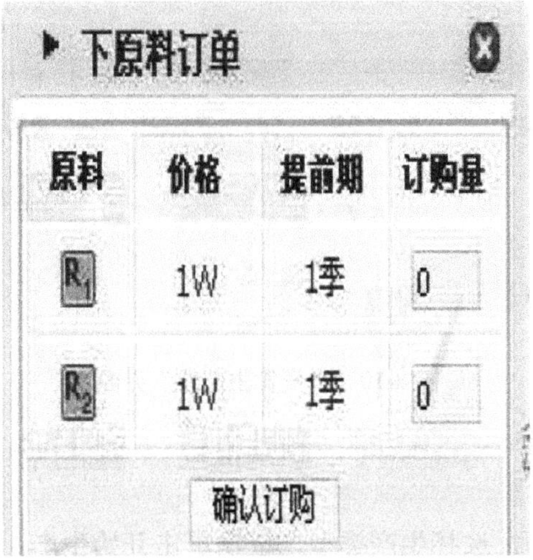


图 8-8 “下原料订单”界面

### 6. 更新生产/完工入库

相关操作由系统自动完成。

### 7. 新建/变卖生产线

新建生产线：单击按钮打开对应界面，选择生产线类型、生产产品并确认。“新建生产线投资”界面如图 8-9 所示。

操作说明：

① 有查询窗口。

② 一季可多次操作。

③ 购置满厂房不能再新建。

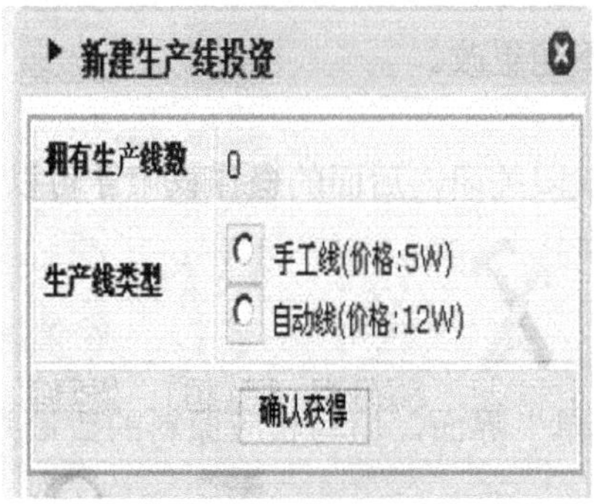


图 8-9 “新建生产线投资”界面

变卖生产线：单击按钮打开对应界面，选择生产线，确认即可。“变卖生产线”界面如图 8-10 所示。

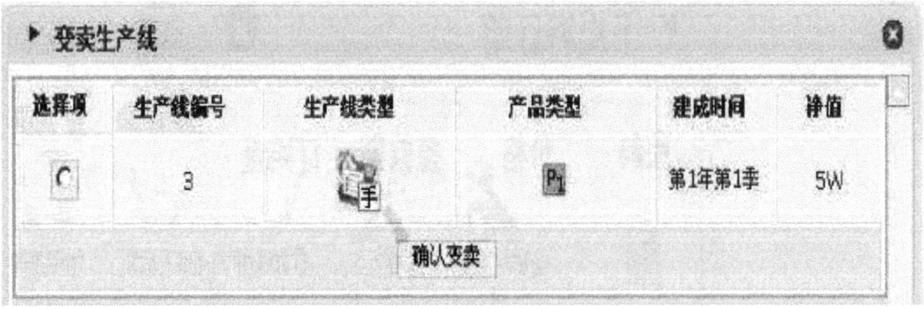


图 8-10 “变卖生产线”界面

## 8．开始下一批生产

单击按钮打开对应界面，选择生产类型，依次单击开始生产。“开始下一批生产”界面如图 8-11 所示。

操作说明：

① 系统自动列出可以进行生产的生产线。

② 系统自动扣除原料和加工费。

③ 可以停产。

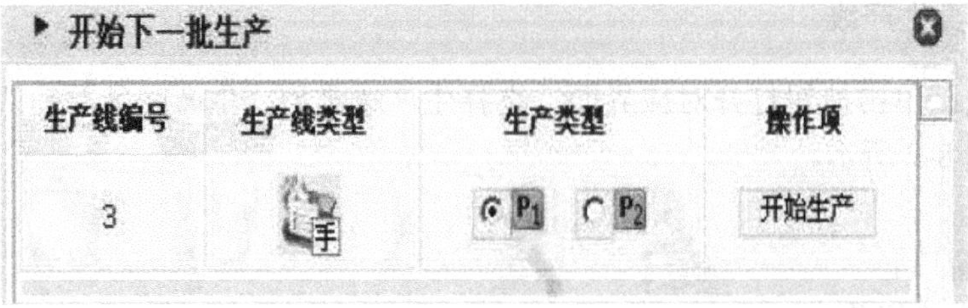


图 8-11 “开始下一批生产”界面

### 9. 更新应收款/应收款收现

单击按钮进入操作界面，填写到期应收款金额并确认。“应收款更新”界面如图 8-12 所示。

操作说明：

① 不许多填。

② 填写多少，收回多少。

③ 如果少填，少收的部分转入下一期应收款。

④ 未到期的应收款，系统自动更新。

⑤ 操作后，前面的操作权限关闭，后面的操作权限开启。

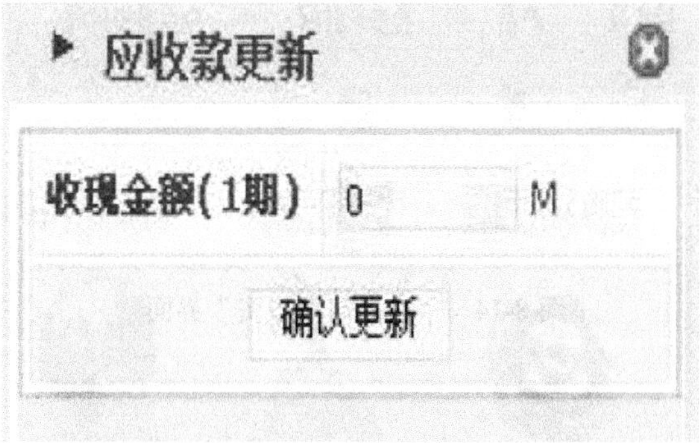


图 8-12 “应收款更新”界面

### 10. 按订单交货

单击按钮进入操作界面，系统列出未交货的订单，检查订单项目，选择提交订单，确认后交货完成。“按订单交货”界面如图 8-13 所示。

操作说明：

① 可以多次操作。

② 系统自动增加应收款或现金。

③ 逾期不交货，系统自动判定违约，收回订单，年底扣除违约金。

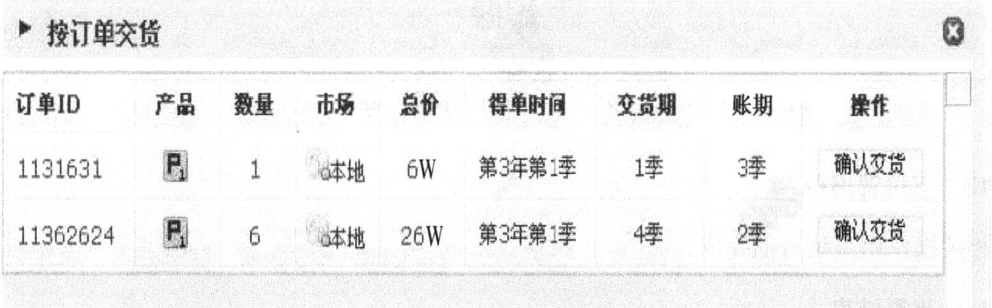
按订单交货

| 订单ID | 产品 | 数量 | 市场 | 总价 | 得单时间 | 交货期 | 账期 | 操作 |
|---|---|---|---|---|---|---|---|---|
| 1131631 | P1 | 1 | 本地 | 6W | 第3年第1季 | 1季 | 3季 | 确认交货 |
| 11362624 | P1 | 6 | 本地 | 26W | 第3年第1季 | 4季 | 2季 | 确认交货 |

图 8-13 “按订单交货”界面

### 11．产品研发投资

单击按钮进入操作界面，选择操作项，确认即可。“产品研发投资”界面如图 8-14 所示。

操作说明：

① 季度结束时，系统自动检查产品研发是否完成。

② 一季只允许操作一次。

③ 研发完成，系统自动换发生产资格。

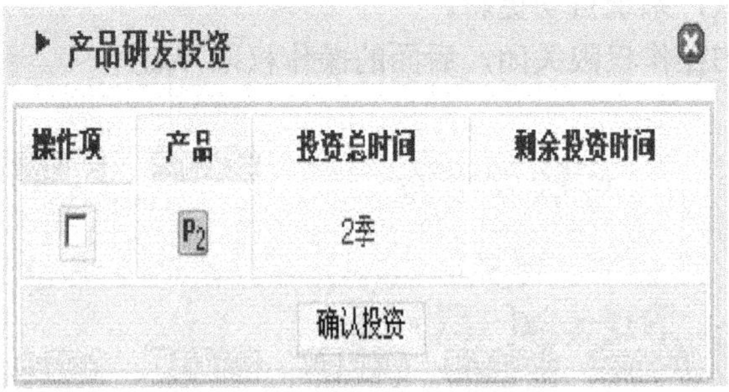


图 8-14 “产品研发投资”界面

### 12．市场开拓

单击进入操作界面，选择操作项，确认即可。“市场开拓投资”界面如图 8-15 所示。

操作说明：

① 年度结束时，系统自动检查市场开拓是否完成。

② 只允许第四季度操作一次。

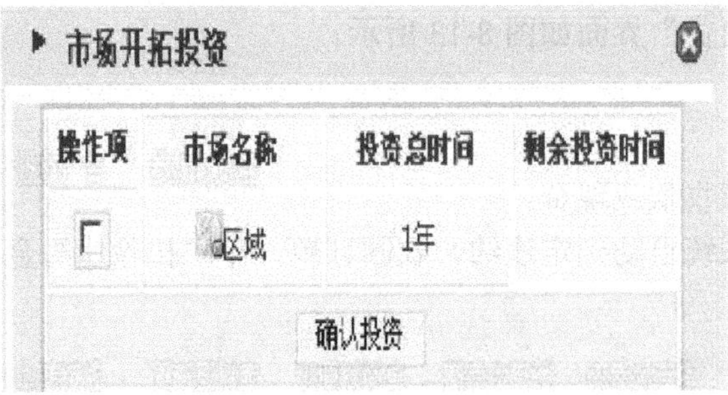


图 8-15 “市场开拓投资”界面

### 13．支付管理费

相关操作由系统自动完成。

### 14．当季结束

单击按钮，系统自动交纳管理费，并自动检查产品研发完成情况。当季结束界面如图 8-16 所示。

操作说明：

① 一旦操作，前面的操作权限就关闭。

② 必须确认经营结束。

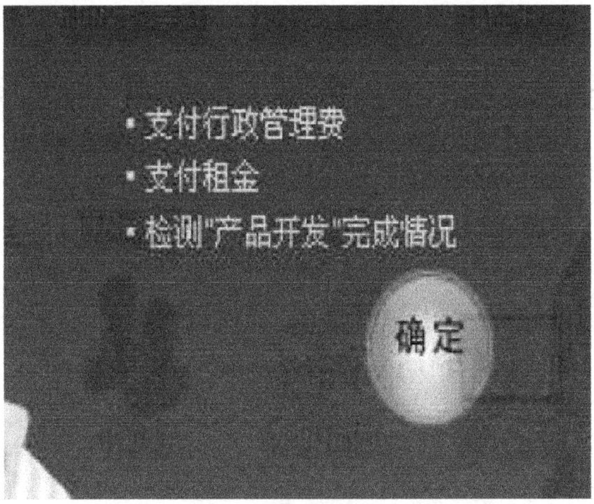


图 8-16 “当季结束”界面

## 8.3.4 年末操作

第四季度经营结束，当季（年）结束按钮亮起，单击进入界面并确认。“当季（年）结束”界面如图 8-17 所示。

操作说明：

① 必须操作，当年经营结束时间，以按钮确认为准。

② 系统自动完成市场开拓检测、扣除违约金、支付设备维修费、计提折旧等各项工作。

③ 系统自动在后台生成企业财务报表。

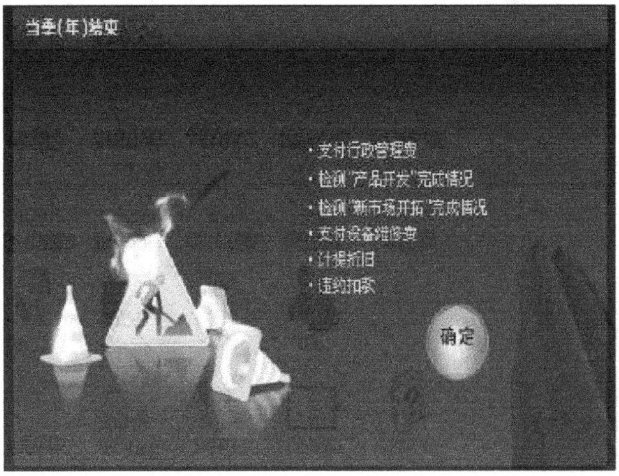


图 8-17 “当季（年）结束”界面

## 8.3.5 特殊操作

### 1．紧急采购

需要操作时，单击进入对应界面，选择操作项，确认即可。“紧急采购”界面如图 8-18 所示。

图 8-18　“紧急采购”界面

### 2．出售库存

需要操作时，单击进入对应界面，填写对应物料的数量，确认即可。“出售库存”界面如图 8-19 所示。

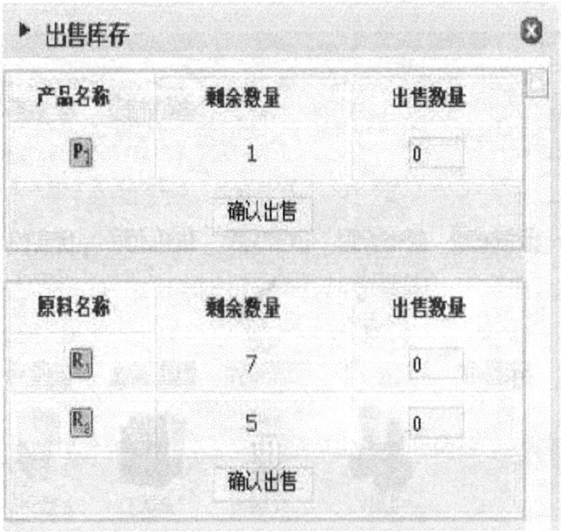


图 8-19　“出售库存”界面

### 3. 应收款贴现

需要操作时，单击进入对应界面，填写对应账期的数额，确认即可。“贴现”界面如图 8-20 所示。

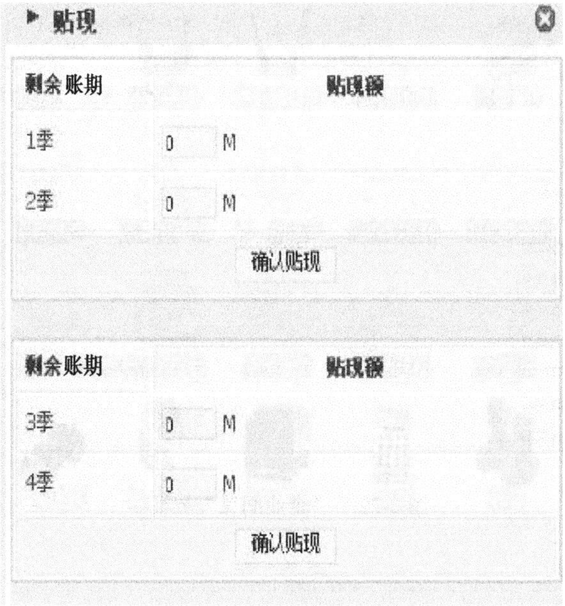


图 8-20　“贴现”界面

### 4. 订单信息

通过“订单信息”界面可以查看企业本年度的订单情况，如图 8-21 所示。

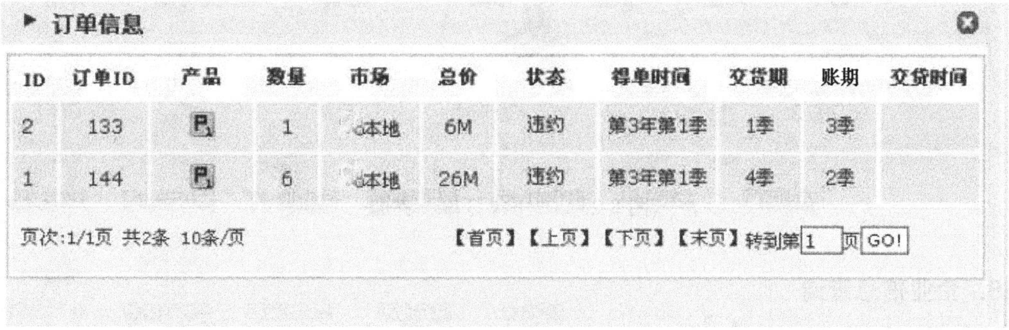
订单信息

| ID | 订单ID | 产品 | 数量 | 市场 | 总价 | 状态 | 得单时间 | 交货期 | 账期 | 交货时间 |
|---|---|---|---|---|---|---|---|---|---|---|
| 2 | 133 | P1 | 1 | 本地 | 6M | 违约 | 第3年第1季 | 1季 | 3季 | |
| 1 | 144 | P1 | 6 | 本地 | 26M | 违约 | 第3年第1季 | 4季 | 2季 | |

页次:1/1页 共2条 10条/页　【首页】【上页】【下页】【末页】转到第 1 页 GO!

图 8-21　“订单信息”界面

### 5. 查询广告

所有企业广告投放完成后，可以查看各个企业的广告投放情况。

### 6．间谍

单击进入对应界面，选择组别即出现对应组别的信息，如图 8-22 所示。需要提醒的是广告投放不能通过间谍得到，间谍是需要支付间谍费的。

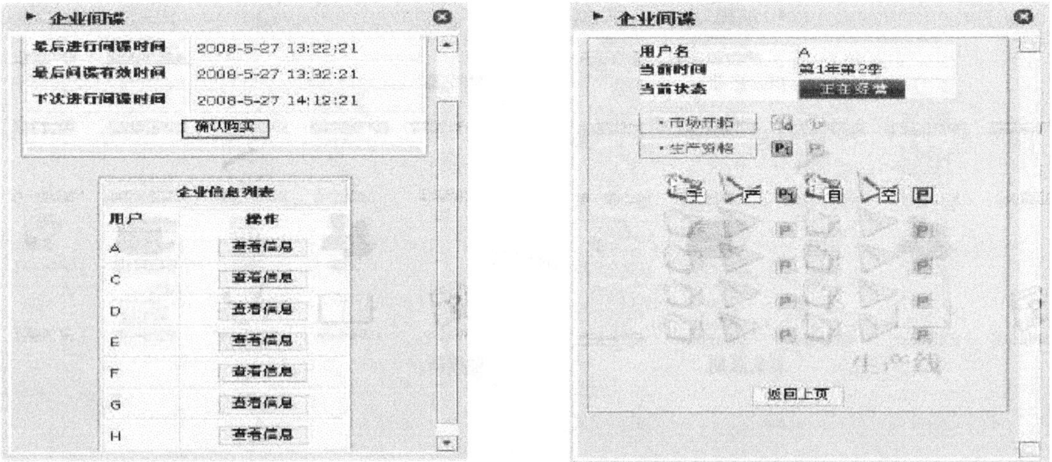


图 8-22　“企业间谍”界面

### 7．下年订单

市场订货会后，可以看到下一年的订单。“下年订单”界面如图 8-23 所示。

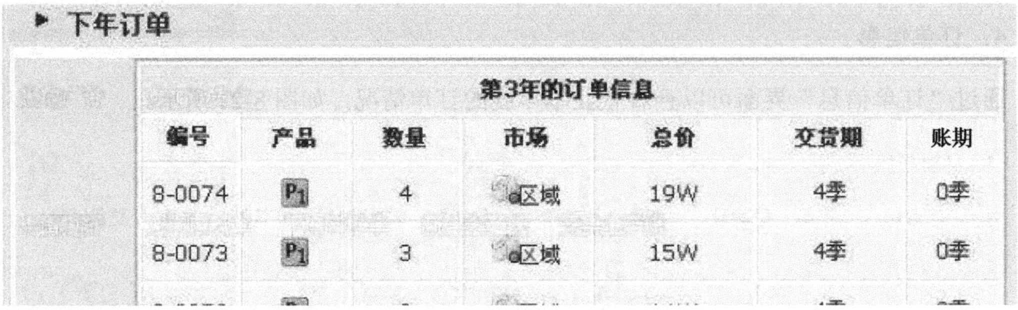

下年订单

第3年的订单信息

| 编号 | 产品 | 数量 | 市场 | 总价 | 交货期 | 账期 |
|---|---|---|---|---|---|---|
| 8-0074 | P1 | 4 | 区域 | 19W | 4季 | 0季 |
| 8-0073 | P1 | 3 | 区域 | 15W | 4季 | 0季 |

图 8-23　“下年订单”界面

### 8．企业信息查询

随时可以查询企业组织信息、厂房及生产设备信息、企业经营信息等信息。

### 9．规则说明

随时可以查询经营规则。

## 8.3.6 物理沙盘与电子沙盘经营活动的比较

由于电子沙盘规则的改变，预算表和经营记录表中相应增加了贴现、紧急采购和出售库存等项目，具体见表 9-2 和表 9-3。物理沙盘与电子沙盘操作的比较见表 8-2。

表 8-2 物理沙盘与电子沙盘操作的比较

| 物理沙盘手工操作 | 电子沙盘按钮 | 电子沙盘操作 | 次数限制 |
|---|---|---|---|
| 广告投放 | 投放广告 | 输入广告费确认 | 1 次/年 |
| 参加订货会选单/登记订单 | 参加订货会 | 选取订单 | 1 次/年 |
| 支付应付税（25%） | 投放广告 | 系统自动 | |
| 季初盘点（请填余额） | 当季开始 | 产品下线，生产线完工（自动） | 1 次/季 |
| 更新短期贷款/还本付息 | 当季开始 | 系统自动 | 1 次/季 |
| 申请短期贷款 | 申请短贷 | 输入贷款数额并确认 | 1 次/季 |
| 原材料入库/更新原料订单 | 更新原料库 | 需要确认金额 | 1 次/季 |
| 下原料订单 | 下原料订单 | 输入并确认 | 1 次/季 |
| 更新生产/完工入库 | 当季开始 | 系统自动 | 1 次/季 |
| 新建/在建/转产/变卖生产线 | 新建生产线，在建生产线，生产线转产，变卖生产线 | 选择并确认 | 新建/转产/变卖不限，在建 1 次/季 |
| 紧急采购（物理沙盘无） | 紧急采购 | 输入并确认（随时进行） | 不限 |
| 开始下一批生产 | 下一批生产 | 选择并确认 | 不限 |
| 更新应收款/应收款收现 | 应收款更新 | 需要输入到期金额 | 1 次/季 |
| 按订单交货 | 按订单交货 | 选择交货订单并确认 | 不限 |
| 产品研发投资 | 产品研发 | 选择并确认 | 1 次/季 |
| 新市场开拓 | 市场开拓 | 仅第四季允许操作 | 1 次/年 |
| 支付管理费 | 当季（年）结束 | 系统自动 | 1 次/季 |
| 出售库存（物理沙盘无） | 出售库存 | 输入并确认（随时进行） | 不限 |
| 应收款贴现（物理沙盘无） | 贴现 | 输入并确认（随时进行） | 不限 |
| 缴纳违约订单罚款（25%） | 当年结束 | 系统自动 | 1 次/年 |
| 支付设备维护费 | 当年结束 | 系统自动 | 1 次/年 |
| 计提折旧 | 当年结束 | 系统自动 | 1 次/年 |
| 新市场资格换证 | 当年结束 | 系统自动 | 1 次/年 |
| 结账 | 当年结束 | 系统自动 | 1 次/年 |

## 思考与探究

| | |
|---|---|
| 电子沙盘新增的规则 | |
| 如何应用这些新增规则 | |
| 经营记录表的变化 | |
| 电子沙盘的特点 | |
| 如何应对电子沙盘的经营 | |
| 你的建议 | |

## 课外阅读

**【“Jenny Lous Shop”蔬菜连锁店】**

北京的外国人只要出门买菜，一般都会去一家名叫“Jenny Lous Shop”的蔬菜连锁店。令人称奇的是，这个紧紧抓住外国人胃口的店老板，是一位只有初中文化的普通打工仔！

在短短数年里，他靠摆地摊卖菜起家，居然在京城繁华地段拥有“专门面向外国顾客”的 11 家蔬菜连锁店，当上了北京几十万外国人的“菜总管”。他怎么能做得如此成功呢？

1994 年初，卢旭东决定去朝阳区三里屯市场卖菜。最初的日子，为了赶早去几十里外的批发市场进货，每天凌晨 3 点就得起床；菜拉回来后，天还没有亮就得去赶早市，如果散市时还没有卖完的话，还得蹬着三轮车到附近居民区里吆喝叫卖。这样熬了一个月后，他赚了一千多元，是以前每月挣的两三倍。

有一段时间，西葫芦卖得特别火，可卢旭东却很难进到货，即使进到了，也是那些个头较小的淘汰货。这样一来，前来光顾他菜摊的人就少多了。卢旭东不禁心急如焚。就在他为此苦恼不已的时候，却忽然发现光顾自己摊位的外国顾客明显增多了。这到底是怎么回事呢？

经过一段时间的观察，细心的卢旭东发现：外国客人挑菜，除了喜欢鲜嫩外，更钟情于个头小而饱满的。比如西葫芦，中国顾客喜欢挑个大的，而外国顾客却专挑小的。卢旭东百思不得其解。后来，有人告诉他，这完全是因为东、西方审美情趣差异以及饮食观念不同所致，外国人认为小巧的菜品不仅漂亮，而且营养价值更高。卢旭东了解到这种情况后，心中一动：三里屯周围住的外国人很多，他们一般都来这里买菜，如果自己把目标盯准外国顾客，说不定能够改变目前的困境。 此后，卢旭东每次去批发市场进货，就有意挑选同行不喜欢进的小巧菜品。由于卢旭东的菜品紧紧抓住了外国客人的喜好，因此他的生意很快就红火起来。为了牢牢抓住这一商机，卢旭东来到蔬菜批发市场，与一些供货商悄然签订合同：凡是小巧菜品都归他所有。就这样，卢旭东悄悄做起了“垄断”生意。

一天，一位美国使馆的后勤人员向卢旭东订货：一个星期后需要一卡车个小的西葫芦。因为要的货数量大，近处一时根本凑不齐，需要到几十公里外的大钟寺市场去求购。这样成本势必大大增加，根本赚不了钱。要是别人可能就会取消这次合作，但卢旭东为了不失信于人，咬着牙坚持合作。组织到货源后，为了节约运费，他踩着三轮车一车一车地往回拉。那几天，他奔来跑去，忙得连饭都顾不上吃。当他准时将一卡车西葫芦交付给对方后，蓝眼睛、高鼻梁的外国顾客乐得伸出大拇指直夸他：“卢，你是讲信誉的，了不起！”

卢旭东这次虽然没赚到钱，却赢得了珍贵的信誉。后来，很多使馆、外国公司都慕名找他买菜。这时，一位经常光顾他的摊位的新加坡籍华侨指点他说：“你的菜摊，在外国人中间已经有一些名气了，应该搬到店铺中去经营，有了柜台，看上去就会整洁规范得多。当然，店铺前要是竖一个招牌，生意肯定会更好！”

卢旭东听后非常兴奋，当即在市场里租了一个店面。他请那位华侨帮忙取一个店名，华侨说：“既然你的店铺主要是针对外国顾客的，那就取一个外文店名吧！”然后以他名字的谐音取了一个店名——“Jenny Lous Shop ”。

说来很神奇，这个招牌在三里屯市场一亮相，就产生了意想不到的效果，前来光顾的外国顾客就更多了。有的外国顾客说，看到“Jenny Lous Shop”这个招牌，就像走进了自家的店铺。

# 第九单元　终极决战，智者为王

**学习目标**

① 理解企业战略的重要性，掌握电子沙盘操作。
② 履行个人职责，有效使用策略、技巧。
③ 理解团队合作的重要性，树立全局观念。

经过前面的学习和经营实践，我们对企业经营有了比较全面的认识，掌握了模拟企业经营的完整过程，储备了较丰富的经营管理知识，具备了一定的战略规划意识；也经历了失败的打击，感受到了成功的喜悦，有了正反两方面的经验教训；还“悟”出了一些技巧，得到了许多感悟。现在，我们又迎来了一次展现才华的机会，让我们发挥个人的聪明才智和团队的整体优势，精心准备，进行最后的决战。永远牢记：胜利属于有准备的人！

## 9.1　创立企业

组建团队，成员分工，沟通协调，完成企业创立的准备工作。
登录电子沙盘系统，输入相关信息，完成企业创立。

## 9.2　第一年度经营

### 9.2.1　新年度规划

企业经营团队召开新年度规划会议，确立企业总体战略，制定本年度企业规划、各个职位的职能策略等，填写在表 9-1 中（以后年度同此）。第一年资金预算表见表 9-2

**表 9-1　第一年年度计划书**

| | |
|---|---|
| 年度规划 | |
| 职能策略 | |
| 业务计划 | |
| 计划落实措施 | |
| 计划实施记录 | |

**表 9-2 第一年资金预算表**

| 时间（季度） | 1 | 2 | 3 | 4 |
| --- | --- | --- | --- | --- |
| 期初现金 | | | | |
| 贴现收入 | | | | |
| 支付上年应付税（25%） | | | | |
| 广告投放 | | | | |
| 短贷还本付息 | | | | |
| 申请短期贷款 | | | | |
| 购买原材料 | | | | |
| 新建/在建/转产/变卖生产线 | | | | |
| 开始下一批生产 | | | | |
| 应收款收现 | | | | |
| 产品研发投资 | | | | |
| 支付管理费 | | | | |
| 新市场开拓 | | | | |
| 缴纳违约订单罚款（25%） | | | | |
| 支付设备维护费 | | | | |
| 计提设备折旧 | | | | |
| 其他 | | | | |
| 现金 | | | | |

### 9.2.2 年度经营活动

按照经营操作顺序进行经营活动，并将活动情况记录在表9-3中。

表9-3 企业经营记录表

| 用户＿＿＿＿＿ | | 第 1 年经营 | | | | |
|---|---|---|---|---|---|---|
| 顺序 | 手工操作流程 | 系统操作 | 手工记录 | | | |
| 年初 | 新年度规划会议 | | | | | |
| | 广告投放 | 输入广告费并确认 | | | | |
| | 参加订货会选订单/登记订单 | 选单 | | | | |
| | 支付应付税（25%） | 系统自动 | | | | |
| 1 | 季初盘点（请填余额） | 产品下线,生产线完工（自动） | | | | |
| 2 | 更新短期贷款/短贷还本付息 | 系统自动 | | | | |
| 3 | 申请短期贷款 | 输入贷款数额并确认 | | | | |
| 4 | 原材料入库/更新原料订单 | 需要确认金额 | | | | |
| 5 | 下原料订单 | 输入并确认 | | | | |
| 6 | 更新生产/完工入库 | 系统自动 | | | | |
| 7 | 新建/在建/转产/变卖生产线 | 选择并确认 | | | | |
| 8 | 紧急采购（随时进行） | 随时进行输入并确认 | | | | |
| 9 | 开始下一批生产 | 选择并确认 | | | | |
| 10 | 更新应收款/应收款收现 | 需要输入到期金额 | | | | |
| 11 | 按订单交货 | 选择交货订单并确认 | | | | |
| 12 | 产品研发投资 | 选择并确认 | | | | |
| 13 | 新市场开拓 | 仅第四季允许操作 | | | | |
| 14 | 支付管理费 | 系统自动 | | | | |
| 15 | 出售库存 | 输入并确认（随时进行） | | | | |
| 16 | 应收款贴现 | 输入并确认（随时进行） | | | | |
| 17 | 季末收入合计 | | | | | |
| 18 | 季末支出合计 | | | | | |
| 19 | 季末数额对账 | | | | | |
| 年末 | 缴纳违约订单罚款（25%） | 系统自动 | | | | |
| | 支付设备维护费 | 系统自动 | | | | |
| | 计提设备折旧 | 系统自动 | | | | （ ） |
| | 新市场认证 | 系统自动 | | | | |
| | 结账 | | | | | |

### 9.2.3 年终报表

填写表 9-4、表 9-5、表 9-6 和表 9-7。

表 9-4 第一年产品核算表

| 项　目 | P1 | P2 | | | 合　计 |
|---|---|---|---|---|---|
| 数量 | | | | | |
| 销售额 | | | | | |
| 成本 | | | | | |
| 毛利 | | | | | |

表 9-5 第一年综合费用明细表

| 项　目 | 金　额 | 备　注 |
|---|---|---|
| 管理费 | | |
| 广告费 | | |
| 维修费 | | |
| 市场准入开拓 | | |
| 产品研发 | | 包括购买资格证书的费用 |
| 其他 | | |
| 合计 | | |

表 9-6 第一年利润表

| 项　目 | 运 算 符 号 | 上 年 数 | 本 年 数 |
|---|---|---|---|
| 销售收入 | | | |
| 直接成本 | － | | |
| 毛利 | ＝ | | |
| 综合费用 | － | | |
| 折旧前利润 | ＝ | | |
| 折旧 | － | | |
| 支付利息前利润 | ＝ | | |
| 财务收入/支出 | ＋/－ | | |
| 其他收入/支出 | ＋/－ | | |
| 税前利润 | ＝ | | |
| 所得税 | － | | |
| 净利润 | ＝ | | |

表 9-7 第一年资产负债表

| 资　　产 | 期 初 数 | 期 末 数 | 负债和所有者权益 | 期 初 数 | 期 末 数 |
|---|---|---|---|---|---|
| 流动资产： | | | 负债： | | |
| 现金 | | | 短期借款 | | |
| 应收账款 | | | | | |
| 在制品 | | | 应交税金 | | |
| 成品 | | | | | |
| 原料 | | | | | |
| 流动资产合计 | | | 负债合计 | | |
| 固定资产： | | | 所有者权益: | | |
| 土地与建筑 | | | 股东资本 | | |
| 机器与设备 | | | 利润留存 | | |
| 在建工程 | | | 年度净利 | | |
| 固定资产合计 | | | 所有者权益合计 | | |
| 资产总计 | | | 负债和所有者权益总计 | | |

## 9.2.4 年终总结

填写表 9-8。

表 9-8 第一年年终总结

| | |
|---|---|
| 成功之处 | |
| 存在的问题 | |
| 策略评价 | |
| 计划评价 | |
| 改进设想 | |

# 9.3 第二年经营

## 9.3.1 年度规划与计划

填写表 9-9 和表 9-10。

表 9-9 资金预算表

| 时间（季度） | 1 | 2 | 3 | 4 |
|---|---|---|---|---|
| 期初现金 | | | | |
| 贴现收入 | | | | |
| 支付上年应付税（25%） | | | | |
| 广告投放 | | | | |
| 短贷还本付息 | | | | |
| 申请短期贷款 | | | | |
| 购买原材料 | | | | |
| 新建/在建/转产/变卖生产线 | | | | |
| 开始下一批生产 | | | | |
| 应收款收现 | | | | |
| 产品研发投资 | | | | |
| 支付管理费 | | | | |
| 新市场开拓 | | | | |
| 缴纳违约订单罚款（25%） | | | | |
| 支付设备维护费 | | | | |
| 计提设备折旧 | | | | |
| 其他 | | | | |
| 现金 | | | | |

表 9-10 第二年年度计划书

| | |
|---|---|
| 企业年度规划 | |
| 职能策略 | |
| 业务计划 | |
| 计划落实措施 | |
| 计划实施记录 | |

## 9.3.2 年度经营活动

填写表9-11。

表9-11 企业经营记录表

| 用户______ 第2年经营 | | | | | | |
|---|---|---|---|---|---|---|
| 顺序 | 手工操作流程 | 系统操作 | 手工记录 | | | |
| 年初 | 新年度规划会议 | | | | | |
| | 广告投放 | 输入广告费并确认 | | | | |
| | 参加订货会选订单/登记订单 | 选单 | | | | |
| | 支付应付税（25%） | 系统自动 | | | | |
| 1 | 季初盘点（请填余额） | 产品下线,生产线完工（自动） | | | | |
| 2 | 更新短期贷款/短贷还本付息 | 系统自动 | | | | |
| 3 | 申请短期贷款 | 输入贷款数额并确认 | | | | |
| 4 | 原材料入库/更新原料订单 | 需要确认金额 | | | | |
| 5 | 下原料订单 | 输入并确认 | | | | |
| 6 | 更新生产/完工入库 | 系统自动 | | | | |
| 7 | 新建/在建/转产/变卖生产线 | 选择并确认 | | | | |
| 8 | 紧急采购（随时进行） | 随时进行输入并确认 | | | | |
| 9 | 开始下一批生产 | 选择并确认 | | | | |
| 10 | 更新应收款/应收款收现 | 需要输入到期金额 | | | | |
| 11 | 按订单交货 | 选择交货订单并确认 | | | | |
| 12 | 产品研发投资 | 选择并确认 | | | | |
| 13 | 新市场开拓 | 仅第四季允许操作 | | | | |
| 14 | 支付管理费 | 系统自动 | | | | |
| 15 | 出售库存 | 输入并确认（随时进行） | | | | |
| 16 | 应收款贴现 | 输入并确认（随时进行） | | | | |
| 17 | 季末收入合计 | | | | | |
| 18 | 季末支出合计 | | | | | |
| 19 | 季末数额对账 | | | | | |
| 年末 | 缴纳违约订单罚款（25%） | 系统自动 | | | | |
| | 支付设备维护费 | 系统自动 | | | | |
| | 计提设备折旧 | 系统自动 | | | | （ ） |
| | 新市场认证 | 系统自动 | | | | |
| | 结账 | | | | | |

## 9.3.3 年终报表

填写表 9-12、表 9-13、表 9-14 和表 9-15。

表 9-12 第二年产品核算表

| 项　目 | P1 | P2 | | | 合　计 |
|---|---|---|---|---|---|
| 数　量 | | | | | |
| 销售额 | | | | | |
| 成　本 | | | | | |
| 毛　利 | | | | | |

表 9-13 第二年综合费用明细表

| 项　目 | 金　额 | 备　注 |
|---|---|---|
| 管理费 | | |
| 广告费 | | |
| 维修费 | | |
| 市场准入开拓 | | |
| 产品研发 | | 包括购买资格证书的费用 |
| 其他 | | |
| 合计 | | |

表 9-14 第二年利润表

| 项　目 | 运算符号 | 上年数 | 本年数 |
|---|---|---|---|
| 销售收入 | | | |
| 直接成本 | − | | |
| 毛利 | = | | |
| 综合费用 | − | | |
| 折旧前利润 | = | | |
| 折旧 | − | | |
| 支付利息前利润 | = | | |
| 财务收入/支出 | +/− | | |
| 其他收入/支出 | +/− | | |
| 税前利润 | = | | |
| 所得税 | − | | |
| 净利润 | = | | |

表 9-15　第二年资产负债表

| 资　　产 | 期 初 数 | 期 末 数 | 负债和所有者权益 | 期 初 数 | 期 末 数 |
|---|---|---|---|---|---|
| 流动资产： | | | 负债： | | |
| 现金 | | | 短期借款 | | |
| 应收账款 | | | | | |
| 在制品 | | | 应交税金 | | |
| 成品 | | | | | |
| 原料 | | | | | |
| 流动资产合计 | | | 负债合计 | | |
| 固定资产： | | | 所有者权益: | | |
| 土地与建筑 | | | 股东资本 | | |
| 机器与设备 | | | 利润留存 | | |
| 在建工程 | | | 年度净利 | | |
| 固定资产合计 | | | 所有者权益合计 | | |
| 资产总计 | | | 负债和所有者权益总计 | | |

## 9.3.4　年终总结

填写表 9-16。

表 9-16　第二年年终总结

| | |
|---|---|
| 成功之处 | |
| 存在的问题 | |
| 策略评价 | |
| 计划评价 | |
| 改进设想 | |

# 9.4 第三年经营

## 9.4.1 年度规划与计划

填写表 9-17 和表 9-18。

表 9-17 第三年资金预算表

| 时间（季度） | 1 | 2 | 3 | 4 |
|---|---|---|---|---|
| 期初现金 | | | | |
| 贴现收入 | | | | |
| 支付上年应付税（25%） | | | | |
| 广告投放 | | | | |
| 短贷还本付息 | | | | |
| 申请短期贷款 | | | | |
| 购买原材料 | | | | |
| 新建/在建/转产/变卖生产线 | | | | |
| 开始下一批生产 | | | | |
| 应收款收现 | | | | |
| 产品研发投资 | | | | |
| 支付管理费 | | | | |
| 新市场开拓 | | | | |
| 缴纳违约订单罚款（25%） | | | | |
| 支付设备维护费 | | | | |
| 计提设备折旧 | | | | |
| 其他 | | | | |
| 现金 | | | | |

表 9-18 第三年年度计划书

| | |
|---|---|
| 企业年度规划 | |
| 职能策略 | |
| 业务计划 | |
| 计划落实措施 | |
| 计划实施记录 | |

## 9.4.2 年度经营活动

填写表 9-19。

**表 9-19 企业经营记录表**

| 用户__________ 第 3 年经营 | | | | | | |
|---|---|---|---|---|---|---|
| 顺序 | 手工操作流程 | 系统操作 | 手工记录 | | | |
| 年初 | 新年度规划会议 | | | | | |
| | 广告投放 | 输入广告费并确认 | | | | |
| | 参加订货会选订单/登记订单 | 选单 | | | | |
| | 支付应付税（25%） | 系统自动 | | | | |
| 1 | 季初盘点（请填余额） | 产品下线,生产线完工（自动） | | | | |
| 2 | 更新短期贷款/短贷还本付息 | 系统自动 | | | | |
| 3 | 申请短期贷款 | 输入贷款数额并确认 | | | | |
| 4 | 原材料入库/更新原料订单 | 需要确认金额 | | | | |
| 5 | 下原料订单 | 输入并确认 | | | | |
| 6 | 更新生产/完工入库 | 系统自动 | | | | |
| 7 | 新建/在建/转产/变卖生产线 | 选择并确认 | | | | |
| 8 | 紧急采购（随时进行） | 随时进行输入并确认 | | | | |
| 9 | 开始下一批生产 | 选择并确认 | | | | |
| 10 | 更新应收款/应收款收现 | 需要输入到期金额 | | | | |
| 11 | 按订单交货 | 选择交货订单并确认 | | | | |
| 12 | 产品研发投资 | 选择并确认 | | | | |
| 13 | 新市场开拓 | 仅第四季允许操作 | | | | |
| 14 | 支付管理费 | 系统自动 | | | | |
| 15 | 出售库存 | 输入并确认（随时进行） | | | | |
| 16 | 应收款贴现 | 输入并确认（随时进行） | | | | |
| 17 | 季末收入合计 | | | | | |
| 18 | 季末支出合计 | | | | | |
| 19 | 季末数额对账 | | | | | |
| 年末 | 缴纳违约订单罚款（25%） | 系统自动 | | | | |
| | 支付设备维护费 | 系统自动 | | | | |
| | 计提设备折旧 | 系统自动 | | | | （ ） |
| | 新市场认证 | 系统自动 | | | | |
| | 结账 | | | | | |

### 9.4.3 年终报表

填写表 9-20、表 9-21、表 9-22 和表 9-23。

表 9-20 第三年产品核算表

| 项　目 | P1 | P2 | | | 合　计 |
|---|---|---|---|---|---|
| 数量 | | | | | |
| 销售额 | | | | | |
| 成本 | | | | | |
| 毛利 | | | | | |

表 9-21 第三年综合费用明细表

| 项　目 | 金　额 | 备　注 |
|---|---|---|
| 管理费 | | |
| 广告费 | | |
| 维修费 | | |
| 市场准入开拓 | | |
| 产品研发 | | 包括购买资格证书的费用 |
| 其他 | | |
| 合计 | | |

表 9-22 第三年利润表

| 项　目 | 运算符号 | 上 年 数 | 本 年 数 |
|---|---|---|---|
| 销售收入 | | | |
| 直接成本 | − | | |
| 毛利 | = | | |
| 综合费用 | − | | |
| 折旧前利润 | = | | |
| 折旧 | − | | |
| 支付利息前利润 | = | | |
| 财务收入/支出 | +/− | | |
| 其他收入/支出 | +/− | | |
| 税前利润 | = | | |
| 所得税 | − | | |
| 净利润 | = | | |

表 9-23　第三年资产负债表

| 资　　产 | 期 初 数 | 期 末 数 | 负债和所有者权益 | 期 初 数 | 期 末 数 |
|---|---|---|---|---|---|
| 流动资产： | | | 负债： | | |
| 现金 | | | 短期借款 | | |
| 应收账款 | | | | | |
| 在制品 | | | 应交税金 | | |
| 成品 | | | | | |
| 原料 | | | | | |
| 流动资产合计 | | | 负债合计 | | |
| 固定资产： | | | 所有者权益: | | |
| 土地与建筑 | | | 股东资本 | | |
| 机器与设备 | | | 利润留存 | | |
| 在建工程 | | | 年度净利 | | |
| 固定资产合计 | | | 所有者权益合计 | | |
| 资产总计 | | | 负债和所有者权益总计 | | |

## 9.4.4　年终总结

填写表 9-24。

表 9-24　第三年年终总结

| | |
|---|---|
| 成功之处 | |
| 存在的问题 | |
| 策略评价 | |
| 计划评价 | |
| 改进设想 | |

# 9.5 第四年经营

## 9.5.1 年度规划与计划

填写表 9-25 和表 9-26。

表 9-25 第四年资金预算表

| 时间（季度） | 1 | 2 | 3 | 4 |
|---|---|---|---|---|
| 期初现金 | | | | |
| 贴现收入 | | | | |
| 支付上年应付税（25%） | | | | |
| 广告投放 | | | | |
| 短贷还本付息 | | | | |
| 申请短期贷款 | | | | |
| 购买原材料 | | | | |
| 新建/在建/转产/变卖生产线 | | | | |
| 开始下一批生产 | | | | |
| 应收款收现 | | | | |
| 产品研发投资 | | | | |
| 支付管理费 | | | | |
| 新市场开拓 | | | | |
| 缴纳违约订单罚款（25%） | | | | |
| 支付设备维护费 | | | | |
| 计提设备折旧 | | | | |
| 其他 | | | | |
| 现金 | | | | |

表 9-26 第四年年度计划书

| | |
|---|---|
| 企业年度规划 | |
| 职能策略 | |
| 业务计划 | |
| 计划实施方法 | |
| 计划实施记录 | |

## 9.5.2 年度经营活动

填写表 9-27。

**表 9-27 企业经营记录表**

| 用户______ | | 第_4_年经营 | | | | |
|---|---|---|---|---|---|---|
| 顺序 | 手工操作流程 | 系统操作 | 手工记录 | | | |
| 年初 | 新年度规划会议 | | | | | |
| | 广告投放 | 输入广告费并确认 | | | | |
| | 参加订货会选订单/登记订单 | 选单 | | | | |
| | 支付应付税（25%） | 系统自动 | | | | |
| 1 | 季初盘点（请填余额） | 产品下线,生产线完工（自动） | | | | |
| 2 | 更新短期贷款/短贷还本付息 | 系统自动 | | | | |
| 3 | 申请短期贷款 | 输入贷款数额并确认 | | | | |
| 4 | 原材料入库/更新原料订单 | 需要确认金额 | | | | |
| 5 | 下原料订单 | 输入并确认 | | | | |
| 6 | 更新生产/完工入库 | 系统自动 | | | | |
| 7 | 新建/在建/转产/变卖生产线 | 选择并确认 | | | | |
| 8 | 紧急采购（随时进行） | 随时进行输入并确认 | | | | |
| 9 | 开始下一批生产 | 选择并确认 | | | | |
| 10 | 更新应收款/应收款收现 | 需要输入到期金额 | | | | |
| 11 | 按订单交货 | 选择交货订单并确认 | | | | |
| 12 | 产品研发投资 | 选择并确认 | | | | |
| 13 | 新市场开拓 | 仅第四季允许操作 | | | | |
| 14 | 支付管理费 | 系统自动 | | | | |
| 15 | 出售库存 | 输入并确认（随时进行） | | | | |
| 16 | 应收款贴现 | 输入并确认（随时进行） | | | | |
| 17 | 季末收入合计 | | | | | |
| 18 | 季末支出合计 | | | | | |
| 19 | 季末数额对账 | | | | | |
| 年末 | 缴纳违约订单罚款（25%） | 系统自动 | | | | |
| | 支付设备维护费 | 系统自动 | | | | |
| | 计提设备折旧 | 系统自动 | | | | （ ） |
| | 新市场认证 | 系统自动 | | | | |
| | 结账 | | | | | |

## 9.5.3 年终报表

填写表 9-28、表 9-29、表 9-30 和表 9-31。

表 9-28　第四年产品核算表

| 项　　目 | P1 | P2 | | | 合　　计 |
|---|---|---|---|---|---|
| 数量 | | | | | |
| 销售额 | | | | | |
| 成本 | | | | | |
| 毛利 | | | | | |

表 9-29　第四年综合费用明细表

| 项　　目 | 金　　额 | 备　　注 |
|---|---|---|
| 管理费 | | |
| 广告费 | | |
| 维修费 | | |
| 市场准入开拓 | | |
| 产品研发 | | 包括购买资格证书的费用 |
| 其他 | | |
| 合计 | | |

表 9-30　第四年利润表

| 项　　目 | 运 算 符 号 | 上　年　数 | 本　年　数 |
|---|---|---|---|
| 销售收入 | | | |
| 直接成本 | − | | |
| 毛利 | ＝ | | |
| 综合费用 | − | | |
| 折旧前利润 | ＝ | | |
| 折旧 | − | | |
| 支付利息前利润 | ＝ | | |
| 财务收入/支出 | +/− | | |
| 其他收入/支出 | +/− | | |
| 税前利润 | ＝ | | |
| 所得税 | − | | |
| 净利润 | ＝ | | |

表 9-31　第四年资产负债表

| 资　产 | 期 初 数 | 期 末 数 | 负债和所有者权益 | 期 初 数 | 期 末 数 |
|---|---|---|---|---|---|
| 流动资产： | | | 负债： | | |
| 现金 | | | 短期借款 | | |
| 应收账款 | | | | | |
| 在制品 | | | 应交税金 | | |
| 成品 | | | | | |
| 原料 | | | | | |
| 流动资产合计 | | | 负债合计 | | |
| 固定资产： | | | 所有者权益: | | |
| 土地与建筑 | | | 股东资本 | | |
| 机器与设备 | | | 利润留存 | | |
| 在建工程 | | | 年度净利 | | |
| 固定资产合计 | | | 所有者权益合计 | | |
| 资产总计 | | | 负债和所有者权益总计 | | |

## 9.5.4　年终总结

填写表 9-32。

表 9-32　第四年年终总结

| | |
|---|---|
| 成功之处 | |
| 存在的问题 | |
| 策略评价 | |
| 计划评价 | |
| 改进设想 | |

# 9.6 第五年经营

## 9.6.1 年度规划与计划

填写表 9-33 和表 9-34。

表 9-33 第五年资金预算表

| 时间（季度） | 1 | 2 | 3 | 4 |
|---|---|---|---|---|
| 期初现金 | | | | |
| 贴现收入 | | | | |
| 支付上年应付税（25%） | | | | |
| 广告投放 | | | | |
| 短贷还本付息 | | | | |
| 申请短期贷款 | | | | |
| 购买原材料 | | | | |
| 新建/在建/转产/变卖生产线 | | | | |
| 开始下一批生产 | | | | |
| 应收款收现 | | | | |
| 产品研发投资 | | | | |
| 支付管理费 | | | | |
| 新市场开拓 | | | | |
| 缴纳违约订单罚款（25%） | | | | |
| 支付设备维护费 | | | | |
| 计提设备折旧 | | | | |
| 其他 | | | | |
| 现金 | | | | |

表 9-34 第五年年度计划书

| | |
|---|---|
| 企业年度规划 | |
| 职能策略 | |
| 业务计划 | |
| 计划实施措施 | |
| 计划实施记录 | |

## 9.6.2 年度经营活动

填写表 9-35。

表 9-35 企业经营记录表

| 用户__________ 第 5 年经营 | | | | | | |
|---|---|---|---|---|---|---|
| 顺序 | 手工操作流程 | 系统操作 | 手工记录 | | | |
| 年初 | 新年度规划会议 | | | | | |
| | 广告投放 | 输入广告费并确认 | | | | |
| | 参加订货会选订单/登记订单 | 选单 | | | | |
| | 支付应付税（25%） | 系统自动 | | | | |
| 1 | 季初盘点（请填余额） | 产品下线,生产线完工（自动） | | | | |
| 2 | 更新短期贷款/短贷还本付息 | 系统自动 | | | | |
| 3 | 申请短期贷款 | 输入贷款数额并确认 | | | | |
| 4 | 原材料入库/更新原料订单 | 需要确认金额 | | | | |
| 5 | 下原料订单 | 输入并确认 | | | | |
| 6 | 更新生产/完工入库 | 系统自动 | | | | |
| 7 | 新建/在建/转产/变卖生产线 | 选择并确认 | | | | |
| 8 | 紧急采购（随时进行） | 随时进行输入并确认 | | | | |
| 9 | 开始下一批生产 | 选择并确认 | | | | |
| 10 | 更新应收款/应收款收现 | 需要输入到期金额 | | | | |
| 11 | 按订单交货 | 选择交货订单并确认 | | | | |
| 12 | 产品研发投资 | 选择并确认 | | | | |
| 13 | 新市场开拓 | 仅第四季允许操作 | | | | |
| 14 | 支付管理费 | 系统自动 | | | | |
| 15 | 出售库存 | 输入并确认（随时进行） | | | | |
| 16 | 应收款贴现 | 输入并确认（随时进行） | | | | |
| 17 | 季末收入合计 | | | | | |
| 18 | 季末支出合计 | | | | | |
| 19 | 季末数额对账 | | | | | |
| 年末 | 缴纳违约订单罚款（25%） | 系统自动 | | | | |
| | 支付设备维护费 | 系统自动 | | | | |
| | 计提设备折旧 | 系统自动 | | | | （ ） |
| | 新市场认证 | 系统自动 | | | | |
| | 结账 | | | | | |

### 9.6.3 年终报表

填写表 9-36、表 9-37、表 9-38 和表 9-39。

表 9-36 第五年产品核算表

| 项 目 | P1 | P2 | | | 合 计 |
|---|---|---|---|---|---|
| 数量 | | | | | |
| 销售额 | | | | | |
| 成本 | | | | | |
| 毛利 | | | | | |

表 9-37 第五年综合费用明细表

| 项 目 | 金 额 | 备 注 |
|---|---|---|
| 管理费 | | |
| 广告费 | | |
| 维修费 | | |
| 市场准入开拓 | | |
| 产品研发 | | 包括购买资格证书的费用 |
| 其他 | | |
| 合计 | | |

表 9-38 第五年利润表

| 项 目 | 运 算 符 号 | 上 年 数 | 本 年 数 |
|---|---|---|---|
| 销售收入 | | | |
| 直接成本 | － | | |
| 毛利 | ＝ | | |
| 综合费用 | － | | |
| 折旧前利润 | ＝ | | |
| 折旧 | － | | |
| 支付利息前利润 | ＝ | | |
| 财务收入/支出 | ＋/－ | | |
| 其他收入/支出 | ＋/－ | | |
| 税前利润 | ＝ | | |
| 所得税 | － | | |
| 净利润 | ＝ | | |

表 9-39　第五年资产负债表

| 资　产 | 期 初 数 | 期 末 数 | 负债和所有者权益 | 期 初 数 | 期 末 数 |
|---|---|---|---|---|---|
| 流动资产： | | | 负债： | | |
| 现金 | | | 短期借款 | | |
| 应收账款 | | | | | |
| 在制品 | | | 应交税金 | | |
| 成品 | | | | | |
| 原料 | | | | | |
| 流动资产合计 | | | 负债合计 | | |
| 固定资产： | | | 所有者权益: | | |
| 土地与建筑 | | | 股东资本 | | |
| 机器与设备 | | | 利润留存 | | |
| 在建工程 | | | 年度净利 | | |
| 固定资产合计 | | | 所有者权益合计 | | |
| 资产总计 | | | 负债和所有者权益总计 | | |

## 9.6.4　年终总结

填写表 9-40。

表 9-40　第五年年终总结

| | |
|---|---|
| 成功之处 | |
| 存在的问题 | |
| 策略评价 | |
| 计划评价 | |
| 改进设想 | |

# 9.7 第六年经营

## 9.7.1 年度规划与计划

填写表 9-41 和表 9-42。

表 9-41 第六年资金预算表

| 时间（季度） | 1 | 2 | 3 | 4 |
|---|---|---|---|---|
| 期初现金 | | | | |
| 贴现收入 | | | | |
| 支付上年应付税（25%） | | | | |
| 广告投放 | | | | |
| 短贷还本付息 | | | | |
| 申请短期贷款 | | | | |
| 购买原材料 | | | | |
| 新建/在建/转产/变卖生产线 | | | | |
| 开始下一批生产 | | | | |
| 应收款收现 | | | | |
| 产品研发投资 | | | | |
| 支付管理费 | | | | |
| 新市场开拓 | | | | |
| 缴纳违约订单罚款（25%） | | | | |
| 支付设备维护费 | | | | |
| 计提设备折旧 | | | | |
| 其他 | | | | |
| 现金 | | | | |

表 9-42 第六年年度计划书

| | |
|---|---|
| 企业年度规划 | |
| 职能策略 | |
| 业务计划 | |
| 计划实施措施 | |
| 计划实施记录 | |

## 9.7.2 年度经营活动

填写表 9-43。

**表 9-43 企业经营记录表**

| 用户________ | 第 6 年经营 | | | | | |
|---|---|---|---|---|---|---|
| 顺序 | 手工操作流程 | 系统操作 | 手工记录 | | | |
| 年初 | 新年度规划会议 | | | | | |
| | 广告投放 | 输入广告费并确认 | | | | |
| | 参加订货会选订单/登记订单 | 选单 | | | | |
| | 支付应付税（25%） | 系统自动 | | | | |
| 1 | 季初盘点（请填余额） | 产品下线,生产线完工（自动） | | | | |
| 2 | 更新短期贷款/短贷还本付息 | 系统自动 | | | | |
| 3 | 申请短期贷款 | 输入贷款数额并确认 | | | | |
| 4 | 原材料入库/更新原料订单 | 需要确认金额 | | | | |
| 5 | 下原料订单 | 输入并确认 | | | | |
| 6 | 更新生产/完工入库 | 系统自动 | | | | |
| 7 | 新建/在建/转产/变卖生产线 | 选择并确认 | | | | |
| 8 | 紧急采购（随时进行） | 随时进行输入并确认 | | | | |
| 9 | 开始下一批生产 | 选择并确认 | | | | |
| 10 | 更新应收款/应收款收现 | 需要输入到期金额 | | | | |
| 11 | 按订单交货 | 选择交货订单并确认 | | | | |
| 12 | 产品研发投资 | 选择并确认 | | | | |
| 13 | 新市场开拓 | 仅第四季允许操作 | | | | |
| 14 | 支付管理费 | 系统自动 | | | | |
| 15 | 出售库存 | 输入并确认（随时进行） | | | | |
| 16 | 应收款贴现 | 输入并确认（随时进行） | | | | |
| 17 | 季末收入合计 | | | | | |
| 18 | 季末支出合计 | | | | | |
| 19 | 季末数额对账 | | | | | |
| 年末 | 缴纳违约订单罚款（25%） | 系统自动 | | | | |
| | 支付设备维护费 | 系统自动 | | | | |
| | 计提设备折旧 | 系统自动 | | | | （ ） |
| | 新市场认证 | 系统自动 | | | | |
| | 结账 | | | | | |

## 9.7.3 年终报表

填写表 9-44、表 9-45、表 9-46 和表 9-47。

表 9-44 第六年产品核算表

| 项 目 | P1 | P2 | | | 合 计 |
|---|---|---|---|---|---|
| 数量 | | | | | |
| 销售额 | | | | | |
| 成本 | | | | | |
| 毛利 | | | | | |

表 9-45 第六年综合费用明细表

| 项 目 | 金 额 | 备 注 |
|---|---|---|
| 管理费 | | |
| 广告费 | | |
| 维修费 | | |
| 市场准入开拓 | | |
| 产品研发 | | 包括购买资格证书的费用 |
| 其他 | | |
| 合计 | | |

表 9-46 第六年利润表

| 项 目 | 运 算 符 号 | 上 年 数 | 本 年 数 |
|---|---|---|---|
| 销售收入 | | | |
| 直接成本 | － | | |
| 毛利 | ＝ | | |
| 综合费用 | － | | |
| 折旧前利润 | ＝ | | |
| 折旧 | － | | |
| 支付利息前利润 | ＝ | | |
| 财务收入/支出 | ＋/－ | | |
| 其他收入/支出 | ＋/－ | | |
| 税前利润 | ＝ | | |
| 所得税 | － | | |
| 净利润 | ＝ | | |

表 9-47　第六年资产负债表

| 资　　产 | 期 初 数 | 期 末 数 | 负债和所有者权益 | 期 初 数 | 期 末 数 |
|---|---|---|---|---|---|
| 流动资产： | | | 负债： | | |
| 现金 | | | 短期借款 | | |
| 应收账款 | | | | | |
| 在制品 | | | 应交税金 | | |
| 成品 | | | | | |
| 原料 | | | | | |
| 流动资产合计 | | | 负债合计 | | |
| 固定资产： | | | 所有者权益: | | |
| 土地与建筑 | | | 股东资本 | | |
| 机器与设备 | | | 利润留存 | | |
| 在建工程 | | | 年度净利 | | |
| 固定资产合计 | | | 所有者权益合计 | | |
| 资产总计 | | | 负债和所有者权益总计 | | |

# 9.8　经营总结报告

## 9.8.1　经营分析报告

经过学习和经营实践，ERP 沙盘模拟企业经营告一段落。我们收获的不仅是模拟经营的过程，还包括赛后的总结、评价与交流。模拟经营使我们学到了知识，得到了锻炼，也获得了技能的提升，我们有必要做一个总结分析与评价。请写出 500 字以上的经营分析报告，内容可以从以下类别中选择，题目自拟（表 9-48）。

① 企业整体经营分析。

② 岗位工作专项分析与评价。

③ 具体业务项目分析。

## 9.8.2　收获感悟报告

对抗比赛带给我们的是职位的体验、思路的启发、智慧的启迪和人生的感悟，这是我们真正收获的硕果，我们应当认真地加以回顾和总结。请写出不少于 300 字的收获报告，内容可以从以下类别中选择，题目自拟（表 9-49）。

① 模拟企业经营与专业素质（包括知识拓展）。

② 能力方面的锻炼（辩证思维、发散思维、差异化思维等思维培养，发现问题、解决问题的能力提高，实践水平、动手能力的提升等）。

③ 综合素质方面的提升（职业定位，思想及情感、意志等，学习收获，人生感悟，团队集体，全局与共赢等）。

表 9-48 企业经营分析报告

| 系　别 | | 班　级 | | 姓　名 | |
|---|---|---|---|---|---|
| 所在企业 | | 所在岗位 | | 学　号 | |
| 题目： | | | | | |
| 报告摘要： | | | | | |
| 经营成果： | | | | | |
| 主要指标完成情况分析： | | | | | |
| 主要计划与指标完成情况评价： | | | | | |
| 建议与措施： | | | | | |

（注：纸张不够请另附）

表 9-49 学习收获报告

| 系别 | | 班级 | | 姓名 | |
|---|---|---|---|---|---|
| 所在企业 | | 所在岗位 | | 学号 | |
| 题目： | | | | | |
| 报告摘要： | | | | | |
| 正文： | | | | | |
| 建议与措施： | | | | | |

（注：纸张不够请另附）

# 9.9 模拟经营考核

我们将 ERP 沙盘模拟企业经营的成绩考核分为三个部分，见表 9-50、表 9-51 和表 9-52。

表 9-50 模拟经营成绩考核表

| 大项 | 考核项目 | 重点考查内容 | 分值 | 自评得分 | 团队评分 | 教师评价 | 综合得分 |
|---|---|---|---|---|---|---|---|
| 态度考评 | 积极性 | 高度热忱，主动完成，自主努力，认真负责 | 3 | | | | |
| | 责任感 | 恪尽职守，不屈不挠，自始至终，不断改善 | 3 | | | | |
| | 纪律性 | 遵守规定，表里如一，有序进行，自始至终 | 3 | | | | |
| | 独立性 | 自我管理，自主判断，有理有据，自信解决 | 3 | | | | |
| | 协调性 | 充分沟通，圆满协调，团结和谐，协助同事 | 3 | | | | |
| 能力考评 | 经验知识水平 | 经验程度、认识水平、业务知识、社会常识 | 4 | | | | |
| | 技能熟练程度 | 感知、识别能力，操作熟练，掌握方法 | 4 | | | | |
| | 理解判断能力 | 充分理解，把握现状，把握本质，正确结论 | 4 | | | | |
| | 改进创新能力 | 不断探索，见解独到，创新思考，灵活应用 | 4 | | | | |
| | 策略计划能力 | 策略系统，计划合理，随机应变，提高效率 | 4 | | | | |
| 业绩考评 | 工作质量 | 业务处理过程正确、标准，时效性高，完成的质量高 | 5 | | | | |
| | 工作数量 | 岗位任务完成，达到标准，有效协助同事工作 | 5 | | | | |
| | 研究创新 | 把握实质，具有技巧，创新发现 | 5 | | | | |
| | 策略计划落实 | 准确分析，计划合理，落实到位，调整及时 | 5 | | | | |
| | 沟通协调领导 | 有效沟通，圆满协调，正确指导，统帅全局 | 5 | | | | |
| 合计 | | | 60 | | | | |

表 9-51　总结研讨会成绩考核表

| 考核项目 | 分　值 | 团队评分 | 综合得分 |
|---|---|---|---|
| 参与态度 | 1 | | |
| 语言表达 | 1 | | |
| 认知水平 | 1 | | |
| 理解判断 | 1 | | |
| 策略计划 | 1 | | |
| 操作技能 | 2 | | |
| 技巧应用 | 2 | | |
| 创新能力 | 1 | | |
| 合计 | 10 | | |

表 9-52　总结研讨报告成绩考核表

| 经营分析报告 | | | 收获感悟报告 | | |
|---|---|---|---|---|---|
| 考核项目 | 分值 | 综合得分 | 考核项目 | 分值 | 综合得分 |
| 语言表达 | 4 | | 语言表达 | 2 | |
| 认知水平 | 4 | | 真情实感 | 2 | |
| 分析深度 | 4 | | 收获深度 | 2 | |
| 专业知识应用 | 4 | | 感悟深度 | 2 | |
| 创新能力 | 4 | | 实质内容 | 2 | |
| 合计 | 20 | | 合计 | 10 | |

## 课外阅读

**【海尔管理案例】**

海尔模式　1984 年，张瑞敏刚到海尔时，看到的是一个濒临倒闭的小厂：员工领不到工资，人心涣散，在厂区打架骂人、随便偷盗公司财产的现象比比皆是，公司一年换了四任厂长，前三任要么知难而退，要么被员工赶走。怎么办？张瑞敏按照他独特的理念做出了一系列预料之外又在情理之中的事。首先想办法从朋友那里借了几万元钱，为每一个员工发了一个月的工资。此举令所有员工深受感动，也深感意外。正在大家议论纷纷、东猜西想的时候，张瑞敏结合当时的形势、企业的状况和员工急切盼望企业发展的心理，定出了一系列基本的规定，如严禁偷盗公司财产、严禁在车间大小便等。

第一次出台的制度，一共13条，每一条都不是高不可攀，相反，都紧挨员工的道德底线。任何一条都让员工感觉“不应该”违背，因此，制度本身具有了极强的可执行性。更重要的是，张瑞敏没有让制度停留在这13条上，而是抓住每一个违反制度的典型行为，发动大家讨论，挖掘典型行为的思想根源，上升到理念层次，再以这种理念为依据，制定更加严格的制度。在这种管理制度下，每执行一次制度，就沉淀一个理念，以理念为依据，再制定更多的制度。结果是，制度越来越健全，文化越积越厚重，思想越来越统一。最终形成了“制度与文化有机结合”的海尔模式。

张瑞敏砸冰箱　1985年的一天，张瑞敏的一位朋友要买一台冰箱，结果挑了很多台都有毛病，最后勉强拉走一台。朋友走后，张瑞敏派人把库房里的400多台冰箱全部检查了一遍，发现共有76台存在各种各样的缺陷。张瑞敏把职工们叫到车间，问大家怎么办。多数人提出，也不影响使用，便宜点儿处理给职工算了。当时一台冰箱的价格是800多元，相当于一名职工两年的收入。张瑞敏说：“我要是允许把这76台冰箱卖了，就等于允许你们明天再生产760台这样的冰箱。”他宣布，这些冰箱要全部砸掉，谁干的谁来砸，并抡起大锤亲手砸了第一锤！很多职工砸冰箱时流下了眼泪。在接下来的一个多月里，张瑞敏发动和主持了一个又一个会议，讨论的主题非常集中：“如何从我做起，提高产品质量”。三年以后，海尔人捧回了我国冰箱行业的第一个国家质量金奖。

80/20原则　在海尔，每当发现问题，管理者要承担80%的责任。

1995年7月的一天，洗衣机有限公司公布了一则处理决定，某质检员由于责任心不强，造成洗衣机选择开关差错和漏检，被罚款50元。

这位员工作为最基层的普通员工承担了她所应该承担的工作责任。但是，从这位员工身上反映出质保体系上存在问题——如何防止漏检的不合格品流入市场，这一责任也应该像处理这位员工一样落到实处，找到责任人。这位员工问题的背后，实际还存在着更大的隐患，毕竟当时的洗衣机有限公司的产品开箱合格率和售后返修率与第一名牌的要求还有很大的差距，这一切决不是这位员工一个人有能力造成的，体系上的漏洞使这位员工的“偶然行为”变成了“必然”。既然如此，掌握全局的干部更应该承担责任在前，先检查系统保障的问题，才能使错误越来越少。

根据80/20原则，这位员工的上级——洗衣机有限公司分管质量的负责人也自罚300元并做出了书面检查。

# 附录 A　企业经营统计分析

## 一、销售分析

### 1．市场占有率分析

① 某年度市场占有率是指某年度各公司在当年所有市场中的各种产品销售额占总销售额的比重，如图 A-1 所示。

② 某市场累计占有率分析是指经营若干年之后，对一个市场进行的占有率分析。这个分析重点告诉经营者，哪个企业在这个市场中做得比较好。某市场累计占有率如图 A-2 所示。

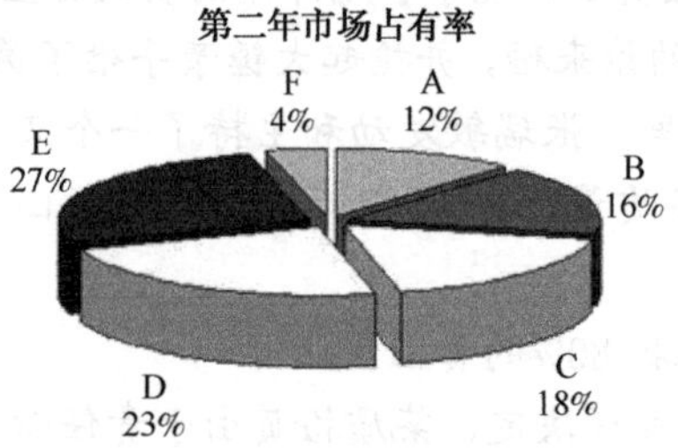


图 A-1　某年度市场占有率

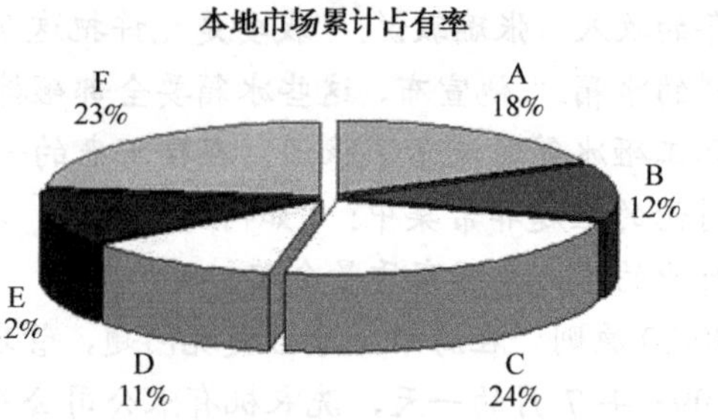


图 A-2　某市场累计占有率

③ 累计市场占有率是反映企业在所有市场中历年经营状况的指标，如图 A-3 所示。每年可以从该指标看出一个企业在相同的时段内的经营业绩比较。

④ 某产品某年度的市场占有率，从产品的角度反映各公司的市场占有率，如图 A-4 所示，说明各公司对产品的销售能力。

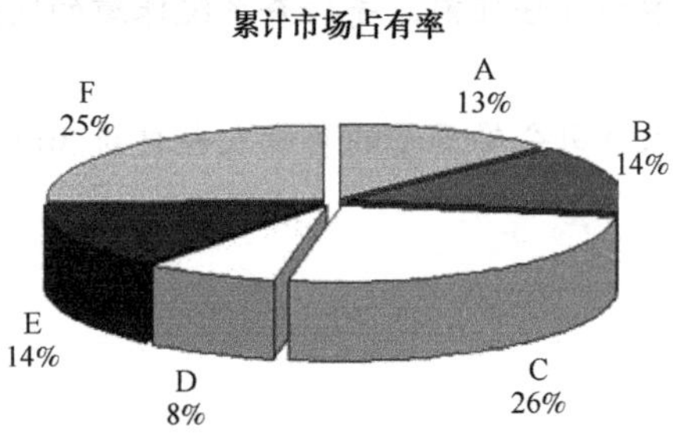


图 A-3　累计市场占有率

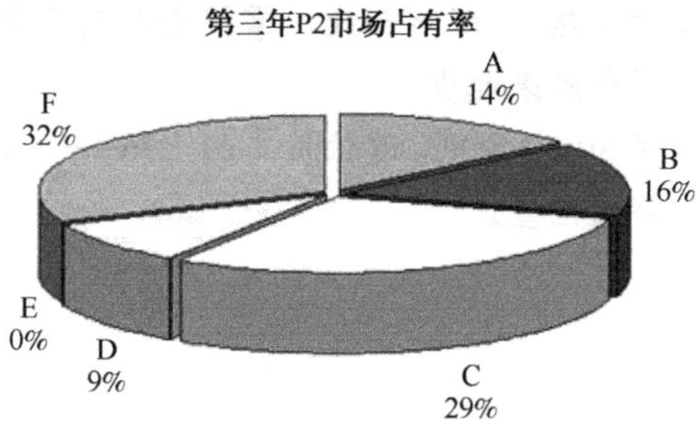


图 A-4　某产品某年度的市场占有率

### 2．广告投入产出比分析

广告投入产出比，是评价广告投入收益率的指标，其计算公式为：

广告投入产出比=订单销售总额/广告投入

广告投入产出比分析用来比较各企业在广告投入上的差异。根据市场和时间的不同，系统提供了两项统计指标：一是某年广告投入产出比，如图 A-5 所示；二是累计广告投入产出比，如图 A-6 所示。

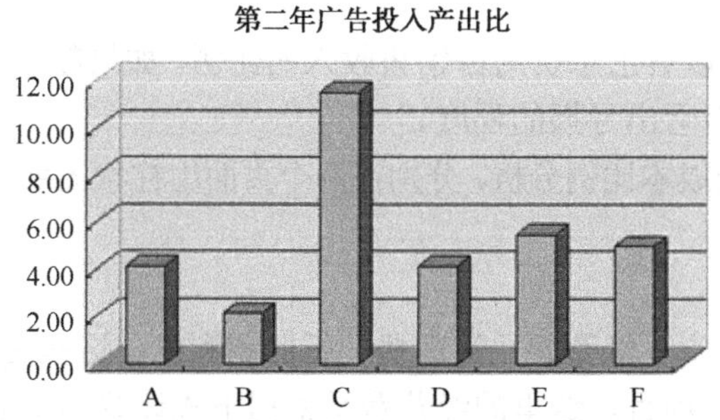


图 A-5　某年广告投入产出比

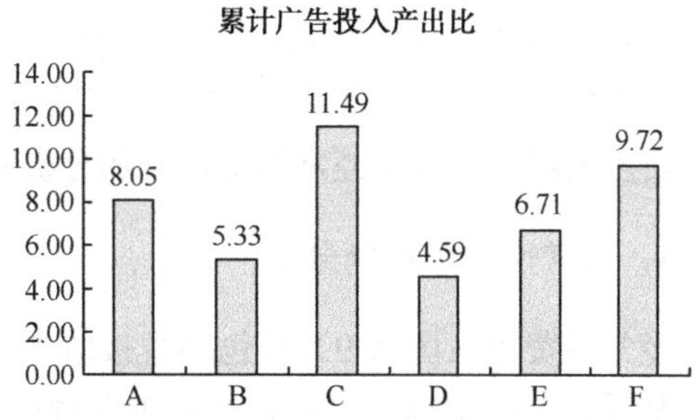


图 A-6　累计广告投入产出比

### 3．产品销售统计

用两个指标反映各产品市场销售总量,一是产品数量，二是产品销售额。其中，交易的产品数量和金额可以公司为单位，分解到各年（图 A-7）或累计统计（图 A-8）。

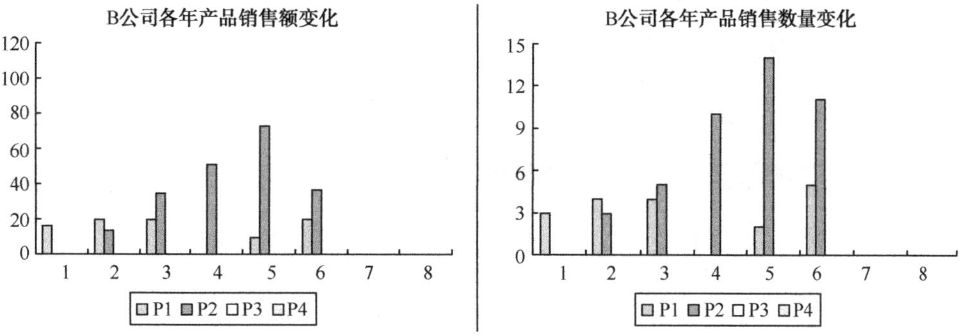


图 A-7　各公司产品销售统计

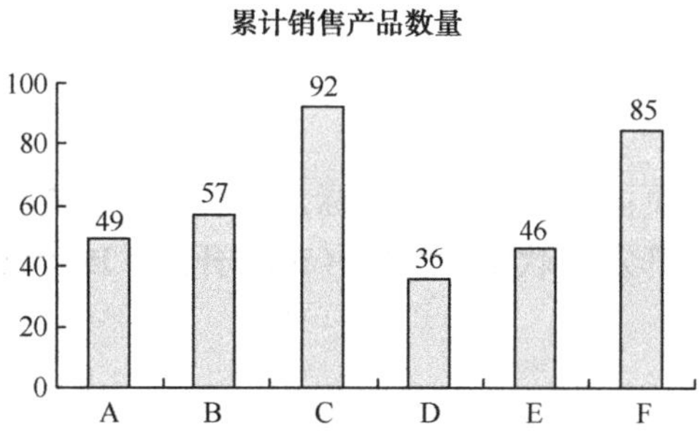


图 A-8　产品销售累计

## 二、成本分析

成本分析通过计算各项费用占销售收入的比例揭示成本与收入的关系，通过成本变化趋势发现企业经营过程中的问题。企业成本由多项费用要素构成，了解各费用要素在总体成本中所占的比例，分析成本结构，从比例较高的那些费用支出项入手，分析发生的原因，提出控制费用的有效方法。费用比例的计算公式为：

费用比例=费用/销售收入

如果将各费用比例相加，再与 1 相比，则可以看出总费用占销售收入的比例。如果超过 1，则说明支出大于收入，企业亏损，并可以直观地看出亏损的程度。

费用比例分析包括经常性费用比例分析和全成本比例分析，分别在两个页面用柱状图展示。

### 1. 经常性费用比例分析

经常性费用（图 A-9）仅包括直接成本、广告、经营费、管理费、折旧和利息，这些费用项目是经营过程中每个时期必不可少的费用支出项目。这里的经营费是根据下式计算出来的：

经营费=设备维修费+场地租金+转产费+其他费用

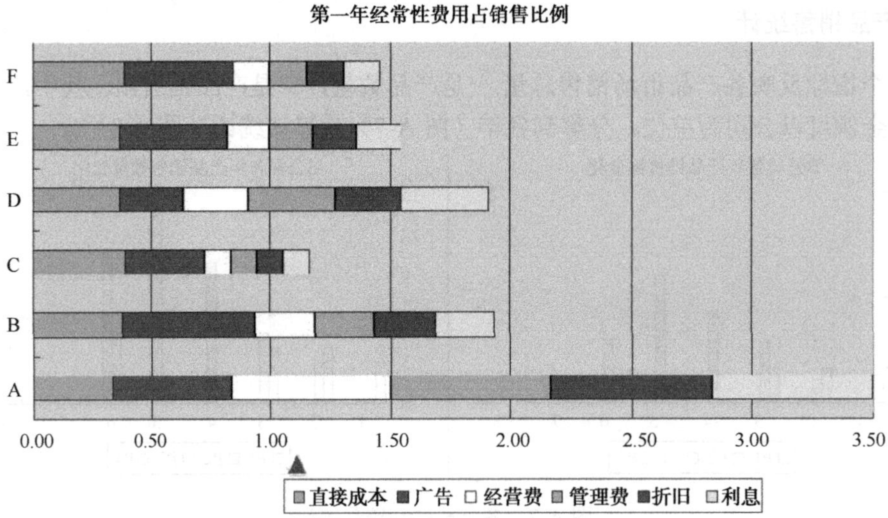


图 A-9　经常性费用比例分析

### 2. 全成本比例分析

在经常性费用比例分析页面单击右箭头图标，即可打开全成本比例分析页面（图 A-10）。在全成本比例中，包括产品开发和软资产开发（市场开发、ISO 认证投入）等阶段性的成本支出。

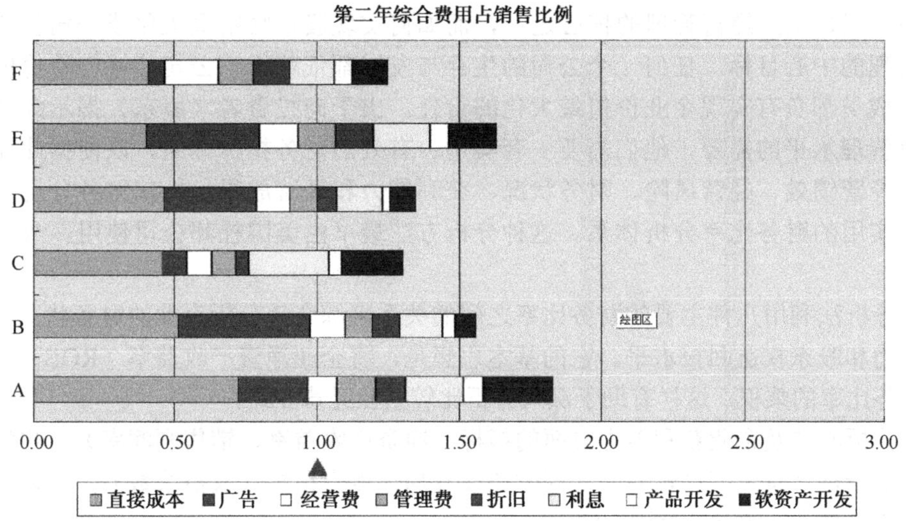


图 A-10　全成本比例分析

# 三、杜邦分析

各项财务指标是有其内在联系的，杜邦分析将企业的各项指标有机联系起来，通过综合分析发现问题。杜邦分析界面如图 A-11 所示。

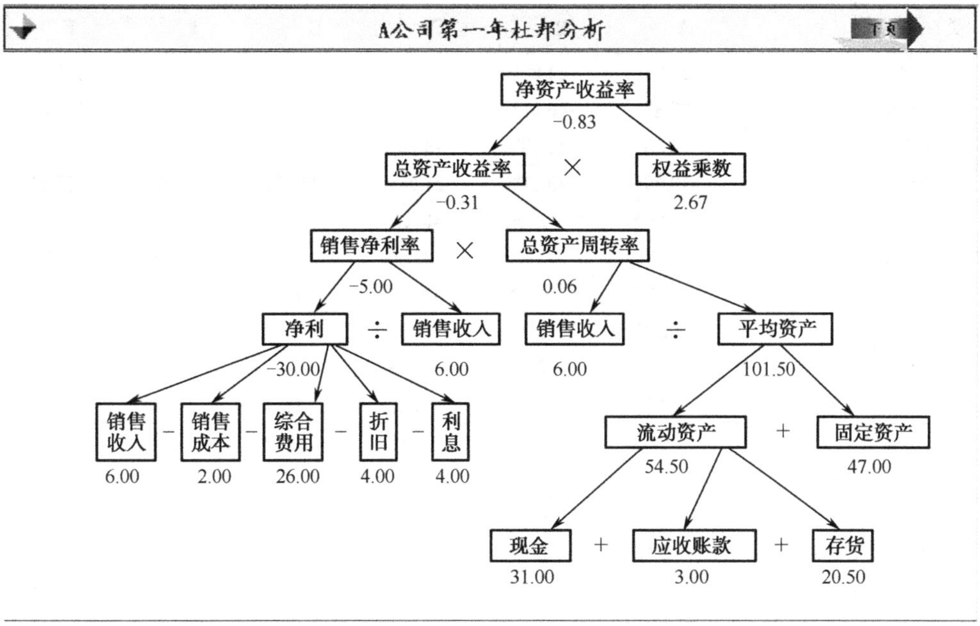


图 A-11　杜邦分析界面

财务管理是企业经营管理的核心之一，而如何实现股东财富最大化或公司价值最大化是财务管理的中心目标。任何一个公司的生存与发展都依赖于该公司能够创造价值。公司的每一个成员都负有实现企业价值最大化的责任。出于向投资者（股东）揭示经营成果和提高经营管理水平的需要，他们需要一套实用、有效的财务指标体系，以便据此评价和判断企业的经营绩效、经营风险、财务状况、获利能力和经营成果。杜邦财务分析体系就是一种比较实用的财务比率分析体系。这种分析方法最早由美国杜邦公司使用，故名杜邦分析法。

杜邦分析法利用几种主要的财务比率之间的关系来综合地分析企业的财务状况，评价公司赢利能力和股东权益回报水平。它的基本思想是，将企业净资产收益率（ROE）逐级分解为多项财务比率的乘积，这样有助于深入分析比较企业经营业绩。

杜邦分析既涉及企业获利能力方面的指标（净资产收益率、销售利润率），也涉及营运能力方面的指标（总资产周转率），同时还涉及局债能力指标（权益乘数），可以说杜邦分析法是一个三足鼎立的财务分析方法。

## 四、财务分析

财务分析从收益力、成长力、安定力、活动力 4 个方面提供了对各企业的分析数据。财务分析界面如图 A-12 所示。

| 指标类 | 指标 | 第二年 | | | | | |
|---|---|---|---|---|---|---|---|
| | | A | B | C | D | E | F |
| 收益力 | 毛利率 | 53.85% | 61.90% | 57.14% | 55.56% | 60.00% | 60.00% |
| | 利润率 | -26.92% | -66.67% | -35.71% | -72.22% | -160.00% | -190.00% |
| | 总资产收益率 | -4.55% | -11.88% | -6.78% | -11.34% | -21.15% | -17.86% |
| | 净资产收益率 | -10.00% | -29.27% | -21.05% | -29.73% | -91.67% | -62.50% |
| 成长力 | 收入成长率 | -18.75% | -12.50% | 460.00% | 12.50% | 36.36% | -33.33% |
| | 利润成长率 | -16.67% | -75.00% | 33.33% | | -60.00% | 5.00% |
| | 净资产成长率 | -12.28% | -25.45% | -20.83% | -26.00% | -50.00% | -44.19% |
| 安定力 | 流动比率 | 2.00 | 2.00 | 1.35 | 2.00 | 2.00 | 2.40 |
| | 速动比率 | 2.00 | 2.00 | 1.15 | 2.00 | 2.00 | 0.70 |
| | 固定资产长期适配率 | 0.33 | 0.42 | 0.82 | 0.54 | 0.34 | 0.56 |
| | 资产负债率 | 0.55 | 0.59 | 0.68 | 0.62 | 0.77 | 0.71 |
| 活动力 | 应收账款周转率 | | 2.63 | | | 1.43 | |
| | 存货周转率 | 0.77 | 0.41 | 0.92 | 0.35 | 0.30 | 0.14 |
| | 固定资产周转率 | 0.18 | 0.12 | 0.14 | 0.10 | 0.10 | 0.07 |
| | 总资产周转率 | 0.25 | 0.21 | 0.27 | 0.19 | 0.16 | 0.12 |

图 A-12 财务分析界面

以下是 4 组指标的具体含义。

### 1. 收益力

收益力表明企业是否具有盈利的能力。收益力从 4 个指标入手进行定量分析，它们是毛利率、利润率、总资产收益率、净资产收益率。

### 2. 成长力

成长力表示企业是否具有成长的潜力，即持续盈利能力。成长力指标由 3 个反映企业经营成果增长变化的指标组成，分别是收入成长率、利润成长率和净资产成长率。

### 3. 安定力

安定力是衡量企业财务状况是否稳定、会不会有财务危机的指标，由 4 个指标构成，分别是流动比率、速动比率、固定资产长期适配率和资产负债率。

### 4. 活动力

活动力是从企业资产的管理能力方面对企业的经营业绩进行评价，主要包括 4 个指标，分别是应收账款周转率、存货周转率、固定资产周转率和总资产周转率。

# 附录B　实训活动资料

## 一、ERP沙盘基础版各年度市场订单（8组适用）

**第一年度本地市场订单**

| P1 | | | | | P2 | | | | |
|---|---|---|---|---|---|---|---|---|---|
| 编号 | 数量 | 价格（W/个） | 总价款（W） | 账期 | | | | | |
| LP1-01 | 5 | 5 | 25 | | | | | | |
| LP1-02 | 5 | 5 | 25 | | | | | | |
| LP1-03 | 5 | 5 | 25 | | | | | | |
| LP1-04 | 5 | 5 | 25 | | | | | | |
| LP1-05 | 5 | 5 | 25 | | | | | | |
| LP1-06 | 5 | 5 | 25 | | | | | | |
| LP1-07 | 5 | 5 | 25 | | | | | | |
| LP1-08 | 5 | 5 | 25 | | | | | | |

**第二年度本地市场订单**

| P1 | | | | | P2 | | | | |
|---|---|---|---|---|---|---|---|---|---|
| 编号 | 数量 | 价格（W/个） | 总价款（W） | 账期 | | | | | |
| LP1-01 | 6 | 4.4 | 26 | | | | | | |
| LP1-02 | 6 | 4.4 | 26 | | | | | | |
| LP1-03 | 6 | 4.4 | 26 | | | | | | |
| LP1-04 | 6 | 4.4 | 26 | | | | | | |
| LP1-05 | 6 | 4.4 | 26 | | | | | | |
| LP1-06 | 6 | 4.4 | 26 | | | | | | |
| LP1-07 | 6 | 4.4 | 26 | | | | | | |
| LP1-08 | 6 | 4.4 | 26 | | | | | | |
| LP1-09 | 4 | 4.5 | 18 | | | | | | |
| LP1-10 | 4 | 4.5 | 18 | | | | | | |
| LP1-11 | 4 | 4.5 | 18 | | | | | | |
| LP1-12 | 4 | 4.5 | 18 | | | | | | |
| LP1-13 | 4 | 4.5 | 18 | | | | | | |
| LP1-14 | 4 | 4.5 | 18 | | | | | | |
| LP1-15 | 4 | 4.5 | 18 | | | | | | |
| LP1-16 | 4 | 4.5 | 18 | | | | | | |

## 第三年度本地市场订单

| P1 | | | | P2 | | | |
|---|---|---|---|---|---|---|---|
| 编号 | 数量 | 价格（W/个） | 总价款（W） | 编号 | 数量 | 价格（W/个） | 总价款（W） |
| LP1-01 | 6 | 4.0 | 24 | LP2-01 | 2 | 6.0 | 12 |
| LP1-02 | 5 | 4.0 | 20 | LP2-02 | 4 | 5.8 | 23 |
| LP1-03 | 4 | 4.1 | 16 | LP2-03 | 5 | 5.9 | 30 |
| LP1-04 | 4 | 4.3 | 17 | LP2-04 | 3 | 5.3 | 16 |
| LP1-05 | 6 | 4.0 | 24 | LP2-05 | 4 | 5.2 | 21 |
| LP1-06 | 4 | 4.2 | 17 | LP2-06 | 3 | 5.5 | 17 |
| LP1-07 | 3 | 4.2 | 13 | LP2-07 | 5 | 5.3 | 27 |
| LP1-08 | 6 | 4.3 | 26 | LP2-08 | 3 | 5.4 | 16 |
| LP1-09 | 5 | 4.3 | 22 | LP2-09 | 2 | 5.4 | 11 |
| LP1-10 | 2 | 5.0 | 10 | LP2-10 | 4 | 5.6 | 22 |
| LP1-11 | 6 | 4.4 | 26 | LP2-11 | 4 | 5.2 | 21 |
| LP1-12 | 5 | 4.1 | 21 | LP2-12 | 3 | 5.3 | 16 |
| LP1-13 | 4 | 4.4 | 18 | LP2-13 | 6 | 5.7 | 34 |
| LP1-14 | 4 | 4.2 | 17 | LP2-14 | 4 | 5.8 | 23 |
| LP1-15 | 3 | 4.1 | 12 | LP2-15 | 2 | 5.6 | 11 |
| LP1-16 | 3 | 5.0 | 15 | LP2-16 | 3 | 5.3 | 16 |
| LP1-17 | 4 | 4.1 | 16 | | | | |
| LP1-18 | 5 | 4.3 | 22 | | | | |

## 第三年度区域市场订单

| P1 | | | | | P2 | | | | |
|---|---|---|---|---|---|---|---|---|---|
| 编号 | 数量 | 价格（W/个） | 总价款（W） | 账期 | 编号 | 数量 | 价格（W/个） | 总价款（W） | 账期 |
| RP1-01 | 3 | 4.5 | 14 | | | | | | |
| RP1-02 | 4 | 5.0 | 20 | | | | | | |
| RP1-03 | 4 | 4.0 | 16 | | | | | | |
| RP1-04 | 3 | 4.6 | 14 | | | | | | |
| RP1-05 | 4 | 5.0 | 20 | | | | | | |
| RP1-06 | 3 | 5.0 | 15 | | | | | | |
| RP1-07 | 4 | 4.3 | 17 | | | | | | |
| RP1-08 | 3 | 5.0 | 15 | | | | | | |
| RP1-09 | 5 | 4.4 | 22 | | | | | | |
| RP1-10 | 4 | 4.2 | 17 | | | | | | |
| RP1-11 | 3 | 4.4 | 13 | | | | | | |
| RP1-12 | 4 | 4.2 | 17 | | | | | | |
| RP1-13 | 5 | 4.6 | 23 | | | | | | |
| RP1-14 | 3 | 4.8 | 14 | | | | | | |
| RP1-15 | 3 | 5.0 | 15 | | | | | | |
| RP1-16 | 4 | 4.7 | 19 | | | | | | |

第四年度本地市场订单

| P1 | | | | | P2 | | | | |
|---|---|---|---|---|---|---|---|---|---|
| 编号 | 数量 | 价格（W/个） | 总价款（W） | 账期 | 编号 | 数量 | 价格（W/个） | 总价款（W） | 账期 |
| LP1-01 | 3 | 3.8 | 11 | 2 | LP2-01 | 4 | 5.2 | 21 | 1 |
| LP1-02 | 3 | 3.9 | 12 | 1 | LP2-02 | 5 | 5.7 | 29 | 2 |
| LP1-03 | 6 | 3.7 | 22 | 2 | LP2-03 | 4 | 5.0 | 20 | |
| LP1-04 | 8 | 3.7 | 30 | 1 | LP2-04 | 3 | 6.0 | 18 | |
| LP1-05 | 4 | 3.6 | 14 | | LP2-05 | 4 | 5.5 | 22 | 2 |
| LP1-06 | 5 | 4.1 | 21 | 1 | LP2-06 | 6 | 5.7 | 34 | 2 |
| LP1-07 | 3 | 3.6 | 11 | | LP2-07 | 3 | 5.2 | 16 | |
| LP1-08 | 6 | 3.7 | 22 | 2 | LP2-08 | 4 | 4.9 | 20 | 1 |
| LP1-09 | 5 | 3.5 | 18 | | LP2-09 | 3 | 5.2 | 16 | 2 |
| LP1-10 | 6 | 3.9 | 23 | 2 | LP2-10 | 5 | 5.5 | 28 | 1 |
| LP1-11 | 4 | 4.1 | 16 | 3 | LP2-11 | 6 | 5.3 | 32 | |
| LP1-12 | 2 | 4.3 | 9 | | LP2-12 | 5 | 5.9 | 30 | 2 |
| LP1-13 | 3 | 4.1 | 12 | 2 | LP2-13 | 3 | 5.3 | 16 | 1 |
| LP1-14 | 2 | 4.0 | 8 | 1 | LP2-14 | 5 | 5.5 | 28 | 2 |
| LP1-15 | 2 | 3.9 | 8 | 2 | LP2-15 | 3 | 6.0 | 18 | 2 |
| LP1-16 | 2 | 3.7 | 7 | | LP2-16 | 4 | 5.2 | 21 | 2 |
| | | | | | LP2-17 | 4 | 5.6 | 22 | 2 |
| | | | | | LP2-18 | 3 | 5.3 | 16 | 1 |

第四年度区域市场订单

| P1 | | | | | P2 | | | | |
|---|---|---|---|---|---|---|---|---|---|
| 编号 | 数量 | 价格（W/个） | 总价款（W） | 账期 | 编号 | 数量 | 价格（W/个） | 总价款（W） | 账期 |
| RP1-01 | 3 | 4.1 | 12 | | RP2-01 | 4 | 4.8 | 19 | |
| RP1-02 | 5 | 4.2 | 21 | 2 | RP2-02 | 2 | 5.4 | 11 | 2 |
| RP1-03 | 4 | 4.1 | 16 | | RP2-03 | 5 | 5.1 | 26 | 1 |
| RP1-04 | 3 | 4.3 | 13 | 1 | RP2-04 | 2 | 5.6 | 11 | 2 |
| RP1-05 | 6 | 4.0 | 24 | | RP2-05 | 3 | 5.2 | 16 | 1 |
| RP1-06 | 2 | 4.5 | 9 | 3 | RP2-06 | 5 | 5.2 | 26 | 2 |
| RP1-07 | 4 | 4.1 | 16 | | RP2-07 | 4 | 5.2 | 21 | 1 |
| RP1-08 | 1 | 5.0 | 5 | 1 | RP2-08 | 6 | 4.6 | 28 | |
| RP1-09 | 3 | 4.1 | 12 | 2 | RP2-09 | 2 | 4.5 | 9 | 3 |
| RP1-10 | 4 | 4.2 | 17 | 2 | RP2-10 | 4 | 5.2 | 21 | 2 |
| RP1-11 | 5 | 4.0 | 20 | 1 | RP2-11 | 3 | 5.1 | 15 | 1 |
| RP1-12 | 3 | 4.2 | 13 | 1 | RP2-12 | 4 | 5.3 | 21 | |
| | | | | | RP2-13 | 5 | 5.2 | 26 | 2 |
| | | | | | RP2-14 | 3 | 5.6 | 17 | |
| | | | | | RP2-15 | 4 | 5.3 | 21 | 1 |
| | | | | | RP2-16 | 2 | 5.5 | 11 | 1 |

## 第五年度本地市场订单

| P1 | | | | | P2 | | | | |
|---|---|---|---|---|---|---|---|---|---|
| 编号 | 数量 | 价格（W/个） | 总价款（W） | 账期 | 编号 | 数量 | 价格（W/个） | 总价款（W） | 账期 |
| LP1-01 | 3 | 3.8 | 11 | 1 | LP2-01 | 4 | 5.2 | 21 | |
| LP1-02 | 3 | 3.9 | 12 | 2 | LP2-02 | 5 | 5.1 | 26 | 1 |
| LP1-03 | 6 | 3.7 | 22 | 1 | LP2-03 | 4 | 5.0 | 20 | 1 |
| LP1-04 | 8 | 3.7 | 30 | 2 | LP2-04 | 6 | 6.0 | 36 | |
| LP1-05 | 4 | 3.6 | 14 | 1 | LP2-05 | 4 | 5.3 | 21 | 2 |
| LP1-06 | 5 | 4.1 | 21 | 2 | LP2-06 | 6 | 5.0 | 30 | 2 |
| LP1-07 | 3 | 3.6 | 11 | | LP2-07 | 3 | 5.2 | 16 | 1 |
| LP1-08 | 6 | 3.7 | 22 | 2 | LP2-08 | 4 | 5.4 | 22 | 2 |
| LP1-09 | 5 | 3.5 | 18 | 1 | LP2-09 | 3 | 5.2 | 16 | 2 |
| LP1-10 | 6 | 3.9 | 23 | 1 | LP2-10 | 6 | 5.5 | 33 | 1 |
| LP1-11 | 4 | 4.1 | 16 | 2 | LP2-11 | 2 | 5.3 | 11 | 1 |
| LP1-12 | 2 | 4.3 | 9 | | LP2-12 | 5 | 5.0 | 25 | 2 |
| LP1-13 | 3 | 4.1 | 12 | 1 | LP2-13 | 3 | 6.1 | 18 | 2 |
| LP1-14 | 2 | 4.0 | 8 | 1 | LP2-14 | 3 | 6.0 | 18 | |
| LP1-15 | 3 | 3.9 | 12 | 1 | LP2-15 | 5 | 6.0 | 30 | 1 |
| LP1-16 | 2 | 3.7 | 7 | 1 | LP2-16 | 4 | 5.2 | 21 | 2 |

## 第五年度区域市场订单

| P1 | | | | | P2 | | | | |
|---|---|---|---|---|---|---|---|---|---|
| 编号 | 数量 | 价格（W/个） | 总价款（W） | 账期 | 编号 | 数量 | 价格（W/个） | 总价款（W） | 账期 |
| RP1-01 | 3 | 4.1 | 12 | 1 | RP2-01 | 4 | 5.3 | 21 | 1 |
| RP1-02 | 5 | 4.2 | 21 | 1 | RP2-02 | 2 | 5.5 | 11 | 2 |
| RP1-03 | 4 | 4.1 | 16 | 2 | RP2-03 | 5 | 5.1 | 26 | 1 |
| RP1-04 | 3 | 4.3 | 13 | 2 | RP2-04 | 1 | 5.0 | 5 | |
| RP1-05 | 6 | 4.0 | 24 | 2 | RP2-05 | 3 | 5.2 | 16 | 2 |
| RP1-06 | 2 | 4.5 | 9 | 1 | RP2-06 | 5 | 5.9 | 30 | 1 |
| RP1-07 | 4 | 4.1 | 16 | 1 | RP2-07 | 3 | 6.1 | 18 | |
| RP1-08 | 1 | 5.0 | 5 | | RP2-08 | 6 | 5.6 | 34 | 1 |
| RP1-09 | 3 | 4.1 | 12 | 1 | RP2-09 | 2 | 5.4 | 11 | 2 |
| RP1-10 | 4 | 4.2 | 17 | 2 | RP2-10 | 4 | 5.2 | 21 | 1 |
| RP1-11 | 5 | 4.0 | 20 | 1 | RP2-11 | 3 | 5.1 | 15 | |
| RP1-12 | 3 | 4.2 | 13 | 1 | RP2-12 | 4 | 5.5 | 22 | 2 |
| RP1-13 | 4 | 4.1 | 16 | 1 | RP2-13 | 2 | 5.2 | 10 | |
| RP1-14 | 3 | 3.9 | 12 | | RP2-14 | 6 | 5.3 | 32 | 1 |
| RP1-15 | 5 | 4.0 | 20 | 2 | RP2-15 | 4 | 5.9 | 24 | 1 |
| | | | | | | | | | |

## 第六年度本地市场订单

| P1 | | | | | P2 | | | | |
|---|---|---|---|---|---|---|---|---|---|
| 编号 | 数量 | 价格（W/个） | 总价款（W） | 账期 | 编号 | 数量 | 价格（W/个） | 总价款（W） | 账期 |
| LP1-01 | 4 | 4.3 | 17 | 1 | LP2-01 | 7 | 5.2 | 36 | |
| LP1-02 | 5 | 4.5 | 23 | 2 | LP2-02 | 5 | 5.1 | 26 | 1 |
| LP1-03 | 6 | 4.7 | 28 | 1 | LP2-03 | 4 | 5.0 | 20 | 1 |
| LP1-04 | 8 | 4.8 | 38 | 2 | LP2-04 | 1 | 6.0 | 6 | |
| LP1-05 | 4 | 4.3 | 17 | 1 | LP2-05 | 4 | 5.3 | 21 | 2 |
| LP1-06 | 5 | 4.1 | 21 | 2 | LP2-06 | 6 | 5.0 | 30 | 1 |
| LP1-07 | 3 | 4.6 | 14 | | LP2-07 | 3 | 5.2 | 16 | 1 |
| LP1-08 | 6 | 4.2 | 25 | 2 | LP2-08 | 4 | 4.9 | 20 | 2 |
| LP1-09 | 5 | 4.5 | 23 | 1 | LP2-09 | 3 | 5.2 | 16 | 2 |
| LP1-10 | 6 | 4.7 | 28 | 1 | LP2-10 | 4 | 5.5 | 22 | 1 |
| LP1-11 | 4 | 4.1 | 16 | 2 | LP2-11 | 2 | 5.3 | 11 | 1 |
| LP1-12 | 2 | 4.3 | 9 | | LP2-12 | 6 | 5.0 | 30 | 2 |
| LP1-13 | 4 | 4.6 | 18 | 1 | LP2-13 | 3 | 4.9 | 15 | 2 |
| LP1-14 | 5 | 4.5 | 23 | 1 | LP2-14 | 3 | 5.0 | 15 | |
| LP1-15 | 4 | 4.3 | 17 | 1 | LP2-15 | 1 | 6.0 | 6 | 1 |
| LP1-16 | 4 | 4.5 | 18 | 2 | LP2-16 | 3 | 6.0 | 18 | 2 |

## 第六年度区域市场订单

| P1 | | | | | P2 | | | | |
|---|---|---|---|---|---|---|---|---|---|
| 编号 | 数量 | 价格（W/个） | 总价款（W） | 账期 | 编号 | 数量 | 价格（W/个） | 总价款（W） | 账期 |
| RP1-01 | 4 | 4.5 | 18 | 1 | RP2-01 | 4 | 4.6 | 18 | 1 |
| RP1-02 | 5 | 5.0 | 25 | 1 | RP2-02 | 2 | 4.8 | 10 | 2 |
| RP1-03 | 4 | 5.1 | 20 | 2 | RP2-03 | 5 | 5.1 | 26 | 1 |
| RP1-04 | 3 | 4.6 | 14 | 2 | RP2-04 | 4 | 5.4 | 22 | |
| RP1-05 | 6 | 4.8 | 29 | 2 | RP2-05 | 3 | 5.2 | 16 | |
| RP1-06 | 3 | 4.2 | 13 | 1 | RP2-06 | 5 | 5.4 | 27 | 1 |
| RP1-07 | 4 | 4.7 | 19 | 1 | RP2-07 | 3 | 4.9 | 15 | |
| RP1-08 | 5 | 5.0 | 25 | | RP2-08 | 6 | 5.6 | 34 | 1 |
| RP1-09 | 3 | 4.3 | 13 | 1 | RP2-09 | 2 | 5.4 | 11 | 1 |
| RP1-10 | 4 | 4.7 | 19 | 2 | RP2-10 | 4 | 5.2 | 21 | 1 |
| RP1-11 | 5 | 4.8 | 24 | 1 | RP2-11 | 3 | 5.1 | 15 | |
| RP1-12 | 3 | 4.2 | 13 | 1 | RP2-12 | 4 | 5.5 | 22 | 1 |
| RP1-13 | 4 | 4.1 | 16 | 1 | RP2-13 | 2 | 5.2 | 10 | |
| RP1-14 | 3 | 4.5 | 14 | | RP2-14 | 6 | 4.5 | 27 | 1 |
| RP1-15 | 5 | 4.0 | 20 | 2 | RP2-15 | 4 | 4.6 | 18 | 1 |
| | | | | | | | | | |

## 二、ERP 物理沙盘基础版各年度广告投放单

第___年广告投放单

| 公司名称 | 组别 | 产品 | 本地市场 | 区域市场 | 投放时间 |
|---|---|---|---|---|---|
| | | P1 | | | |
| | | P2 | | | |
| | | 合计 | | | |

第___年广告投放单

| 公司名称 | 组别 | 产品 | 本地市场 | 区域市场 | 投放时间 |
|---|---|---|---|---|---|
| | | P1 | | | |
| | | P2 | | | |
| | | 合计 | | | |

第___年广告投放单

| 公司名称 | 组别 | 产品 | 本地市场 | 区域市场 | 投放时间 |
|---|---|---|---|---|---|
| | | P1 | | | |
| | | P2 | | | |
| | | 合计 | | | |

第___年广告投放单

| 公司名称 | 组别 | 产品 | 本地市场 | 区域市场 | 投放时间 |
|---|---|---|---|---|---|
| | | P1 | | | |
| | | P2 | | | |
| | | 合计 | | | |

第___年广告投放单

| 公司名称 | 组别 | 产品 | 本地市场 | 区域市场 | 投放时间 |
|---|---|---|---|---|---|
| | | P1 | | | |
| | | P2 | | | |
| | | 合计 | | | |

### 广告投放单

| 年份 | 公司/组别 | 产品 | 本地市场 | 区域市场 | 投放时间 |
|---|---|---|---|---|---|
| | | P1 | | | |
| | | P2 | | | |
| | | 合计 | | | |

### 广告投放单

| 年份 | 公司/组别 | 产品 | 本地市场 | 区域市场 | 投放时间 |
|---|---|---|---|---|---|
| | | P1 | | | |
| | | P2 | | | |
| | | 合计 | | | |

### 广告投放单

| 年份 | 公司/组别 | 产品 | 本地市场 | 区域市场 | 投放时间 |
|---|---|---|---|---|---|
| | | P1 | | | |
| | | P2 | | | |
| | | 合计 | | | |

### 广告投放单

| 年份 | 公司/组别 | 产品 | 本地市场 | 区域市场 | 投放时间 |
|---|---|---|---|---|---|
| | | P1 | | | |
| | | P2 | | | |
| | | 合计 | | | |

### 广告投放单

| 年份 | 公司/组别 | 产品 | 本地市场 | 区域市场 | 投放时间 |
|---|---|---|---|---|---|
| | | P1 | | | |
| | | P2 | | | |
| | | 合计 | | | |

### 广告投放单

| 年份 | 公司/组别 | 产品 | 本地市场 | 区域市场 | 投放时间 |
|---|---|---|---|---|---|
| | | P1 | | | |
| | | P2 | | | |
| | | 合计 | | | |

# 附录 C　ERP 沙盘模拟企业经营大赛资料

## 2010 年第二届“用友杯”全国中职中专<br>ERP 沙盘模拟企业经营大赛<br>全国总决赛资料

## Ⅰ．总决赛规则

以下为全国总决赛规则，内容有删减。

### 一、参赛队

每支参赛队 5 名队员，分工为：总经理、财务总监、营销总监、采购总监、生产总监。

### 二、运行方式及监督

（略）

### 三、企业运营流程

企业运营流程须按照竞赛手册经营记录表中列示的流程严格执行。CEO 按照经营记录表中指示的顺序发布执行指令，每项任务完成后，CEO 须在任务后对应的方格中打勾。每年经营结束后，各参赛队须提交综合费用明细表、利润表和资产负债表。

### 四、竞赛规则

#### 1．生产线

| 生产线 | 购置费 | 安装周期 | 生产周期 | 转产费 | 转产周期 | 维修费 | 残值 |
|---|---|---|---|---|---|---|---|
| 手工线 | 5W | 无 | 2Q | 0W | 无 | 1W/年 | 1W |
| 自动线 | 15W | 3Q | 1Q | 2W | 1Q | 2W/年 | 3W |
| 柔性线 | 20W | 4Q | 1Q | 0W | 无 | 2W/年 | 4W |

不论何时出售生产线，从生产线净值中取出相当于残值的部分计入现金，净值与残值之差计入损失。

只有空的并且已经建成的生产线可转产。

当年建成的生产线、转产中生产线都要交维修费。

### 2. 折旧（平均年限法）

| 生 产 线 | 购 置 费 | 残 值 | 建成第1年 | 建成第2年 | 建成第3年 | 建成第4年 | 建成第5年 |
|---|---|---|---|---|---|---|---|
| 手工线 | 5W | 1W | 0 | 1W | 1W | 1W | 1W |
| 自动线 | 15W | 3W | 0 | 3W | 3W | 3W | 3W |
| 柔性线 | 20W | 4W | 0 | 4W | 4W | 4W | 4W |

当年建成生产线当年不提折旧。当净值等于残值时，生产线不再计提折旧，但可以继续使用。

### 3. 融资

| 贷 款 类 型 | 贷 款 时 间 | 贷 款 额 度 | 年 息 | 还 款 方 式 |
|---|---|---|---|---|
| 长期贷款 | 每年年初 | 所有长贷和短贷之和不能超过上年权益的3倍 | 10% | 年初付息，到期还本；每次贷款为10的倍数 |
| 短期贷款 | 每季度初 | | 5% | 到期一次还本付息；每次贷款为20的倍数 |
| 资金贴现 | 任何时间 | 视应收款额 | 10%（1季、2季）<br>12.5%（3季、4季） | 变现时贴息，可对1季、2季应收款联合贴现（3季、4季同理） |
| 库存拍卖 | 原材料八折，成品按成本价 | | | |

### 4. 厂房

| 厂房 | 购买价 | 租金 | 售价 | 容量 | |
|---|---|---|---|---|---|
| 大厂房 | 40W | 5W/年 | 40W | 6条 | 厂房出售得到4个账期的应收款，紧急情况下可厂房贴现（4季贴现），直接得到现金，如厂房中有生产线，同时要扣租金 |
| 小厂房 | 30W | 3W/年 | 30W | 4条 | |

每季均可租或买，租满一年的厂房在满年的季度（如第二季租的，则在以后各年第二季为满年，可进行处理），需要用“厂房处置”进行“租转买”、“退租”（当厂房中没有任何生产线时）等处理；如果未加处理，则原来租用的厂房在满年季末自动续租；厂房不计提折旧；生产线不允许在不同厂房间移动。最多只能使用一大一小两个厂房。

### 5. 市场准入

| 市　场 | 开 发 费 | 时　间 | |
|---|---|---|---|
| 本地 | 1W/年 | 1 年 | 开发费用按开发时间在年末平均支付，不允许加速投资。市场开发完成后，领取相应的市场准入证 |
| 区域 | 1W/年 | 1 年 | |
| 国内 | 1W/年 | 2 年 | |
| 亚洲 | 1W/年 | 3 年 | |

无须交维护费，中途停止使用，也可继续拥有资格并在以后年份使用。

### 6. 资格认证

| 认　证 | ISO9000 | ISO14000 | |
|---|---|---|---|
| 时　间 | 2 年 | 2 年 | 平均支付，认证完成后可以领取相应的 ISO 资格证，可中断投资 |
| 费　用 | 1W/年 | 2W/年 | |

无须交维护费，中途停止使用，也可继续拥有资格并在以后年份使用。某些订单会有 ISO9000 要求，如果没有此资格则不能选取。

### 7. 产品

| 名　称 | 开 发 费 用 | 开 发 周 期 | 加 工 费 | 直 接 成 本 | 产 品 组 成 |
|---|---|---|---|---|---|
| P1 | 1W/季 | 2 季 | 1W/个 | 2W/个 | R1 |
| P2 | 1W/季 | 3 季 | 1W/个 | 3W/个 | R2+R3 |
| P3 | 1W/季 | 4 季 | 1W/个 | 4W/个 | R1+R2+R3 |

### 8. 原料

| 名　称 | 购 买 价 格 | 提 前 期 |
|---|---|---|
| R1 | 1W/个 | 1 季 |
| R2 | 1W/个 | 1 季 |
| R3 | 1W/个 | 2 季 |

### 9. 紧急采购

付款即到货，原材料价格为直接成本的 2 倍，成品价格为直接成本的 3 倍。

紧急采购原材料和产品时，直接扣除现金。上报报表时，成本仍然按照标准成本记录，紧急采购多付出的成本计入费用表损失项。

### 10. 选单规则

按本市场本产品广告额投放大小顺序依次选单；如果两队本市场本产品广告额相同，则看本市场广告投放总额；如果本市场广告总额也相同，则看上年市场销售排名；如仍无法决定，则先投广告者先选单。第一年无订单。

### 11. 订单违约

订单必须在规定季或提前交货，应收账期从交货季开始算起。

### 12. 取整规则

违约金扣除——向下取整，库存拍卖所得现金——向下取整，贴现费用——向上取整，扣税——向下取整。

### 13. 特殊费用项目

库存折价拍卖、生产线变卖、紧急采购、订单违约、增减资（增资损失为负）操作计入其他损失。

### 14. 破产处理

当参赛队权益为负（指当年结束系统生成资产负债表时为负）或现金断流（权益和现金可以为零）时，企业破产。

参赛队破产后，由裁判视情况适当增资后继续经营。破产队不参加有效排名。

为了确保破产队不致过多而影响比赛的正常进行，限制破产队每年投放的广告总数不能超过 6W 且不能参加竞拍。

### 15. 重要参数

▶ 系统参数

| | | | | | |
|---|---|---|---|---|---|
| 违约扣款百分比 | 20 | % | 最大长贷年限 | 5 | 年 |
| 库存折价率(产品) | 100 | % | 库存折价率(原料) | 80 | % |
| 长期贷款利率 | 10 | % | 短期贷款利率 | 5 | % |
| 贷款额倍数 | 3 | 倍 | 初始现金(股东资本) | 60 | W |
| 贴现率(1,2期) | 10 | % | 贴现率(3,4期) | 12.5 | % |
| 管理费 | 1 | W | 信息费 | 1 | W |
| 紧急采购倍数(原料) | 2 | 倍 | 紧急采购倍数(产品) | 3 | 倍 |
| 所得税率 | 25 | % | 最大经营年限 | 6 | 年 |
| 选单时间 | 40 | 秒 | 选单补时时间 | 25 | 秒 |
| 间谍有效时间 | 600 | 秒 | 间谍使用间隔 | 3000 | 秒 |

**提请注意：**

- 每市场每产品选单时第一个队选单时间为 65 秒，自第二个队起，选单时间设为 40 秒。初始资金为 60W。信息费 1W/次。
- 可能有部分更改，会在大赛前临时公布。

### 16. 竞赛排名

完成预先规定的经营年限，将根据各队的最后权益减去扣分后进行排名。若分数相同，则最后一年先完成经营排名靠前。

### 17. 罚分规则

（1）运行超时扣分

运行超时有两种情况：一是指不能在规定时间完成广告投放（广告可以提前投放）；二是指不能在规定时间完成当年经营（以单击系统中“当年结束”按钮并确认为准）。

处罚：按总分 1 分/分钟（不满一分钟按一分钟算）计算罚分，最多不能超过 10 分钟。如果到 10 分钟后还不能完成相应的运行，将取消参赛资格。

（2）报表错误扣分

必须按规定时间上报报表，且必须账实相符。如果上交的报表与“创业者”自动生成的报表对照有误，在总得分中扣罚 1 分/次，并以“创业者”提供的报表为准修订。

注意：对上交报表时间有规定，延误交报表即视为错误一次。由运营超时引发延误交报表视同报表错误并扣分。

（3）盘面不实扣分

考虑到商业情报的获取，每年运行完成后，必须按照当年末结束状态，将运作结果摆在手工沙盘上，以便现场各队收集情报用。各队可数币、翻牌、提问（被问者要如实回答）。如果盘面与报表不符，扣 1 分/次。

（4）其他违规扣分

在运行过程中下列情况属违规：

① 对裁判正确的判罚不服从；

② 在比赛期间擅自到其他赛场走动；

③ 指导教师擅自进入比赛现场；

④ 其他严重影响比赛正常进行的活动。

如有以上行为，视情节轻重，扣除该队总得分的 2～5 分。

大赛组委会对以上规则享有最终解释权。

# Ⅱ. 第二年市场订单

| 本表格提供的是选单明细（24 队），省略了交货期、账期、ISO 要求 | | | | | |
|---|---|---|---|---|---|
| 订 单 编 号 | 年 份 | 市 场 | 产 品 | 数 量 | 总 价 |
| 24-001 | 2 | 本地 | 1 | 3 | 15 |
| 24-002 | 2 | 本地 | 1 | 4 | 20 |
| 24-003 | 2 | 本地 | 1 | 6 | 31 |
| 24-004 | 2 | 本地 | 1 | 7 | 41 |
| 24-005 | 2 | 本地 | 1 | 5 | 25 |
| 24-006 | 2 | 本地 | 1 | 4 | 20 |
| 24-007 | 2 | 本地 | 1 | 6 | 31 |
| 24-008 | 2 | 本地 | 1 | 2 | 10 |
| 24-009 | 2 | 本地 | 1 | 4 | 21 |
| 24-010 | 2 | 本地 | 1 | 3 | 15 |
| 24-011 | 2 | 本地 | 1 | 2 | 10 |
| 24-012 | 2 | 本地 | 1 | 3 | 15 |
| 24-013 | 2 | 本地 | 1 | 2 | 11 |
| 24-014 | 2 | 本地 | 1 | 3 | 16 |
| 24-015 | 2 | 本地 | 1 | 6 | 31 |
| 24-016 | 2 | 本地 | 1 | 2 | 10 |
| 24-017 | 2 | 本地 | 1 | 3 | 15 |
| 24-018 | 2 | 本地 | 1 | 4 | 20 |
| 24-019 | 2 | 本地 | 1 | 2 | 11 |
| 24-020 | 2 | 本地 | 1 | 5 | 25 |
| 24-021 | 2 | 本地 | 1 | 4 | 20 |
| 24-022 | 2 | 本地 | 1 | 4 | 20 |
| 24-023 | 2 | 本地 | 1 | 3 | 15 |
| 24-024 | 2 | 本地 | 1 | 5 | 25 |
| 24-025 | 2 | 本地 | 1 | 3 | 16 |
| 24-026 | 2 | 本地 | 1 | 2 | 10 |
| 24-027 | 2 | 本地 | 1 | 1 | 5 |
| 24-028 | 2 | 本地 | 1 | 5 | 25 |
| 24-029 | 2 | 本地 | 1 | 3 | 15 |
| 24-030 | 2 | 本地 | 1 | 2 | 10 |
| 24-031 | 2 | 本地 | 1 | 3 | 15 |

续表

| 本表格提供的是选单明细（24 队），省略了交货期、账期、ISO 要求 | | | | | |
|---|---|---|---|---|---|
| 订单编号 | 年份 | 市场 | 产品 | 数量 | 总价 |
| 24-032 | 2 | 本地 | 1 | 5 | 25 |
| 24-033 | 2 | 本地 | 1 | 4 | 20 |
| 24-034 | 2 | 本地 | 1 | 2 | 10 |
| 24-035 | 2 | 本地 | 1 | 3 | 15 |
| 24-036 | 2 | 本地 | 1 | 4 | 20 |
| 24-037 | 2 | 本地 | 2 | 3 | 18 |
| 24-038 | 2 | 本地 | 2 | 2 | 15 |
| 24-039 | 2 | 本地 | 2 | 3 | 20 |
| 24-040 | 2 | 本地 | 2 | 1 | 6 |
| 24-041 | 2 | 本地 | 2 | 3 | 18 |
| 24-042 | 2 | 本地 | 2 | 2 | 15 |
| 24-043 | 2 | 本地 | 2 | 3 | 20 |
| 24-044 | 2 | 本地 | 2 | 1 | 6 |
| 24-045 | 2 | 本地 | 2 | 2 | 13 |
| 24-046 | 2 | 本地 | 2 | 2 | 13 |
| 24-047 | 2 | 本地 | 2 | 3 | 18 |
| 24-048 | 2 | 本地 | 2 | 2 | 15 |
| 24-049 | 2 | 本地 | 2 | 1 | 6 |
| 24-050 | 2 | 本地 | 2 | 3 | 18 |
| 24-051 | 2 | 本地 | 2 | 2 | 15 |
| 24-052 | 2 | 本地 | 2 | 3 | 20 |
| 24-053 | 2 | 本地 | 2 | 4 | 24 |
| 24-054 | 2 | 本地 | 2 | 2 | 13 |
| 24-055 | 2 | 本地 | 2 | 3 | 18 |
| 24-056 | 2 | 本地 | 2 | 3 | 20 |
| 24-057 | 2 | 本地 | 2 | 2 | 13 |
| 24-058 | 2 | 本地 | 2 | 2 | 14 |
| 24-059 | 2 | 本地 | 2 | 3 | 21 |
| 24-060 | 2 | 本地 | 2 | 2 | 14 |
| 24-061 | 2 | 本地 | 2 | 3 | 20 |
| 24-062 | 2 | 本地 | 2 | 5 | 33 |
| 24-063 | 2 | 本地 | 2 | 2 | 14 |
| 24-064 | 2 | 本地 | 2 | 3 | 21 |

续表

| 本表格提供的是选单明细（24 队），省略了交货期、账期、ISO 要求 | | | | | |
|---|---|---|---|---|---|
| 订单编号 | 年份 | 市场 | 产品 | 数量 | 总价 |
| 24-065 | 2 | 本地 | 2 | 3 | 20 |
| 24-066 | 2 | 本地 | 2 | 1 | 7 |
| 24-067 | 2 | 本地 | 2 | 4 | 27 |
| 24-068 | 2 | 本地 | 2 | 3 | 20 |
| 24-069 | 2 | 本地 | 2 | 4 | 26 |
| 24-070 | 2 | 本地 | 2 | 2 | 14 |
| 24-071 | 2 | 本地 | 2 | 3 | 21 |
| 24-072 | 2 | 本地 | 2 | 1 | 7 |
| 24-073 | 2 | 本地 | 2 | 3 | 20 |
| 24-074 | 2 | 本地 | 2 | 2 | 13 |
| 24-075 | 2 | 本地 | 2 | 2 | 14 |
| 24-076 | 2 | 本地 | 2 | 5 | 32 |
| 24-077 | 2 | 本地 | 3 | 2 | 17 |
| 24-078 | 2 | 本地 | 3 | 3 | 25 |
| 24-079 | 2 | 本地 | 3 | 2 | 17 |
| 24-080 | 2 | 本地 | 3 | 3 | 25 |
| 24-081 | 2 | 本地 | 3 | 4 | 33 |
| 24-082 | 2 | 本地 | 3 | 3 | 26 |
| 24-083 | 2 | 本地 | 3 | 2 | 17 |
| 24-084 | 2 | 本地 | 3 | 3 | 25 |
| 24-085 | 2 | 本地 | 3 | 2 | 17 |
| 24-086 | 2 | 本地 | 3 | 1 | 8 |
| 24-087 | 2 | 本地 | 3 | 2 | 17 |
| 24-088 | 2 | 本地 | 3 | 3 | 25 |
| 24-089 | 2 | 本地 | 3 | 2 | 17 |
| 24-090 | 2 | 本地 | 3 | 1 | 9 |
| 24-091 | 2 | 本地 | 3 | 2 | 16 |
| 24-092 | 2 | 本地 | 3 | 2 | 16 |
| 24-093 | 2 | 本地 | 3 | 1 | 9 |
| 24-094 | 2 | 本地 | 3 | 2 | 18 |
| 24-095 | 2 | 本地 | 3 | 3 | 25 |
| 24-096 | 2 | 本地 | 3 | 1 | 9 |

# 参考文献

[1] 何晓岚.ERP 沙盘模拟实用教程.北京：北京航空航天大学出版社，2011.
[2] 王新玲等.ERP 沙盘模拟高级指导教程.北京：清华大学出版社，2009.
[3] 刘平.管理综合实训.北京：清华大学出版社，2011.

# 反侵权盗版声明



举报电话：（010）88254396；（010）88258888
传　　真：（010）88254397
E-mail：　dbqq@phei.com.cn
通信地址：北京市万寿路 173 信箱
　　　　　电子工业出版社总编办公室
邮　　编：100036